In der gleichen Reihe erschienen:

Kontraktmanagement
ISBN 3-8029-7429-8

**Management
in sozialen Organisationen**
ISBN 3-8029-7443-3

**Praxis Sozialer Arbeit:
Familie im Mittelpunkt**
ISBN 3-8029-7465-4

**Jugendhilfe in Strafverfahren
Jugendgerichtshilfe**
ISBN 3-8029-7445-X

**Ökonomie für Sozialarbeiter
und Sozialpädagogen**
ISBN 3-8029-7431-X

**Finanzierungs-Handbuch für
Non-Profit-Organisationen**
ISBN 3-8029-7435-2

**Erfolgreiches Fundraising
mit Direct Mail**
ISBN 3-8029-7425-5

**Leistungsbezogene
Entgeltsysteme**
ISBN 3-8029-7426-3

**Eingruppierungsrecht
Arbeiterwohlfahrt**
ISBN 3-8029-1531-3

**Eingruppierungsrecht
Pflegepersonal**
ISBN 3-8029-1535-6

**Eingruppierungsrecht
Sozial- und Erziehungsdienst**
ISBN 3-8029-1540-2

Wir freuen uns über Ihr Interesse an diesem Buch. Gerne stellen wir Ihnen kostenlos zusätzliche Informationen zu diesem Programmsegment zur Verfügung.

Bitte sprechen Sie uns an:

E-Mail: walhalla@walhalla.de
http://www.walhalla.de

Walhalla Fachverlag · Haus an der Eisernen Brücke · 93059 Regensburg
Telefon (09 41) 5 68 40 · Telefax (09 41) 56 84 111

Friedhelm Knorr / Bernd Halfar

QUALITÄTS-

MANAGEMENT IN

DER SOZIALARBEIT

Für Sozialarbeiter, Sozialpädagogen, Sozialverwaltungen, Freie Wohlfahrtsverbände

Unter Mitarbeit von: Jürgen Burmeister,
Harald Christa, Stefan Löwenhaupt

Die Deutsche Bibliothek – CIP-Einheitsaufnahme

Knorr, Friedhelm:
Qualitätsmanagement in der Sozialarbeit : für Sozialarbeiter, Sozialpädagogen, Sozialverwaltungen, Freie Wohlfahrtsverbände / Friedhelm Knorr/Bernd Halfar. Unter Mitarb. von : Jürgen Burmeister ; Harald Christa ; Stefan Löwenhaupt. – Regensburg : Walhalla-Fachverl., 2000
ISBN 3-8029-7434-4

Zitiervorschlag:
Friedhelm Knorr/Bernd Halfar, Qualitätsmanagement in der Sozialarbeit
Regensburg, 2000

Hinweis: Unsere Werke sind stets bemüht, Sie nach bestem Wissen zu informieren. Die vorliegende Ausgabe beruht auf dem Stand von Januar 2000.

Produktion: Walhalla Fachverlag, 93042 Regensburg
Umschlaggestaltung: Gruber & König, Augsburg
Druck und Bindung: Westermann Druck Zwickau GmbH
Printed in Germany
ISBN 3-8029-7434-4

Nutzen Sie das Inhaltsmenü:
Die Schnellübersicht führt Sie zu Ihrem Thema.
Die Kapitelüberschriften führen Sie zur Lösung.

Schnellübersicht

Gesamtinhaltsübersicht

Messbare Qualität
für soziale Dienstleistungen

Das verstärkte Interesse an Qualitätsmanagement in der Sozialarbeit und Fragen nach der besonderen Qualität sozialer Arbeit sind nicht zuletzt auf entsprechende Gesetzesänderungen im Bundessozialhilfegesetz (BSHG) und Kinder- und Jugendhilfegesetz (KJHG) zurückzuführen, die die Entwicklung von Qualitätsstandards in der Sozialarbeit vorschreiben. Weiterhin resultiert die Auseinandersetzung, was Qualität in der Sozialarbeit ist und wie sie verbessert werden kann, aus den knapper werdenden finanziellen Spielräumen der kommunalen Sozialverwaltungen sowie karitativen und kirchlichen Einrichtungen der Sozialpflege, aber auch aus der wachsenden öffentlichen Kritik an mangelnder Qualität und unzureichender Erfolgsmessung in der Sozialarbeit. Sozialarbeit wird in diesem Reformprozess immer mehr als soziale Dienstleistung begriffen, bei der definierte Kosten quantifizierten und qualifizierten Leistungen gegenüber stehen. Dabei spielt die Definition der Qualität auch bei der finanziellen Förderung professioneller Sozialarbeit eine immer bedeutendere Rolle. Sind in der Privatwirtschaft und im Gesundheitsbereich schon vielfältige Diskussionsansätze und Praxisbeispiele zu finden, ist das Qualitätsmanagement in der Sozialarbeit noch Neuland.

Das Praxis-Handbuch möchte – nach einer kurzen theoretischen Einführung – grundlegende Kenntnisse für das Qualitätsmanagement praxisbezogen und umsetzungsorientiert vermitteln. Entsprechende Verfahren, Werkzeuge, Qualitätsstandards und Qualitätsverfahren, die für die soziale Arbeit geeignet sind, werden anschaulich und detailliert dargestellt. Neben Checklisten und Prüfbögen zur Erfassung von Qualitätsstandards bietet es zudem exemplarische Praxisbeispiele aus den USA, aus Großbritannien und Deutschland. Instrumente des Qualitätsaudits, Benchmarking, Silent Shopper mit entsprechenden Fragebögen und EDV-Anwendungen runden das Thema ab. Zusätzlich bietet das Buch einen kurzen rechtlichen Überblick über die relevanten Themenfelder für das Qualitätsmanagement in der Sozialarbeit.

Ziel dieses Praxis-Handbuchs

Sie sind nach der Lektüre in der Lage, die wesentlichen Elemente des professionellen Qualitätsmanagements zu definieren, die einzelnen Problemfelder des professionellen Qualitätsmanagements in seiner Organisation zu identifizieren und in Eigenregie ein auf die Bedürfnisse dieser Organisation zugeschnittenes Qualitätsmanagement einzuführen.

Professor Dr. Friedhelm Knorr
Professor Dr. Bernd Halfar

Abkürzungen

BMA	Bundesministerium für Arbeit
BMFuS	Bundesministerium Familie und Senioren
BSHG	Bundessozialhilfegesetz
COQ	Cost-of-Quality-System
JGG	Jugendgerichtsgesetz
KJHG	Kinder- und Jugendhilfegesetz
KVP	Kontinuierlicher Verbesserungsprozess
QFD	Quality function deployment
QM	Qualitätsmanagement
SGB	Sozialgesetzbuch
TQM	Total Quality Management

Definition: Qualitätsmanagement

1

1. Wie alles begann ...

Ursprünglich stammt das Qualitätsmanagement (QM) aus den USA aus dem militärischen Bereich sowie der Luft- und Raumfahrttechnik aus den 40er und 50er Jahren. Hier wurden höchste Maßstäbe für die Qualität der Produkte gefordert. Die Entwicklung des QM läßt sich nachzeichnen über die klassische Qualitätskontrolle der 50er Jahre mit besonderer Betonung der Endkontrolle des erstellten Produktes über prozessbegleitende Qualitätssicherung im Fertigungsprozess der 70er und 80er Jahre bis hin zu Modellen des Total Quality Managements (TQM) mit starker Kundenorientierung und kontinuiertlichen Verbesserungsprozessen (KVP) in einem Unternehmen.

Qualitätsmanagement war in Deutschland ursprünglich ein Unterbegriff der Qualitätssicherung. Dies erwies sich jedoch im Laufe der Zeit als zu eng und Qualitätsmanagement stellte schließlich in den entsprechenden DIN-Normen den Oberbegriff dar.

Das Wort Qualität lässt sich vom lateinischen Wort qualis – wie etwas beschaffen ist – ableiten und bezeichnet entsprechende Regeln und vereinbarte Standards zur Erfüllung bestimmter Forderungen und Erwartungen an Art und Umfang von Gütern und Dienstleistungen. Es lassen sich verschiedene Ansätze differenzieren, Qualität zu definieren, z. B. gibt es auf nationaler Ebene entsprechende DIN-Normen (Deutsche Industrie Norm 55350, Teil 1) mit der Definition: „Gesamtheit von Eigenschaften und Merkmalen eines Produktes oder einer Tätigkeit, die sich auf die Eignung zur Erfüllung gegebener Forderungen bezieht."

Weitere Definitionen lauten: Qualität ist das gleichzeitige Minimum der Verluste, die das Unternehmen (interne Verluste), der Kunde (externe Verluste) und die Gesellschaft durch ein Produkt erleiden (Bläsig 1992).

Qualität beschreibt das Ausmaß der Übereinstimmung von Produktansprüchen und Produktleistungen. Der Qualitätsbegriff kann sich dabei sowohl auf die Beschaffenheit als auch die Eigenschaften (Attribute) eines Produktes beziehen. Da sich die Qualitätsbetrachtung auf jede differenzierbare Eigenschaft beziehen kann, ist i. d. R. die Beurtei-

---

Verfasst von Professor Dr. Friedhelm Knorr

lung einer Vielzahl von Teilqualitäten relevant. (Vahlens großes Marketing-Lexikon 1992)

Quality is fitness for use (Juran 1989).

Qualität ist die Summe der geforderten bzw. vereinbarten Eigenschaften. (Zink 1989)

- Qualität ist kein feststehender Begriff, der eine absolute Größe bezeichnet, die immer Gültigkeit besitzt, er muss stets definiert werden und bezieht sich auf identifizierbare Güter und Dienstleistungen.

- In der Regel beinhaltet die Qualität nicht nur einen Aspekt des Produktes, sondern bezieht sich auf verschiedene Aspekte des Produktes und des gesamten Herstellungsprozesses (Prozessqualität und Produkt/Dienstleistungsqualität). Darüber hinaus lassen sich auch Angaben machen, wie es um die Objektqualität steht, also um die Qualität z. B. eines Dienstleisters in Form von Ausstattung der Beratungsräume, Erreichbarkeit durch öffentlichen Verkehr und dem gesamten Ambiente der Einrichtung.

- Qualität ist keine gegebene Größe, die, einmal erreicht, immer wieder automatisch produziert werden kann. Hierzu wird ein entsprechendes Qualitätsmanagement benötigt, das für die Einhaltung und Weiterentwicklung der vereinbarten Qualitätsstandards sorgt. Qualitätsmanagement umfasst dabei auch die Bereiche Qualitätskontrolle und Qualitätssicherung. Qualitätsmanagement kann als allgemeine Unternehmensstrategie aufgefasst werden, die Marktposition eines Unternehmens zu verbessern.

2. Qualität als strategischer Faktor

Die Qualität der Arbeitsabläufe, der Produkte und Dienstleistungen wurde seit längerer Zeit bereits als ein wesentlicher strategischer Erfolgsfaktor in der Privatwirtschaft erkannt. Qualitätsmanagement beschreibt einen Managementansatz, durch den Kundenzufriedenheit und Produktqualität verbessert werden soll.

> Qualitätsmanagement kann nur erreicht werden, wenn die Führungsverantwortlichen diesen Ansatz nachhaltig vertreten und ihr Führungsverhalten daran ausrichten.

Die Entwicklung von Qualität basiert in erster Linie darauf, Kundenwünsche zu verstehen, zu respektieren und daraus entsprechende Produkte und Dienstleistungsangebote zu entwickeln. Unternehmen mit einer strategischen Qualitätsausrichtung unternehmen erhebliche Anstrengungen, um im kontinuierlichen Gedankenaustausch mit ihren Kunden zu bleiben, und um auf geänderte Wünsche der Kunden schnell und zielgerichtet reagieren zu können. Hierbei werden entsprechende Instrumente zur Messung und Evaluierung der Kundenwünsche eingesetzt.

Diese Unternehmen planen und führen einen kontinuierlichen Verbesserungsprozess mit ihren Mitarbeiten durch. Dabei ist nicht der einmalige große Wurf gefragt, sondern beständig kleine Verbesserungsschritte, die die Qualität der Dienstleistung verbessern oder die Kundenzufriedenheit steigern.

Strategische Planung ist notwendig, um Personalmanagement, technologische Entwicklungen und andere strategische Faktoren am Qualitätsziel auszurichten.

Qualität und Qualitätsmanagement sind damit ein Mittel zum Zweck der Gewinnerzielung als dem eigentlichen Zweck einer Unternehmung.

> Qualitätsmanagement (QM) dient direkt der Produktivitätssteigerung und Qualitätsverbesserung, es dient indirekt dazu, z. B. das Betriebsklima zu verbessern, Kundenbindung zu stärken, neue Märkte zu erschließen und alte Märkte zu verteidigen.

Was „Qualitätsgurus" sagen

Einer der ersten „Qualitätsgurus" war ein Amerikaner. Der Amerikaner Juran wurde Anfang des 20. Jahrhunderts als Jurist und Ingenieur ausgebildet. Sein Ansatz war rational geprägt, mit umfassender Planung und Qualitätskontrollen. Wie Juran spielte ein weiterer Amerikaner, Deming, eine signifikante Rolle beim Wiederaufbau der japanischen Wirtschaft nach dem Zweiten Weltkrieg. Die Qualität der japanischen Produkte, die den zweifelhaften Ruf genossen, billig und schlecht zu sein, wurde dramatisch gesteigert mit nachhaltigen wirtschaftlichen Erfolgen, die Japan innerhalb weniger Jahrzehnte zur führenden Exportnation der Welt werden ließen. Juran erhielt in Japan höchste Auszeichnungen für die Entwicklung seiner Qualitätskontrollen. Zentraler Ansatz für Juran ist die Aufgabe der traditionellen Produktplanung, die Qualitätsmängel in der Produktion in Kauf nimmt und Fehler bei der Produktion erst am Ende der Produktion durch die Endkontrolle eliminiert. Dadurch wird der fehlerhafte Prozess nicht abgestellt. Jurans „Qualitätstrilogie" fordert die Organisation auf, ihre Dienstleistungen, Produktplanung und Kontrollsysteme neu zu gestalten und im Anschluss immer weitere Verbesserungen in einem kontinuierlichen Prozess vorzunehmen. Damit wird gewährleistet, dass Fehler an der Wurzel entfernt werden. Juran definiert Qualität als

■ Produkteigenschaften, die zu Kundenzufriedenheit führen

■ Freiheit von Produktmängeln

Auf eine kurze Formel gebracht, das Produkt muss für den Nutzen uneingeschränkt („Fitness for use") geeignet sein.

Den dritten Teil seiner Trilogie nennt Juran die Durchbruchssequenz („Breakthrough sequence"). Juran meinte, dass 80% der identifizierten Probleme mit Hilfe seiner Durchbruchssequenz beseitigt werden könnten. Die verbleibenden 20% sind seiner Auffassung nach auf menschliches Versagen zurückzuführen und nicht behebbar. Durchbruchssequenz, breakthrough sequence, umfasst insbesondere folgende Elemente:

1. Definition: Qualitätsmanagement

- Durchbruch bei den Einstellungen
  Manager müssen spüren, dass ein Durchbruch nötig ist, um danach eine Atmosphäre für Veränderungen schaffen zu können.

- Durchbruch im Wissen
  Zwei Organisationseinheiten sollen gebildet werden. Die Steuerungsgruppe und die Diagnosegruppe (process action team), die die Qualität steigern sollen.

Um die Kosten dem Topmanagement darstellen zu können, benutzte Juran ein Qualitätskostensystem ("Cost-of-Quality-System" – COQ). Durch Vergleich der Kosten für die Einführung eines Qualitätsmanagements und der Kosten für die Aufdeckung und Beseitigung von internen Fehlern beim Produktionsprozess und beim Endprodukt ist das Topmanagement in der Lage, sich strategisch für ein entsprechendes Qualitätsniveau zu entscheiden und die dadurch entstehenden Kosten und Nutzen besser abzuschätzen.

Deming nannte insgesamt 14 Grundsätze für das Management zum Thema Qualität als strategischem Erfolgsfaktor (Deming 1986, S. 23 ff.), siehe folgende Checkliste.

Grundsätze für erfolgreiches Qualitätsmanagement	
1. Konstantes Unternehmensziel Schaffen Sie eine feste Einstellung aller Mitarbeiter zur ständigen Verbesserung von Produktion, Prozessen und Dienstleistungen, mit dem Ziel, die langfristige Wettbewerbsfähigkeit sowie den Erhalt und die Vermehrung von Arbeitsplätzen zu sichern.	**3. Auf nachträgliches Prüfen verzichten** Auf nachträgliches Prüfen wird in der Produktion zunehmend verzichtet, statt dessen muss dieses durch vorbeugende Prozessplanung ersetzt werden.
2. Neuer Denkansatz Ein neues Managementkonzept fordert die Führungskräfte auf, neue Denkansätze aufzunehmen und die Umwandlung im Unternehmen voranzubringen.	**4. Einkauf** Minimieren Sie die Gesamtkosten durch die Konzentration auf einen Lieferanten. Ein langfristig aufgebautes Vertrauensverhältnis ermöglicht eine Optimierung der Stückkosten. Eine sinnvolle Qualitätsbeurteilung steht vor der Preisbetrachtung.

noch: Grundsätze für erfolgreiches Qualitätsmanagement

5. Ständige Prozessverbesserung Verbessern Sie nicht nur Ihr Prozessergebnis, sondern vor allem Prozesse in jedem Bereich Ihres Unternehmens, um Kosten zu mindern und Qualität und Produktivität zu steigern.	**10. Slogans und Ermahnungen** Slogans und Ermahnungen sind wenig geeignet, die Qualität zu steigern. Verbessern Sie statt dessen das System und die Organisation, um die Probleme von Grund auf zu beseitigen.
6. „training on the job" Lernen Sie jeden Mitarbeiter sorgfältig an und machen Sie ihm die Zusammenhänge und Abläufe verständlich. Sorgen Sie ständig für Aus- und Weiterbildung.	**11. Leistungsvorgaben** Leistungsvorgaben sind immer falsch.
7. Institutionelle Führerschaft Führen Sie Ihre Mitarbeiter mit dem Ziel, ihnen zu helfen, ihre Arbeit immer besser zu tun.	**12. Stolz auf gute Arbeit** Entfernen Sie die Schranken, die die Mitarbeiter ihres Rechts berauben, auf ihre Arbeit stolz zu sein. Ersetzen Sie sie durch Führung.
8. Angst beseitigen Nehmen Sie den Mitarbeitern die Angst, Fragen zu stellen und Kommentare abzugeben, so dass sich jeder zum Wohl der Firma entfalten kann.	**13. Fördern Sie die Ausbildung** Schaffen Sie ein durchgreifendes Ausbildungsprogramm und ermuntern Sie ständig Ihre Mitarbeiter, sich selbst zu vervollkommnen.
9. Beseitigen Sie Schranken zwischen den Bereichen Alle Mitarbeiter müssen sich als Teammitglieder sehen, um Probleme während der Produktion oder im Einsatz des Produkts zu sehen.	**14. Verpflichtung der Mitarbeiter** Bringen Sie jeden Mitarbeiter auf den Weg, die Umwandlung im Unternehmen zu vollenden.

Deming sah einen dauernden Kreislauf von Planen, Umsetzen, Evaluieren und Handeln, der wiederum weiteres Planen notwendig mache.

Ein dritter Amerikaner, Crosby, spielte bei der Entwicklung von Qualität als strategischem Faktor ebenfalls eine prominente Rolle. – Wesentliche Aussagen der drei genannten Amerikaner verdeutlicht folgende Übersicht.

1. Definition: Qualitätsmanagement

	Natur der Krise	Grund der Krise	Lösung der Krise	Definition von Qualität
Crosby	Kommunikationsfehler in der Organisation	Fehlende Einstellung zur Qualität	Entsprechende Organisationskultur	Übereinstimmung mit Organisationsanforderungen an Qualität
Deming	Verlust Wettbewerbsfähigkeit	Gesellschaftliche und organisationale Akzeptanz niedriger Qualität	Gesellschaft und Organisation mit Qualitätsbewusstsein	Kundenzufriedenheit zu niedrigen Kosten
Juran	Verlust Wettbewerbsfähigkeit	organisationale Akzeptanz niedriger Qualität	Organisation mit Qualitätsbewusstsein	Güter „fit for use"

Grundgedanken aller drei Ansätze sind:

- Benötigt sehr starken Rückhalt beim Topmanagement.

- Zeigt, dass in der Praxis Qualitätsmanagement Geld spart und nicht kostet.

- Hält das Management verantwortlich für Qualitätsmanagement.

- Betont, dass Qualitätsmanagement eine „endlose Geschichte" ist.

- Es ist kundenorientiert.

- Nimmt eine Änderung der Unternehmenskultur an.

- Ist gegründet auf einem starken Management und Arbeitsgruppen, die in die Lage versetzt wurden, Probleme alleine lösen zu können.

Checkliste: Neun goldene Qualitätsregeln

1. Der Kunde kommt zuerst.
2. Null Fehler heißt das Ziel.
3. Mach es beim ersten Mal richtig.
4. Verschwendung und Ausschuss müssen beseitigt werden.
5. Qualität basiert auf Fakten.
6. Qualität muss definiert werden.
7. Qualitätsverbesserung muss zur inneren Einstellung der Mitarbeiter werden.
8. Vorbeugen ist besser als Fehlerbeseitigung.
9. Die Qualitätstreppe wird von oben gefegt.

Beispiel:

Ein aktuelles Beispiel für die Qualitätsregeln für die Mitarbeiter in einer Beratungsfirma sieht wie folgt aus: Wir

- Möchten ein hohes Maß an Qualität erreichen, die bis ins kleinste Detail wirkt.
- Akzeptieren keine Fehler.
- Setzen alte Kunden vor neue Kunden.
- Machen präzise Übereinkünfte und halten stets unsere Zusagen, intern und extern.
- Schaffen messbare Resultate und überprüfen sie ständig.
- Schaffen eine offene und vertrauensvolle Zusammenarbeit im Haus.
- Schaffen gemeinsam eine stimulierende, freundliche und inspirierende Arbeitsatmosphäre.
- Glauben, dass Arbeits- und Privatleben ein ausgeglichenes Ganzes darstellen sollten.
- Respektieren jeden Menschen in seiner Individualität.
- Schaffen unsere eigene Zukunft.
- Entwickeln unsere Organisation in allen Bereichen, Stillstand ist Rückschritt.

3. „Made in Germany" – interessante Fallbeispiele

Wie eine erfolgreiche strategische Ausrichtung zu qualitativ hochwertigen Produkten und Produktionstechniken aussieht, sollen die beiden Beispiele aus der Güterproduktion zeigen. In ersten Beispiel geht es um ein neuartiges und qualitativ hochwertiges Produkt (Produktqualität), in Beispiel 2 geht es um die qualitative Verbesserung von Prozessen in den Produktionsabläufen (Prozessqualität). Es zeigt einen integrierten Qualitätsansatz, der auf prozessbegleitender Qualitätskontrolle aufgebaut ist.

Intelligente Schleifscheiben

Anhand von völlig neu entwickelten Mikroprozessoren für industrielle Schleifscheiben soll demonstriert werden, wie eine einschneidende Qualitätsverbesserung ein Produkt völlig in seinen Produkteigenschaften verändert. Die Herstellungskosten, Verlässlichkeit und Lebenserwartung von qualitativ hochwertigen funktionalen Teilen werden wesentlich durch die Effizienz und Qualität des Herstellungsprozesses beeinflusst. Wird der gesamte Herstellungsprozess betrachtet, kommt der Endbehandlung entscheidende Bedeutung zu, da hier die endgültige Charakteristik des gefertigten Teiles durch mechanische Operationen, wie etwa durch den Einsatz von Schleifscheiben, entscheidend bestimmt wird. Die Genauigkeit, Unversehrtheit der geschliffenen Oberfläche und ihre Konsistenz werden hier in einem hohen Maß bestimmt.

Häufig werden teure Teile, z. B. eine Schiffsschraube, durch Schleifvorgänge in der Endfertigung hergestellt. Trotz der herausragenden Bedeutung dieser Schleifvorgänge fehlen diesen Prozessen entsprechende Prüf-, Mess- und Überwachungsmöglichkeiten.

Wesentliche Kriterien für die Qualität des Arbeitsergebnisses sind dabei die Überwachung der eingesetzten Energie, Temperaturveränderungen beim Schleifvorgang und auftretende Vibrationen.

Mit bisherigen Techniken kann nach dem Schleifvorgang mitunter das böse Erwachen kommen, etwa wenn zu hohe Arbeitstemperaturen das Werkstück oder die Schleifscheibe beschädigten. Dem gegenüber war das Ziel des Bremer Instituts für Werkstofftechnik, eine Schleifscheibe zu entwickeln für eine „Null-Fehler-Produktion", ein Anspruch, der aus dem Total Quality Management hergeleitet ist. In jedem Arbeitsgang soll z. B. eine fehlerfreie Turbinenschaufel oder ein Einspritzventil für die Automobilfertigung produziert werden, ohne Ausschuss und übermäßigem Verschleiß der Schleifscheibe. Die Oberfläche des Werkstückes soll zudem Arbeitsverhalten und Lebenserwartung der Maschinenteile verbessern. Als Vorbild des Projektes diente dabei die menschliche Hand, die durch Berührung mit einem Gegenstand eine Vielzahl von Informationen an das Gehirn leitet und Auskunft darüber gibt, wie der Gegenstand beschaffen ist (hart, weich, heiß, kalt, rau, glatt usw.). Nach diesem Vorbild wollten die Forscher eine Schleifscheibe entwickeln, die ähnliche Daten, die für das Schleifen relevant sind, am Ort des Geschehens sammelt und weiterleitet. Der Ingenieur Christian Böhm hat daher mit Kollegen eine industrielle Schleifscheibe entwickelt und zum Patent angemeldet, die eine sensible Reibefläche besitzt. Während des Schleifvorgangs sendet die Scheibe fortwährend Daten wie Arbeitstemperatur, Kräfte und Schwingungen drahtlos an einen Rechner. Die Messdaten liefern eine bisher einmalige Genauigkeit und erlauben dem Computer eine fehlerfreie Führung der Scheibe. Bisher wurden die Schleifscheiben bei ihrer Arbeit mit einer Vielzahl unterschiedlicher Messsysteme überwacht. Mit Thermokameras, Messplattformen unter dem Werkstück und Sensoren, die den Stromverbrauch der Scheibe aufzeichnen. Alle Verfahren, die sehr teuer und aufwendig sind, müssen vor dem industriellen Einsatz mit hohem experimentellem Aufwand empirisch ausgetestet werden. Sie besitzen zudem einen gravierenden Nachteil. Sie nehmen ihre Daten nicht am Ort des Geschehens auf, dem Kontaktpunkt zwischen Schleifscheibe und Werkstück. Die Messsysteme können nur von außen messen, mit dem Resultat, dass sie ein Fehlverhalten der Scheibe häufig zu spät registrieren.

Das genannte Projekt des Instituts für Werkstofftechnik und des Instituts für Mikrosensoren, -aktuatoren und -systeme entwickelte eine „intelligente" Schleifscheibe, die es erlaubt, alle Prozessgrößen zu überwachen.

Dabei integrierten sie so genannte Mikrosysteme in den Belag der Schleifscheibe, Kubisch-Bornitrit, das als äußerst harter Diamantersatz in der Massenfertigung eingesetzt wird. Überwacht werden dabei die drei genannten Parameter. Die „Fühler" der Mikrosysteme reichen dabei bis in die eigentliche Schleifscheibenoberfläche, dadurch erhält man optimale Messdaten, ungenaue Messdaten werden minimiert, Interpretationsfehler der Messdaten werden vermieden. Mikrosysteme sind Verwandte des Computerchips, sie sind jedoch ausgestattet mit Sensoren und können eigene bewegliche Teile besitzen. Dieses System für die Schleifmaschine besitzt die Fähigkeit, die gesammelten Daten drahtlos (telemetrisch) an einen Zentralrechner zu übermitteln, der den Schleifprozess steuert und dabei ständig die Parameter misst. Ähnlich wie Computerchips lassen sich Mikrosysteme in großer Stückzahl kostengünstig herstellen. Die entwickelten Schleifscheiben werden bei der Herstellung mit dem Belag auf die Schleifscheibe geklebt. Die Sensoren verlieren bei jedem Schleifvorgang ein kleines Stück ihres äußeren Endes. Sie sind jedoch so konstruiert, dass sie über die gesamte Lebensdauer der Scheibe exakte Daten liefern.

Automobilindustrie, Autoradios

Autoradios gehören heute in jedes Auto, sie weisen eine Vielzahl von elektronisch gesteuerten Funktionen auf und sind entsprechend komplex in der Herstellung. Die übliche Fertigung eines Autoradios geschieht am Fließband, bei der das Autoradio jeweils um entsprechende Komponenten aufgebaut wird, bis schließlich am Ende des Bandes das fertige Autoradio steht. Erst nach vollständiger Montage erfolgt die Qualitätskontrolle. Die Kontrolleure prüfen u. a. mit elektronischem Prüfgerät, ob das Autoradio alle Funktionen fehlerfrei erfüllt (z. B. laut, leise, an, aus, Senderwahl usw.) Stellt sich ein Defekt heraus, muss der Fehler gesucht und anschließend behoben werden. Dieser Vorgang ist teuer, zeitaufwendig und personalintensiv, da der Fehler nicht am Ort, wo er entstanden ist, behoben wurde, sondern erst ganz am Ende der Produktion. Was bedeutet der Anspruch des Total-Quality-Ansatzes, den Fehler am Ort des Entstehens zu identifizieren und zu beseitigen? Es muss eine prozessbegleitende fortlaufende Qualitätskontrolle stattfinden, die schon bei fehlerhaftem Einbau oder dem Einbau von fehlerhaften Komponenten sofort erkennt, dass an einem bestimmten Platz am Montageband ein Fehler aufgetreten ist, der sofort behoben werden muss. Durch diese integrierte Qualitätskontrolle fällt die bisherige Endkontrolle ersatzlos weg, Fehlerquellen können sofort entdeckt werden, der Ausschuss auf Null reduziert werden. Erreicht werden kann dieses Null-Fehler-Programm, wie schon in Beispiel 1, durch den Einsatz von Mikroprozessoren (Chips). Heute verfügt jedes Radio über einen Chip, der sämtliche Funktionen des Radios steuert. Dieser Chip kann genutzt werden, um die fehlerfreie Produktion von Autoradios zu gewährleisten. Dies geschieht durch eine entsprechende Software, die die Funktionen des Chips erweitert. Die Software veranlasst den Chip, der am Anfang des Montagebandes eingebaut wird, zu prüfen, ob die darauf folgenden Komponenten einwandfrei funktionieren. Dies bedeutet: der Chip prüft nach Einbau einer neuen Komponente, ob diese Komponente entsprechende Prüfroutinen fehlerfrei absolviert. Ist dies nicht der Fall, meldet der Chip sofort eine Fehlfunktion der Komponente. Durch dieses Verfahren kann sofort der Fehler behoben werden, etwa durch den sofortigen Austausch und erneute Prüfung der Komponente am Ort der Fehlerentstehung. Wird pro Komponente die Fehlerhäufigkeit erfasst, ergibt sich ein klares Bild hinsichtlich der Prozessqualität. Liefert z. B. ein Zulieferer eine Komponente, die sich häufig als fehlerhaft erweist, können entsprechende Konsequenzen gezogen werden. Wird z. B. eine Komponente häufig falsch eingebaut, können die Arbeitsabläufe untersucht werden und mit den Mitarbeitern Verbesserungsvorschläge entwickelt werden. Es kann etwa die einzubauende Komponente so gestaltet werden, dass der Einbau nur in der korrekten Art möglich ist, oder die Komponenten werden farblich so gestaltet, dass die Farben im Chassis mit den Farben der Komponenten übereinstimmen müssen. Unterschiedliche Farben fallen sofort auf, der Fehler kann sofort behoben werden. Die japanische Autoindustrie hat aus diesen praktischen Arbeitshilfen ein ganzes System entwickelt (Poka-Yoke-System). Das Beispiel der integrierten Qualitätskontrolle zeigt beispielhaft, wie Prüfkosten bei der Qualitätskontrolle deutlich reduziert werden können (Endkontrolle fällt in der bisherigen Form weg), bei gleichzeitig höherer Prozess- und Ergebnisqualität.

Die Produktivität wird ebenfalls gesteigert, da defekte Radios nicht bis zum Ende des Bandes mitlaufen und dadurch Produktionskapazitäten nicht unnötig blockieren.

4. Was Qualität in der Güterproduktion bedeutet

Güter sind sowohl materielle Güter (Produkte) als auch immaterielle Güter (Dienstleistungen). Auf die besondere Problematik der Dienstleistungserstellung wird im nächsten Kapitel ausführlich eingegangen. In diesem Kapitel geht es zunächst um grundlegende Definitionen.

Soll die Qualität von Gütern und ihrer Produktion erfasst werden, bietet es sich an, dies mit Hilfe der Qualitätslehre durchzuführen. Im deutschen Sprachraum haben sich dabei Definitionen gemäß der Deutschen Gesellschaft für Qualität e.V. durchgesetzt (DGQ Schrift Nr. 11-04, 1993).

Diese Definitionen sollen hier kurz vorgestellt werden, da sie die Grundlage für die Definition von Qualität in der Güterproduktion darstellen:

- Qualität gibt die Relation zwischen tatsächlicher und geforderter Beschaffenheit wieder.

- Der Name Einheit ist wegen seiner vielgestaltigen Erscheinungsformen in der Güterproduktion notwendig abstrakt und bezieht sich auf den jeweiligen materiellen oder immateriellen Gegenstand der Beurteilung, z.B. ein Fahrrad, eine Waschmaschine, Finanzdienstleistungen usw.

- Beschaffenheit definiert die Gesamtheit der Merkmale und Merkmalswerte einer Einheit. Der Merkmalswert bezeichnet die Erscheinungsform eines zugeordneten Wertes sowohl in quantitativer (z.B. Tagesproduktion Computer 1000 Stück) als auch in qualitativer Hinsicht (fehlerhafte Produkte 3% der Gesamttagesproduktion). Zu jeder Merkmalsart wird ein entsprechend logisch verbundener Wertebereich des Merkmals zugeordnet.

■ Die Anspruchsklasse gibt als Rangindikator die unterschiedlichen Qualitätsanforderungen einer Einheit an, die dem gleichen Zweck dienen, z. B.

– Einfacher Computer mit Mindestausstattung und Standardchip.

– Anspruchsvoller Computer mit besseren Leistungskennzahlen und zusätzlichen Komponenten und schnellerem Chip.

– Spitzencomputer mit zusätzlichen Komponenten, schnellstem Chip und Serviceleistungen (z. B. Vor-Ort-Garantie).

Eine höhere Anspruchsklasse wirkt sich auch auf die Einzelforderungen einzelner Qualitätsmerkmale aus. Maßgeblich wird die ganze Qualitätsforderung mit den jeweiligen Einzelforderungen durch das Ziel beeinflusst, etwa bestimmte Marktsegmente zu erreichen. Zu beachten ist hierbei, dass die Anspruchsklasse nicht mit der Qualitätsforderung gleichgesetzt werden kann, nach dem Motto, je höher die Anspruchsklasse, desto höher die Qualität des Produktes. Für jede Anspruchsklasse können dann Qualitätsstandards festgelegt werden. Jede Einheit, die bei der Güterproduktion relevant ist, kann einer Qualitätsprüfung unterzogen werden.

■ Die Qualitätsfähigkeit gibt die Eignung einer Unternehmung zur Realisierung der Qualitätsforderung wieder. Dabei kann sich die Qualitätsforderung auf folgende Dimensionen beziehen:

– Personenbezogene Qualitätsforderung (Strukturqualität)

– Einrichtungsbezogene Qualitätsforderung (Strukturqualität)

– Verfahrensbezogene Qualitätsforderung (Prozessqualität)

– Produktbezogene Qualitätsforderung (Produktqualität)

Dass diese Definitionen grundsätzlich auch für soziale Dienstleistungen freier Verbände und Sozialverwaltungen geeignet sein können, verdeutlicht folgendes Beispiel.

Beispiel:

Anspruchsklassen soziale Dienstleistung Beratung:

- Einfache Beratung bei Erziehungsschwierigkeiten mit allgemeinen Hinweisen, nützlichen Adressen usw. (einmalig maximal 45 Minuten).

- Qualifizierte Beratung (mehrmalige Beratung, maximal sechs Beratungsstunden mit Kurzanamnese, Diagnose und Therapievorschlag).

- Intensive Beratung (kontinuierliche Beratung, maximal 48 Beratungsstunden im Jahr mit Anamnese, Diagnose, Therapievorschlag und ggf. Therapie unter Beteiligung einer therapeutischen Einrichtung).

Qualitätssteigerung wird verstanden als die Verschärfung und/oder Ausweitung einer definierten Qualitätsanforderung durch Verschärfen und/oder Hinzufügen von definierten Einzelforderungen

Qualitätsüberwachung wird verstanden als ständige Beobachtung und Überprüfung des qualitativen Zustandes einer Einheit und die Analyse von entsprechenden Unterlagen zur Sicherstellung einer definierten Qualitätsforderung.

Qualitätsaudit ist eine systematische und unabhängige Untersuchung mit dem Ziel, festzustellen, ob die qualitätsbezogenen Tätigkeiten und die damit zusammenhängenden Ergebnisse den geplanten Anforderungen entsprechen und ob diese Anforderungen tatsächlich verwirklicht sind oder geeignet sind, die definierten Ziele zu erreichen. Qualitätsaudits kann man auch als qualitätsbezogenes Controlling bezeichnen. Es kann sich als

- Systemaudit (untersucht das gesamte Qualitätsmanagement)

- Verfahrensaudit (untersucht entsprechende Verfahren bei der Produkterstellung) und

- Produktaudit (das in der Regel am fertigen Produkt durchgeführt wird) gestalten.

Qualitätsforderung bezeichnet die Summe der betreffenden Einzelforderungen an die Beschaffenheit einer Einheit in der jeweiligen Konkretisierungsform, z. B. Bau eines Kindergartens, in der Konkretisierungsform des Rohbaues.

5. Qualität und Qualitätsmanagement

Qualität und Qualitätsmanagement sind Ausdruck einer entsprechenden strategischen Qualitätspolitik der Geschäftsleitung und beziehen sich auf die strategische Zielsetzung einer Organisation hinsichtlich ihrer Güterproduktion. Qualitätslehre ist die Lehre von den Methoden und Werkzeugen des Qualitätsmanagements. Management wird dabei definiert als anglo-amerikanischer, im Rahmen des betriebswirtschaftlichen Sprachgebrauchs verwendeter Begriff für die Leitung eines Unternehmens … Management umfasst alle diejenigen, die in der Unternehmung leitende Aufgaben erfüllen … Management umfasst alle Aufgaben, die die Leitung eines Unternehmens in allen ihren Bereichen mit sich bringt." (Gablers Wirtschaftslexikon 1988, S. 158 f.) Es beinhaltet damit das Management aller Qualitätsfragen auf allen Ebenen der Organisation. Qualitätsmanagement ist damit Aufgabe aller Mitarbeiter in allen Organisationseinheiten. Sozialwirtschaftliche Unternehmen, für die dann Qualitätsmanagement benötigt wird, können in einem zweiten Schritt definiert werden als gemeinnützige oder erwerbswirtschaftliche Einrichtungen der freien Wohlfahrtspflege, Hilfsorganisationen und Sozialeinrichtungen.

Qualität in der Güterproduktion umfasst im wesentlichen zwei Teile:

- Qualitätsplanung
- Qualitätssicherung

Qualitätsplanung

Qualitätsplanung ist die Summe von Auswählen, Klassifizieren und Gewichten der Qualitätsmerkmale und die jeweilige Konkretisierung aller Einzelforderungen an die jeweilige Beschaffenheit im Hinblick auf die durch den beabsichtigten Zweck der Einheit gegebenen Erfordernisse und hinsichtlich der beabsichtigten Anspruchsklasse, unter Berücksichtigung der jeweiligen Realisierungsmöglichkeiten. Qualitätsplanung betrifft immer mehrere Einheiten, das Ergebnis des Planungsprozesses ist die jeweils definierte Qualitätsforderung.

Die Qualitätsplanung ist zentrale Managementaufgabe, sie muss Prozesse und Produkte entwickeln, die den Kundenwünschen entsprechen. Dazu bedient sie sich einer entsprechenden Planungslogik (nach Juran 1988).

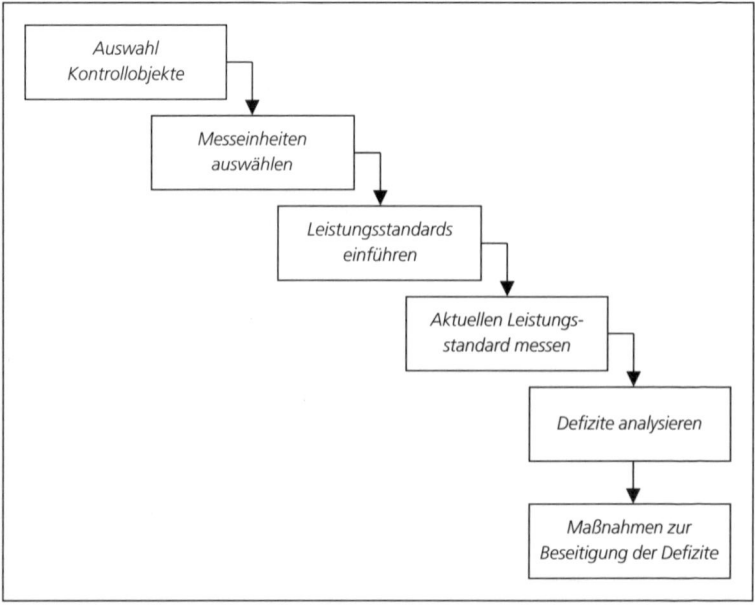

Die DIN ISO 8402/03.92 definiert Qualitätsplanung als „... die Tätigkeit, welche die Zielsetzungen und die Qualitätsforderungen sowie die Forderungen für die Anwendung der Elemente des Qualitätsmanagements festlegen."

Qualitätsmanagement ist die Summe aller qualitätsbezogenen Tätigkeiten und Zielsetzungen, es beinhaltet die Gesamtheit der zur Durchführung des Qualitätsmanagements erforderlichen QM-Elemente. Die einzelnen QM-Elemente lassen sich definieren:

32

- QM-Führungselemente, als Regeln für die Führungskräfte für das QM-Management,

- QM-Ablaufinstrumente, als Regeln für Tätigkeiten und Prozesse,

- QM-Aufbauelemente, als Bausteine für den organisatorischen Aufbau einer Institution und Mittel

Die Qualitätsplanung umfasst drei Dimensionen:

- Produktplanung, z. B. die Entwicklung einer neuen Waschmaschine

- Planung des QM-Systems: Die Elemente der Qualitätsplanung beinhalten die externe und die interne Qualitätsplanung. Die externen Qualitätsforderungen werden vom „Markt" und dem „Kunden" gestellt. Im ersten Schritt werden alle für die Nutzung der Einheit wichtigen Merkmale in Form von Qualitätsmerkmalen identifiziert und definiert. In einem zweiten Schritt werden sie dann nach ihrer Bedeutung für die Qualitätsanforderungen an ein zu produzierendes Gut klassifiziert und gewichtet. Fehler, die dabei klassifiziert werden können, sind kritische Fehler. Hierbei handelt es sich um einen Fehler, von dem bekannt ist oder bei dem die Vermutung nahe liegt, dass er für den Klienten eine gefährliche oder unsichere Situation schafft, z. B. wenn das Stromkabel der Waschmaschine unzureichend gegen Spritzwasser gesichert ist. Ein Hauptfehler liegt vor, wenn dieser voraussichtlich zu einem Ausfall, zu einem vollständigen Verlust des Produktes oder zu einer teilweisen Beeinträchtigung führt, z. B. Bullauge der Waschmaschine ist ungenügend gegen Schleuderdruck gesichert, es kann u. U. Wasser austreten. Ein Nebenfehler liegt vor, wenn durch diesen Fehler die Brauchbarkeit der Dienstleistung in geringem Umfang eingeschränkt wird, z. B. der Abwasserschlauch ist an einer schlecht zugänglichen Stelle angebracht.

- Interne Qualitätsplanung: Sie umfasst die Qualitätsforderungen, die an interne Bedingungen geknüpft sind, wie z. B. Anzahl und Qualifikation der Mitarbeiter, finanzielle Mittel, räumliche Ausstattung. Sie umfasst sämtliche Tätigkeiten und Prozesse, aus denen das Produkt entsteht. Die Fehlerbewertung bei der internen Qualitätsplanung richtet sich in ihrer Wertigkeit nach der Bedeutung des Fehlers für die Organisation hinsichtlich der Realisierung des beabsichtigten Produktes. Die Koordination der zwei Qualitätselemente interne und externe Qualitätsplanung und die Formulierung quantitativer und qualitativer Kennzahlen bilden das Kernstück eines jeden Qualitätsmanagementsystems. Aufwand und Erfolg der internen Qualitätsplanung hängen entscheidend vom richtigen Einsatz der Qualitätsplanung ab.

Qualitätssicherung

Qualitätssicherung soll die Qualitätsniveaus gewährleisten, die als Ziel durch das Management gesetzt worden sind.

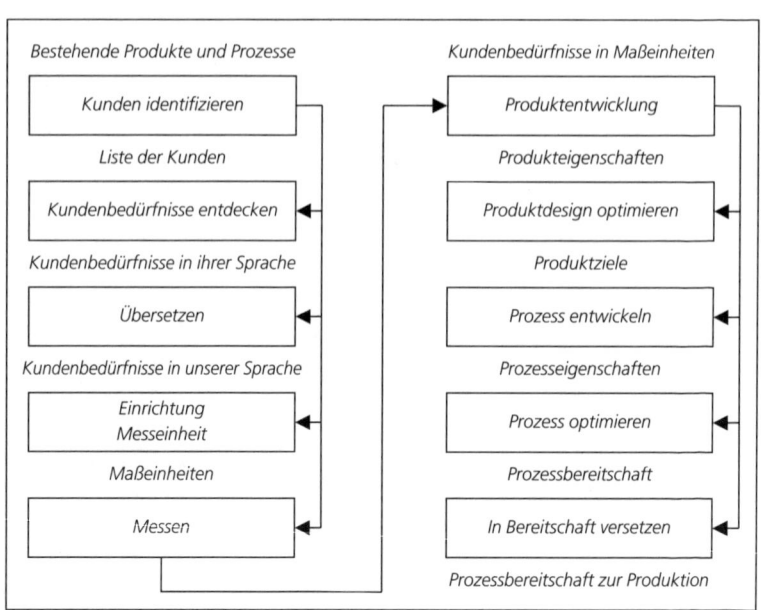

Wesentliche Grundlagen zur Einschätzung der Güterqualität bieten entsprechende Werkzeuge zur Qualitätssicherung und eine entsprechende Prüfplanung.

Die Prüfplanung ist die Planung, die sich ausschließlich auf die Planung von Prüfkriterien bezieht. Das Ergebnis der Qualitätsplanung wird dabei einer Prüfplanung unterzogen. Als ein Instrument bietet sich z. B. der Qualitäts-Termin-Kosten-Kreis (QTK-Kreis) an. Er bezieht alle Organisationseinheiten mit ein, die ein Produkt erstellen. Er umfasst die Elemente:

- Planungsphase

- Realisierungsphase

- Nutzungsphase

In allen Phasen wird der QTK-Kreislauf aufrecht erhalten. Dieser Kreis ist auch ein wesentliches Instrument des Projektmanagements. Dieser Kreis gilt für alle Planungsphasen bis zum fertigen Produkt. Qualität soll als Regel mit bestimmten Vorgaben erreicht werden, dies führt in der Praxis häufig zu Soll-Ist-Abgleichen, wobei der Sollwert oder Planwert einem vorgegebenen Wert entspricht, der erreicht werden soll.

Eine weitere Methode der Prüfung stellt das „Quality function deployment" (QFD) dar. Es ist eine Methode, die anhand formalisierter Dokumente zur Systematisierung der umfassenden Qualitätsplanung im Zusammenhang mit der Erstellung eines Produkts oder einer Dienstleistung unter ständiger Berücksichtigung der Erfordernisse des Kunden eingesetzt wird. Das QFD bildet dabei das „House of Quality" wie es die folgende Grafik zeigt.

1. Definition: Qualitätsmanagement

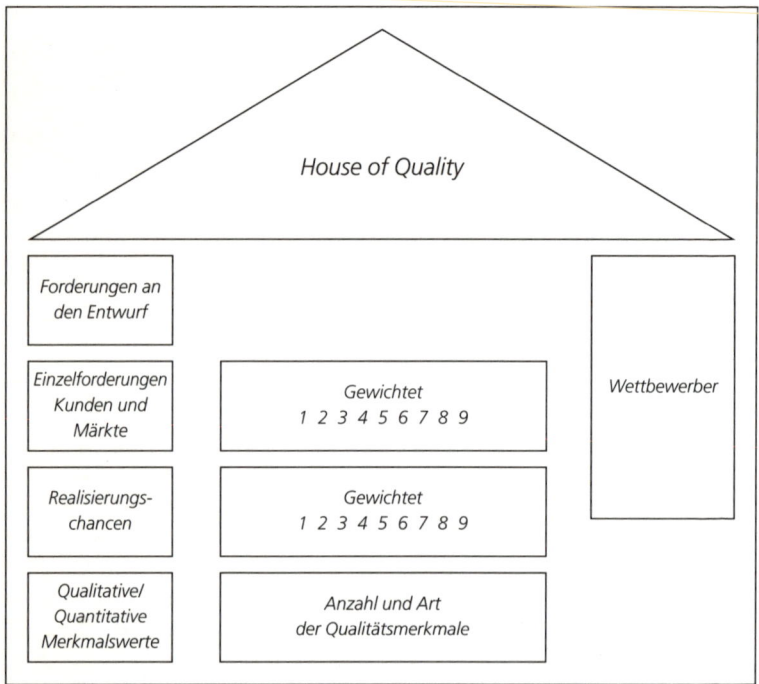

Durch die Qualitätsplanung entstehen Qualitätskosten. Qualitätskosten sind die Kosten, die durch Qualitätsforderungen verursacht
werden:

- Durch Maßnahmen zur Fehlerverhütung

- Durch Qualitätsprüfungen

- Durch Kosten, die durch interne oder externe Qualitätsabwei-
  chungen entstehen

Folgende Checklisten vermitteln einen guten Überblick über Qualitätskosten, Qualitätselemente und damit verbundene Tätigkeiten
sowie über mögliche Prüfkosten.

Qualitätskosten und -elemente	
Qualitätsplanung zur Fehlerverhütung	Weiterentwicklung der Qualitätsforderungen bei neuen und geänderten Einheiten vor Beginn der Realisierung aufgrund von Fehlermeldungen und Korrekturmaßnahmen
Interne Untersuchung zur Qualitätsfähigkeit	Ermitteln und Evaluieren der Qualitätsfähigkeit der eigenen Mitarbeiter, Einrichtungen und Mittel, die zur Herstellung von Gütern geplant sind
Externe Untersuchung zur Qualitätsfähigkeit	Ermittlung von externen Produktionsfaktoren und anderen an der Produktion beteiligten Unternehmen
Prüfplanung	Entwicklung, Planung und Vorbereitung der Qualitätsprüfung
Schulung in Qualitätsmanagement	Durchführung von internen/externen Schulungsmaßnahmen
Qualitätsverbesserung, z. B. Kontinuierliche Verbesserungsprozesse (KVP)	Interne Aktionen zur Verbesserung von Qualitätsfähigkeit und Qualitätsbewusstsein
Qualitätsvergleich mit anderen Güterproduzenten (Benchmarking)	Identifizierung und Vergleich der Qualität der Einheiten anderer Produzenten im Rahmen von Vergleichen der Qualitätsforderung
Interne Qualitätslenkung	Lenkung der Realisierung der Einheiten durch Controlling
Interne Qualitätsaudits	Sämtliche Arten von Qualitätsaudits (System, Verfahren, Produkt)
Leitung des Qualitätsmanagements	Führen und Leiten aller QM-Aufbauorganisationseinheiten

1. Definition: Qualitätsmanagement

Wo Prüfkosten entstehen	
Eingangsprüfung	Sämtliche Arten von Qualitätsprüfungen von Einheiten, die externe Produzenten und externe Produktionsfaktoren erbringen vor der Erstellung eines Produktes
Zwischenprüfung	Sämtliche Arten von Qualitätsprüfungen von Einheiten, die externe Produzenten und externe Produktionsfaktoren erbringen im Zusammenhang der Erstellung eines Produktes
Endprüfung	Sämtliche Arten von Qualitätsprüfungen von Einheiten, die externe Produzenten und externe Produktionsfaktoren erbringen in der Nutzungsphase eines Produktes
Prüfmittelbeschaffung und Prüfmittelbetrieb	Sämtliche Produktionsfaktoren, die zur Prüfung der Qualität notwendig sind
Qualitätsgutachten/ Zertifizierung	Qualitätsprüfungen bestimmter Einheiten und Prüfung aller Qualitätselemente (System, Verfahren, Produkt)
Prüfdokumentation	Erstellung, Archivierung, Verwaltung sämtlicher qualitätsbezogener Dokumente

Weiterhin ist zu definieren, ob es sich um intern oder extern festgestellte Fehlerkosten handelt. Zur Qualitätssicherung können u. a. folgende Instrumente genutzt werden:

- Brainstorming
- Datensammlung
- Fehlersammelliste
- Häufigkeitsdiagramm
- Ursachen-Wirkung-Diagramm

38

Brainstorming

Brainstorming ist eine relativ einfache Methode der freien, in einer Gruppe durchgeführten Erarbeitung von Lösungen für definierte Probleme, ohne Vorgaben zu machen, die die Kreativität der Mitarbeiter einschränken könnten. Die Teilnehmer werden aufgefordert, spontan ihre Ansichten zu vertreten, die von einem Moderator festgehalten werden. Als Hilfsmittel werden lediglich geeignete Räume und Präsentationsmittel wie Flip-Charts, Over-Head-Projektor oder Meta-Pläne verwendet. Die Spontanität dieses Ansatzes soll die Kreativität der Mitarbeiter freisetzen. Nach einer ersten Sitzung, in der „frei assoziiert" wird, findet eine zweite Sitzung statt, in der die Ergebnisse der ersten Sitzung weiter bearbeitet werden. Dieser ganze Prozess geschieht in der Regel in Gruppen in mehreren Arbeitsschritten.

Datensammlung

Daten sind die Grundlage für Analysen und Maßnahmen auch im Bereich des QM. Hilfreich ist hier zuerst die „7 W-Analyse", ein einfaches Analyseinstrument, das bei Tätigkeiten und Prozessen fragt: Was, wann, warum, wer, wie, wo, womit. Die Vorbereitung und Datensammlung vollzieht sich in ähnlichen Schritten wie beim Brainstorming. Die Auswertung der Daten erfolgt nach den Kriterien:

- Fehlerart
- Fehlerursache

Fehlersammelliste

Fehlersammellisten sind einfache und zweckmäßige Erhebungsinstrumente mit Hilfe von Listen, auf denen die entsprechenden Fehler festgehalten werden. Durch die Sammlung typischer Fehler in einem Diagramm wird es möglich, die am häufigsten auftretenden Fehler durch einfache Strichlisten zu identifizieren und zu quantifizieren.

1. Definition: Qualitätsmanagement

Häufigkeitsdiagramm

Häufigkeitsdiagramme oder Histogramme in Form von Diagrammen dienen der grafischen Darstellung der Verteilungsform von Daten. Die Häufigkeitsverteilung gibt die jeweils erfassten Quantitäten an und macht sie grafisch sichtbar. Häufigkeitsdiagramme können z. B. Aussagen über bestimmte Trends sichtbar machen.

Ursache-Wirkungs-Diagramm

Das Ursache-Wirkungs-Diagramm wird wegen seines äußeren Aufbaus auch als Fischgräte-Diagramm genannt. Der Erfinder, Ishikawa, nutzte es zur Visualisierung komplexer Probleme; es ist häufig eine Vorstufe für weitere Methoden des QM. Das Diagramm erlaubt ein Trennung von Ursache und Wirkung, es ermöglicht weiterhin die Identifikation von Haupt- und Nebenursachen. In einer Arbeitsgruppe werden verschiedene Einflüsse auf das Problem definiert und im Anschluss diskutiert, welchen Stellenwert die möglichen Haupt- und Nebenursachen besitzen. Gliederungen nach Ishikawa sind:

- Mensch
- Maschine
- Material
- Methode
- Messbarkeit
- Management
- Mitwelt/Umwelt

Die Beiträge der Gruppenmitglieder werden an der entsprechenden Stelle des Diagrammes eingeführt, die Anzahl ist dabei je nach Komplexität des Problems unbestimmt.

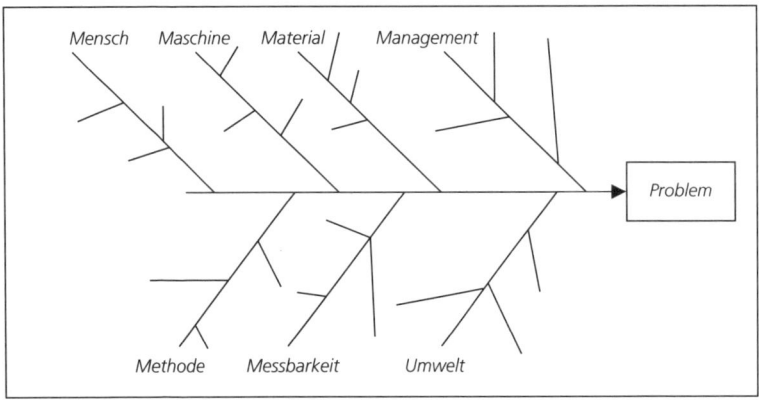

Imai schlägt in seinem Buch darüber hinaus sieben weitere Werkzeuge vor, die innerhalb des Total Quality Managements (siehe Kapitel 3) ihre Verwendung finden sollen (Imai 1996):

- **Beziehungsdiagramm:** Es handelt sich um ein ausführliches Ursache-Wirkungs-Diagramm, das allerdings auch Rückwirkungen auf Ursachen darstellen kann, z. B. bei der Erhöhung der Eintrittsgelder für Veranstaltungen einer Diskothek auf die Besucherzahlen und damit auch auf die Einnahmen. Dieses Werkzeug eignet sich zur Darstellung komplexer Wechselwirkungen.

- **Affinitätsdiagramm:** Beim Affinitätsdiagramm werden Aussagen zu einem bestimmten Thema schriftlich z. B. auf Karten erfasst und zu Aussagegruppen zusammengefasst.

- **Baumdiagramm:** Das Baumdiagramm gibt alle notwendigen Voraussetzungen für eine bestimmte Maßnahme wieder, um dadurch schon im frühen Planungsprozess Fehler zu vermeiden oder systematisch alle Voraussetzungen zur Erreichung der Aufgabe zu erfassen.

- **Matrixdiagramm:** Hierbei werden Beziehungen zwischen mehreren Merkmalen dargestellt. Am bekanntesten ist die Boston-Matrix zur Einschätzung der Produkte am Markt.

- **Diagramm zur Entscheidungsfindung:** Das Diagramm zur Entscheidungsfindung, auch Entscheidungsbaum genannt, wird zur Prozessoptimierung und Fehlervermeidung genutzt. Die einzelnen Maßnahmen werden Schritt für Schritt bewertet, um mögliche Probleme zu entdecken und die Schwere der Probleme beurteilen zu können, sowie im Anschluss daran Korrekturmaßnahmen einleiten zu können.

■ **Pfeildiagramm:** Die einzelnen Schritte bis zum Ziel werden in logischer Reihenfolge ihres Eintritts dargestellt und mit Pfeilen verbunden. Komplizierter ist die Darstellung durch die Netzplantechnik, die kritische Pfade darstellt und einzelne Entwicklungsschritte mit Fristen zur Erledigung versieht, um Terminverzögerungen identifizieren zu können und ihren Einfluss auf die Erreichung des Zieles abschätzen zu können.

Im Gegensatz zur Qualitätsplanung und Qualitätssicherung geht es bei der Qualitätsverbesserung nicht um ein Step-by-step-Verfahren von der Produktidee bis hin zum fertigen Produkt. Es handelt sich vielmehr um die selektive Identifikation von Schwachstellen in den Produktionsabläufen und die Verbesserung dieser Abläufe in einzelnen Subsystemen der Produktion.

Qualitätsplanung, Qualitätssicherung und Qualitätsverbesserung erzeugen eine institutionalisierte Qualitätskultur einer Organisation. Die Ansätze für die Qualitätsverbesserung innerhalb eines Qualitätsmanagements werden in Kapitel 3 ab Seite 65 ausführlich dargestellt und stellen insbesondere auf Möglichkeiten der Qualitätsverbesserung bei sozialen Dienstleistern ab.

Rechtliche Grundlagen für Qualitätsmanagement und Qualitätssicherung

2

1. Alles, was Recht ist

Nachfolgend sollen die rechtlichen Bestimmungen auf- und ausgeführt werden, die soziale Dienste und Einrichtungen explizit dazu verpflichten, sich mit Qualitätssicherung und Qualitätsentwicklung auseinander zu setzen. Nicht eingegangen wird auf die umfangreichen Formulierungen im Sozialrecht, in denen z. B. von (Mindest-)Anforderungen, bedarfsgerechten Leistungen oder einem möglichst wirksamen, vielfältigen und aufeinander abgestimmten Angebot die Rede ist, die dem Grunde nach auch Qualitätsanforderungen an freie und öffentliche Träger darstellen.

2. Pflegeversicherungsgesetz (SGB XI)

Als „neues" Sozialgesetz und als „fünfte Säule" der Sozialversicherung wurde das Pflegeversicherungsgesetz als SGB XI am 28. Mai 1994 im Bundesgesetzblatt verkündet (BGBl. 1994 I S. 1014 ff.). Sein Inkrafttreten wurde auf den 1. Januar 1995 terminiert. Leistungen der häuslichen Pflege erfolgten ab dem 1. April 1995. Für die stationäre Pflege wurde die Leistungsgewährung ab dem 1. Juli 1996 vorgesehen.

Qualitätssicherung gemäß § 80 SGB XI

Im siebten Kapitel des Gesetzes – Beziehungen der Pflegekassen zu den Leistungserbringern – ist der vierte Abschnitt mit Wirtschaftlichkeitsprüfungen und Qualitätssicherung überschrieben. Konkret lautet § 80, der sich explizit mit Qualitätssicherung befasst, wie folgt:

§ 80 Qualitätssicherung

(1) Die Spitzenverbände der Pflegekassen, die Bundesarbeitsgemeinschaft der überörtlichen Träger der Sozialhilfe, die Bundesvereinigung der kommunalen Spitzenverbände und die Vereinigung der Träger der Pflegeeinrichtungen auf Bundesebene vereinbaren gemeinsam und einheitlich Grundsätze und Maß-

---

Verfasst von Professor Dr. Jürgen Burmeister

stäbe für die Qualität und die Qualitätssicherung der ambulanten und stationären Pflege sowie für das Verfahren zur Durchführung von Qualitätsprüfungen. Sie arbeiten dabei mit dem Medizinischen Dienst der Spitzenverbände der Krankenkassen, den Verbänden der Pflegeberufe und den Verbänden der Behinderten eng zusammen. Die Vereinbarungen sind im Bundesanzeiger zu veröffentlichen; sie sind für alle Pflegekassen und deren Verbände sowie für die zugelassenen Pflegeeinrichtungen unmittelbar verbindlich.

(2) Die zugelassenen Pflegeeinrichtungen sind verpflichtet, sich an Maßnahmen zur Qualitätssicherung zu beteiligen; bei stationärer Pflege erstreckt sich die Qualitätssicherung neben den allgemeinen Pflegeleistungen auch auf die Leistungen bei Unterkunft und Verpflegung (§ 87) sowie auf die Zusatzleistungen (§ 88). Die Pflegeeinrichtungen haben auf Verlangen der Landesverbände der Pflegekassen dem Medizinischen Dienst der Krankenversicherung oder den von den Landesverbänden bestellten Sachverständigen die Prüfung der Qualität ihrer Leistungen durch Einzelprüfungen, Stichproben und vergleichende Prüfungen zu ermöglichen. Die Prüfungen sind auf die Qualität der Pflege, der Versorgungsabläufe und der Pflegeergebnisse zu erstrecken. Für das Löschen der vom Medizinischen Dienst der Krankenversicherung erhobenen Daten gilt § 107 Abs. 1 Satz 1 Nr. 2 und Satz 2 entsprechend.

(3) Das Ergebnis der Prüfung nach Absatz 2 ist der betroffenen Pflegeeinrichtung von den Landesverbänden der Pflegekassen mitzuteilen. Soweit Qualitätsmängel festgestellt werden, entscheiden die Landesverbände der Pflegekassen nach Anhörung der Pflegeeinrichtung und einer Vereinigung, der der Träger angehört, welche Maßnahmen zu treffen sind, erteilen dem Träger der Einrichtung hierüber einen Bescheid und setzen ihm darin zugleich eine angemessene Frist zur Beseitigung der festgestellten Mängel. Werden die Mängel nicht fristgerecht beseitigt, können die Landesverbände gemeinsam den Versorgungsvertrag gemäß § 74 Abs. 1, in schwerwiegenden Fällen nach § 74 Abs. 2 kündigen. § 73 Abs. 2 gilt entsprechend.

(4) Hat der Medizinische Dienst Erkenntnisse über Mängel aus Stichproben nach Absatz 2 Satz 2 gewonnen, ist er zur Übermittlung personenbezogener Daten an die Landesverbände der Pflegekassen befugt, soweit dies jeweils für die Anhörung und Erteilung eines Bescheides nach Absatz 3 Satz 2 erforderlich ist. Die Landesverbände der Pflegekassen sind befugt, die Daten nach Satz 1 der Pflegeeinrichtung zu übermitteln, soweit dies für die Anhörung oder eine Stellungnahme der Pflegeeinrichtung zu dem Bescheid nach Absatz 3 Satz 2 erforderlich ist.

(5) Kommen Vereinbarungen nach Absatz 1 bis zum 30. Juni 1995 nicht zustande, wird ihr Inhalt durch Rechtsverordnung des Bundesministeriums für Arbeit und Sozialordnung im Einvernehmen mit dem Bundesministerium für Familie und Senioren und dem Bundesministerium für Gesundheit und mit Zustimmung des Bundesrates festgelegt.

2. Rechtliche Grundlagen

Zunächst werden in Absatz 1 die Spitzenverbände, Bundesarbeitsgemeinschaften und Bundesvereinigungen dazu aufgefordert, „gemeinsam und einheitlich Grundsätze und Maßstäbe für die Qualität und Qualitätssicherung ... sowie für das Verfahren der Durchführung von Qualitätsprüfungen" zu vereinbaren.

Absatz 2 verpflichtet alle zugelassenen Pflegeeinrichtungen, sich an Maßnahmen zur Qualitätssicherung zu beteiligen. Weiterhin wird klargestellt, dass die Einrichtungen auf Verlangen der Landesverbände der Pflegekassen dem Medizinischen Dienst der Krankenversicherung „die Prüfung der Qualität ihrer Leistungen ᾿ zu ermöglichen haben.

Wie mit den Prüfergebnissen zu verfahren ist, ist in Absatz 3 festgelegt. Die Reaktion auf Qualitätsmängel kann bis zur Kündigung des Versorgungsvertrags reichen.

Absatz 4 regelt im Zusammenhang mit Qualitätsmängeln den Umgang mit personenbezogenen Daten, und Absatz 5 stellt in Aussicht, dass das BMA per Rechtsverordnung (im Einvernehmen mit dem damaligen BMFuS und mit Zustimmung des Bundesrates) Grundsätze und Maßstäbe für die Qualität und Qualitätssicherung erlassen kann, wenn nach Absatz 1 keine Vereinbarungen bis zum 30. Juni 1995 zustande kommen.

Dieser letzte Absatz 5 ist insofern typisch für das SGB XI, weil er darauf Bezug nimmt, dass zum Zeitpunkt des Inkrafttretens des Gesetzes wesentliche Inhalte noch nicht geklärt waren (Burmeister 1997, S. 33 ff.). So gab es z. B. auch noch keine Vergütungsvereinbarungen und keinen Rahmenvertrag, der Inhalte der Pflegeleistungen, allgemeine Bedingungen der Pflege und anderes mehr regeln sollte. Obwohl bis zum 30. Juni 1995 noch keine Vereinbarung über Maßstäbe und Grundsätze für die Qualität und Qualitätssicherung getroffen werden konnte, wurde das BMA nicht aktiv, wie es nach Absatz 5 möglich gewesen wäre. Es dauerte dann noch knapp ein Jahr bis am 31. Mai 1996 und damit fast eineinhalb Jahre nach Inkrafttreten des Gesetzes, bis die gemeinsamen Grundsätze und Maßstäbe für die Qualität und Qualitätssicherung für den ambulanten, teilstationären und Kurzzeitpflegebereich vorlagen. Entsprechende Grundsätze und Maßstäbe für den stationären Bereich wurden zum 21. Oktober 1996 verabschiedet.

46

Gemeinsame Grundsätze und Maßstäbe zur Qualität und Qualitätssicherung

Obwohl es bereits Ende 1994 einen Entwurf der Spitzenverbände der Pflegekassen, der Bundesarbeitsgemeinschaft der überörtlichen Träger der Sozialhilfe, der Bundesvereinigung der kommunalen Spitzenverbände und der Vereinigungen der Träger von Pflegeeinrichtungen auf Bundesebene gab, dauerte es noch bis zum 31. Mai 1996, bis eine unterschriftsreife Fassung vorlag. Es wurde letztlich abgewartet, bis das Erste SGB XI-ÄndG beschlossen war (BGBl. 1996 I Nr. 30 S. 830 ff.). Der offene und strittige Punkt war, ob und inwieweit Pflege im Rahmen der Behindertenhilfe Bestandteil der Vereinbarung zur Qualitätssicherung sein sollte. Die endgültig formulierte Fassung über die gemeinsamen Grundsätze und Maßstäbe musste sich entsprechend den Vorgaben des geänderten SGB XI dagegen aussprechen. So heißt es in der Präambel, dass diese Vereinbarung nicht für die Pflege von Behinderten durch die besonderen Dienste und Einrichtungen der Behindertenpflege gilt. Konsequenterweise wurden gegenüber dem Entwurf staatlich anerkannte Heilerziehungspfleger/-innen und Heilerzieher/-innen in dem Passus, in dem die fachlichen Voraussetzungen für die Übernahme der Tätigkeit als verantwortliche Pflegefachkraft festgelegt wurden, nicht mehr genannt. Auch zu geeigneten Pflegekräften gehören Heilerziehungspfleger/-innen, Heilerzieher/-innen und Heilpädagogen/-innen gemäß der verabschiedeten Vereinbarung nicht mehr. Damit folgte man Artikel 1 Nr. 25 des 1. SGB XI-ÄndG, womit die Auffassung der Pflegekassen bestätigt wurde, wonach es sich bei Einrichtungen der Behindertenhilfe, auch wenn dort Pflegeleistungen erbracht werden, nicht um Pflegeeinrichtungen gemäß § 71 Abs. 1 SGB XI handelt.[1]

Die Vereinbarung gemeinsamer Grundsätze und Maßstäbe für Qualität und Qualitätssicherung knüpft weiterhin an den Empfehlungen zu den Inhalten der Rahmenverträge nach § 75 SGB XI an, insbesondere wo es um den Pflegeprozess mit Anamnese, Pflegeplanung und Dokumentationspflichten geht. Grundsätzlich ist die Vereinbarung

---

1) Empfehlungen der Spitzenverbände der Pflegekassen vom 25. April 1995 zum Verhältnis Eingliederungshilfe/Leistungen der Pflegeversicherung, in: NDV, Heft 6/1995, S. 256.

entsprechend dem Konzept von Donabedian nach Struktur-, Prozess- und Ergebnisqualität abgefasst (Donabedian 1982). Bezug nehmend auf die verschiedenen Ebenen wird festgelegt, welche Voraussetzungen bzw. Verfahren unter qualitativen Gesichtspunkten gegeben sein müssen. Die Vorgaben reichen von organisatorischen und personellen Voraussetzungen über die Gestaltung von Pflegeeinsätzen bis zur Notwendigkeit festzustellen, inwieweit die Ziele aktivierender Pflege Berücksichtigung gefunden haben. Konkrete inhaltliche Standards zur Qualität in der Pflege enthält die Vereinbarung nicht. Darüber hinaus sind Pflegedienste verpflichtet, Maßnahmen zur internen Sicherung der Struktur-, Prozess- und Ergebnisqualität festzulegen und durchzuführen. Die Beteiligung an Maßnahmen der externen Qualitätssicherung wird nahegelegt. Als geeignete Maßnahmen werden die Einrichtung von Qualitätszirkeln, die Einsetzung eines Qualitätsbeauftragten, die Mitwirkung an Qualitätskonferenzen und Assessmentrunden und die Entwicklung und Weiterentwicklung von Qualitätsstandards aufgeführt. Ebenso wie es entsprechend dem Rahmenvertrag die Möglichkeit gibt, auf begründeten Verdacht hin Wirtschaftlichkeitsprüfungen bei Pflegediensten anordnen zu können, können die Landesverbände der Pflegekassen nach dieser Vereinbarung auch Verfahren zur Durchführung von Qualitätskontrollen veranlassen. Einen expliziten Grund oder Anlass, der für eine solche Überprüfung gegeben sein muss, nennt die Vereinbarung nicht. Es ist nur sehr allgemein von der Notwendigkeit einer Qualitätsüberprüfung, die von einer Pflegekasse gesehen werden muss, die Rede. Grundlage der Prüfung bilden dabei u. a. die Pflegedokumentationsunterlagen. § 80 SGB XI ist insofern weitreichender, da in Absatz 2 die Prüfungsgegenstände Qualität der Pflege, Versorgungsabläufe und Pflegeergebnisse aufgelistet sind. Bezüglich der Erfassung der Ergebnisqualität enthält die Vereinbarung eine Reihe von Kriterien, zu denen Dienste in jedem Fall Stellung zu beziehen haben, so z. B. zur Pflege verbaler und nonverbaler Kommunikation und zur Berücksichtigung der angemessenen Wünsche des Pflegebedürftigen. Des weiteren soll gemäß der Vereinbarung durch Information und Austausch eine partnerschaftliche Zusammenarbeit aller Beteiligten ermöglicht und eine Vertrauensbasis zwischen Pflegebedürftigen und Leistungserbringern geschaffen werden. Auf den Einzelfall soll flexibel reagiert und die individuelle Lebenssituation und die Selbstversorgungskompetenz des Pflegebedürftigen sollen respektiert und gefördert werden. Damit beinhalten die gemeinsamen Grundsätze der Vereinbarung neben einer allgemeinen Zielformulierung und der Verpflichtung für die Dienste, sich an Maßnahmen der Qualitätssicherung zu beteiligen, vor allem einen relativ umfangreichen konzeptionellen Rahmen, den die Pflegedienste inhaltlich, das heißt mit konkreten Qualitätssicherungsmaßnahmen und Qualitätsstandards, füllen müssen.

3. Bundessozialhilfegesetz (BSHG)

In zeitlicher und inhaltlicher Nähe zum Pflegeversicherungsgesetz fand der Begriff Qualität auch Eingang in das BSHG. Die Grundüberlegung, die hinter den diesbezüglich geänderten Vorschriften stand, zielte auf eine Neuregelung zur Vereinbarung von Pflegesätzen, womit auch eine Entwicklung eingeleitet werden sollte, die den Übergang zu künftigen Regelungen nach dem Pflegeversicherungsgesetz vorbereitet.[1]

Vereinbarung über Inhalt, Umfang und Qualität der Leistungen

Mit Wirkung zum 1. Juli 1994 und in Zusammenhang mit der Abkehr vom Selbstkostendeckungsprinzip und der Einführung prospektiver Pflegesätze bzw. Entgelte wurde § 93 BSHG neu gefasst. So hieß es in Absatz 2:

 Der Träger der Sozialhilfe ist zur Übernahme von Aufwendungen für eine Hilfe in einer Einrichtung nur dann verpflichtet, wenn mit dem Träger der Einrichtung oder seinem Verband eine Vereinbarung über Inhalt, Umfang und Qualität der Leistungen sowie für die zu entrichtenden Entgelte besteht; ... in den Vereinbarungen sind auch Regelungen zu treffen, die den Trägern der Sozialhilfe eine Prüfung der Wirtschaftlichkeit und Qualität der Leistungen ermöglichen.

Eine Vereinbarung über Inhalt, Umfang und Qualität der Leistungen kam nur in zaghaften Ansätzen zustande. Sie wurde in der angesprochenen Form entweder überhaupt nicht beschlossen, oder sie ging in

---

1) Schreiben des Bundesministeriums für Familie und Senioren vom 19. Januar 1994 zur Einführung des prospektiven Pflegesatzes im BSHG, abgedruckt in: Ristok, B., Leistungsgerechte Entgelte, Freiburg 1995, S. 168–174.

ihrem Regelungsinhalt über Formales nicht hinaus (Vigener 1997). Das stand im Widerspruch zur Einschätzung des Gesetzgebers, der der „zwingend vorgeschriebenen Leistungsvereinbarung in der Pflegesatzvereinbarung" besonderes Gewicht beimaß (Friedrich 1995).

Bereits mit Wirkung zum 1. August 1996 folgte eine erneute Novellierung des BSHG, die sich wiederum auch auf die Regelungen des § 93 ff. BSHG bezog (BGBl. I S. 1088 ff.). Entsprechend Artikel 17 des Gesetzes zur Reform des Sozialhilferechts wurde das Inkrafttreten dieser Änderungen jedoch auf den 1. Januar 1999 terminiert. In § 93 Absatz 2 ist seitdem sehr viel differenzierter festgelegt, dass

... der Träger der Sozialhilfe zur Übernahme der Vergütung für eine Leistung nur verpflichtet (ist), wenn mit dem Träger ... eine Vereinbarung über

1. Inhalt, Umfang und Qualität der Leistungen (Leistungsvereinbarung),

2. die Vergütung, die sich aus den Pauschalen und Beträgen für einzelne Leistungsbereiche zusammensetzt (Vergütungsvereinbarung), und

3. die Prüfung der Wirtschaftlichkeit und Qualität der Leistungen (Prüfungsvereinbarung) besteht.

Weiter heißt es in § 93a Absatz 3:

Die Träger der Sozialhilfe vereinbaren mit dem Träger der Einrichtung Grundsätze und Maßstäbe für die Wirtschaftlichkeit und die Qualitätssicherung der Leistung sowie für das Verfahren zur Durchführung von Wirtschaftlichkeits- und Qualitätsprüfungen.

Mit der Deckelung der Pflegesätze nach § 93 Absatz 6, verbunden mit der Verschiebung des Inkrafttretens der detaillierten Pflegesatzregelungen und aller damit einher gehenden notwendigen Vereinbarungen bis zum 1. Januar 1999, gab der Gesetzgeber allen Beteiligten zweieinhalb Jahre Zeit, die Entwicklung und praktische Umsetzung vorzubereiten sowie die Vereinbarungen zu treffen.

Dass Vereinbarungen bis zum Beginn des Jahres 1999 im Grunde noch nicht vorlagen, ist darin begründet, dass zunächst auf eine Rechtsverordnung des Bundesministeriums für Gesundheit über Vergütungspauschalen/-beträge, Maßnahmenpauschalen und die Bildung von Gruppen mit vergleichbarem Hilfebedarf gewartet wurde (§ 93d

Absatz 1). Nachdem absehbar war, dass ein diesbezüglich gestartetes Forschungsprojekt scheitern und das Bundesministerium von seiner Verordnungsermächtigung keinen Gebrauch machen würde, setzten Mitte 1997 Überlegungen ein, Bundesempfehlungen zu formulieren, die sich auf den Inhalt der landesweit abzuschließenden Rahmenverträge beziehen (§ 93d Absatz 2), die ihrerseits die Grundlage für die notwendigen Vereinbarungen nach § 93 Absatz 2 (Leistungs-, Entgelt- und Prüfungsvereinbarungen) sind (Nawrath 1999).

Die Bundesempfehlung nach § 93d Absatz 3 BSHG

Bislang liegen noch keine verabschiedeten Bundesempfehlungen vor, so dass sich die nachfolgenden Ausführungen auf den bislang aktuellsten Stand 15. Februar 1999 beziehen. Zur Leistungsvereinbarung, die Inhalt, Umfang und Qualität der Leistungen beinhalten soll, heißt es in diesem Entwurf der Bundesempfehlungen, der für stationäre und teilstationäre Einrichtungen gelten soll, gemäß § 14 Qualität der Leistungen:

§ 14 Qualität der Leistungen

(1) In den Rahmenverträgen soll zunächst die Qualität der Leistungen beschrieben werden. Als Qualität der Leistungen sind die Anforderungen an die Eigenschaften und Merkmale einer sozialen Dienstleistung bzw. einer Maßnahme (Leistungsstandards) zu beschreiben, die erfüllt werden müssen, damit das Angebot geeignet ist, den Erfordernissen einer bedarfsgerechten Leistungserbringung zu entsprechen.

(2) Die Qualität der Leistung gliedert sich in Struktur-, Prozess- und Ergebnisqualität als Rahmen für die Vereinbarung mit dem Träger der Einrichtung beschrieben.

(3) Strukturqualität benennt die Rahmenbedingungen, die notwendig sind, um die vereinbarte Leistung erbringen zu können. Parameter sind unter Berücksichtigung der gesetzlichen Vorgaben u. a.:

– Standort und Größe der Einrichtung einschließlich des baulichen Standards,

– das Vorhandensein einer Konzeption der Einrichtung,

– die Darstellung des vorgehaltenen Leistungsangebots,

– räumliche, sachliche und personelle Ausstattung,

– fachlich qualifizierte Anleitung der Mitarbeiter sowie die Sicherstellung ihrer Fort- und Weiterbildung,

2. Rechtliche Grundlagen

- Darstellung der Qualitätssicherungsmaßnahmen,
- Kooperation mit anderen Einrichtungen, Einbindung in Versorgungsstrukturen und Gemeinwesen.

(4) Prozessqualität bezieht sich auf die Planung, Strukturierung und den Ablauf der Leistungserbringung (Verfahren). Art und Weise der Leistungserbringung ergeben sich aus den Leistungszielen. Die Prozessqualität kann insbesondere an folgenden Parametern dargestellt und gemessen werden:

- bedarfsorientierte Hilfeleistung einschließlich deren Dokumentation,
- Überprüfung und kontinuierliche Fortschreibung des Hilfeplans einschließlich notwendiger Beiträge für die Gesamtpläne nach §§ 46, 72 BSHG,
- Unterstützung und Förderung der Selbsthilfepotenziale,
- prozessbegleitende Beratung,
- Einbeziehung von Betroffenen, Angehörigen oder gesetzlichen Vertretern (Vertreterorganisationen),
- bedarfsgerechte Fortentwicklung der Konzeption,
- Dienstplangestaltung, fachübergreifende Teamarbeit,
- Vernetzung der Angebote der Einrichtungen im Rahmen des Gesamt-/Hilfeplans.

(5) Ergebnisqualität ist als Zielerreichungsgrad der Leistungserbringung zu verstehen. Dabei ist das angestrebte Ziel mit dem tatsächlich erreichten Zustand zu vergleichen. Bei der Beurteilung der Ergebnisqualität sind das Befinden und die Zufriedenheit des Hilfeempfängers zu berücksichtigen.

Ergebnisse des Hilfeprozesses sind anhand der festgelegten Ziele regelmäßig zu überprüfen. Das Ergebnis der Überprüfung ist zwischen den die Leistung erbringenden Einrichtungen und dem Hilfeempfänger, seinen Angehörigen oder sonstigen Vertretungsberechtigten zu erörtern und in der Prozessdokumentation festzuhalten. Je nach Hilfeart sind – bei Bedarf – auf der Landesebene weiter Konkretisierungen vorzunehmen.

Neben einer allgemeinen Darlegung von Qualität, die auf eine Definition der Deutschen Gesellschaft für Qualität in der DIN 55350, Teil 11, zurückgeht, enthält § 14 die bekannte Untergliederung in Struktur-, Prozess- und Ergebnisqualität. Dabei werden die zu berücksichtigenden Parameter genannt, ohne dass sie mit konkreten Standards gefüllt werden. Bezüglich der notwendigen Prüfungsvereinbarung enthalten die §§ 27–29 der Bundesempfehlung Grundsätze und Maßstäbe für die Qualitätssicherung der Leistungen, die Prüfung der Qualität der Leistungen und Verfahren zur Durchführung von Qualitätsprüfungen.

52

3. Bundessozialhilfegesetz (BSHG)

§ 27 Grundsätze und Maßstäbe für die Qualitätssicherung der Leistungen

(1) In den Rahmenverträgen sind Regelungen zu treffen, die bezogen auf die Hilfearten und Leistungstypen einheitliche Vorgaben für die regelmäßige Dokumentation vorsehen. Diese Dokumentation bezieht sich auf einrichtungsbezogene – nicht einzelfallbezogene – Struktur-, Leistungs- und Ergebnisdaten. Sie ist dem Sozialhilfeträger in vereinbarten Zeitabständen vorzulegen.

(2) Der Träger der Einrichtung ist dafür verantwortlich, dass Maßnahmen zur internen Sicherung der Struktur-, Prozess- und Ergebnisqualität festgelegt und durchgeführt werden.

(3) Maßnahmen der Qualitätssicherung können z. B. sein

– die Einrichtung von Qualitätszirkeln,

– die Einsetzung von Qualitätsbeauftragten,

– die Mitwirkung an Qualitätskonferenzen,

– die Entwicklung von Weiterentwicklung von Verfahrensstandards für die Betreuung und Versorgung.

§ 28 Prüfung der Qualität der Leistungen

(1) Sofern begründete Anhaltspunkte dafür vorliegen, dass eine Einrichtung ihre Leistungen nicht in der vereinbarten Qualität erbringt, sind die Sozialhilfeträger berechtigt, zu prüfen, ob die erbrachten Leistungen der mit der Einrichtung vereinbarten Qualität entsprechen. Das Nähere soll in den Rahmenverträgen geregelt werden.

§ 29 Verfahren zur Durchführung von Qualitätsprüfungen

(1) In den Rahmenverträgen soll geregelt werden, ob Prüfungen nach § 28 durch die Sozialhilfeträger selbst, durch unabhängige Kommissionen oder externe Sachverständige durchgeführt werden.

(2) Gegenstand der Prüfung sind die Sachverhalte, bei denen Anhaltspunkte hinsichtlich eines Verstoßes gegen die vereinbarte Qualität bestehen. Der Träger der Einrichtung und sein Verband sollen vorher zu diesen Sachverhalten gehört werden.

(3) Die Träger der Einrichtungen sind verpflichtet, den mit der Prüfung Beauftragten die Prüfung in geeigneter Form zu ermöglichen und daran mitzuwirken.

(4) Der Prüfungsbericht wird allen Beteiligten ausgehändigt. Das Prüfungsergebnis ist den Leistungsempfängern in geeigneter Form mitzuteilen.

(5) In den Rahmenverträgen ist die Kostentragung der Prüfung zu regeln.

Die Grundsätze und Maßstäbe für Qualitätssicherung beziehen sich auf die Notwendigkeit einer regelmäßigen Dokumentation und machen die Verantwortlichkeit für Qualitätssicherungsmaßnahmen beim Träger der Einrichtung fest. Die einzelnen Maßnahmen, die genannt werden, decken sich weitestgehend mit denen, die auch die gemeinsamen Grundsätze und Maßstäbe für Qualität und Qualitätssicherung im Rahmen der Pflegeversicherung enthalten. Eine Prüfung der Qualität soll dann stattfinden, wenn begründete Anhaltspunkte dafür vorliegen, dass eine Einrichtung ihre Leistungen nicht in der vereinbarten Qualität erbringt. Das Verfahren zur Durchführung von Qualitätsprüfungen wird im Grunde der weiteren Ausführung durch landesweite Rahmenverträge überlassen. Festgehalten wird lediglich, dass der Träger der Einrichtung und sein Verband zum Sachverhalt gehört werden, die Träger der Einrichtung dazu verpflichtet sind, an der Prüfung mitzuwirken und das Prüfungsergebnis den Leistungsempfängern in geeigneter Weise mitzuteilen ist.

Rahmenvertrag für vollstationäre und teilstationäre Einrichtungen in Baden-Württemberg

In Baden-Württemberg wurde ein Rahmenvertrag nach § 93d Absatz 2 BSHG zu den Leistungs-, Vergütungs- und Prüfungsvereinbarungen für vollstationäre und teilstationäre Einrichtungen am 15. Dezember 1998 vereinbart. Damit lag dieser erste Rahmenvertrag vor, bevor es zu einer Übereinkunft bei den Bundesempfehlungen zu den landesweiten Rahmenverträgen kam, um rechtzeitig die Grundlage für die Umsetzung des ab 1. Januar 1999 geltenden Finanzierungssystems zu schaffen.

Bei den Ausführungen zur Leistungsvereinbarung greift der Rahmenvertrag die Formulierung der Bundesempfehlung zur Qualität der Leistung auf, jedoch in erheblich reduzierter Form:

§ 11 Qualität der Leistung

(1) Die Qualität der Leistung umfasst die Gesamtheit von Eigenschaften und Merkmalen einer sozialen Dienstleistung bzw. einer Maßnahme. Das Leistungsangebot hat den Erfordernissen einer bedarfsgerechten Leistungserbringung zu entsprechen.

(2) Die Qualität der Leistung gliedert sich in Struktur,- Prozess- und Ergebnisqualität.

Zum Punkt Qualitäts- und Prüfungsvereinbarung enthält der Rahmenvertrag folgende Regelungen:

§ 20 Maßnahmen der Qualitätssicherung

(1) Der Träger der Einrichtung ist dafür verantwortlich, dass Maßnahmen zur internen Sicherung der Struktur-, Prozess- und Ergebnisqualität gemäß § 11 festgelegt und durchgeführt werden.

(2) Maßnahmen der Qualitätssicherung können z. B. sein,

- die Einrichtung von Qualitätszirkeln,

- die Einsetzung von Qualitätsbeauftragten,

- die Mitwirkung an Qualitätskonferenzen,

- die Entwicklung und Weiterentwicklung von Verfahrensstandards für die Betreuung und Versorgung.

§ 21 Dokumentation und Prüfung der Qualität der Leistungen

(1) Die Einrichtungen führen einen Nachweis über die Durchführung der Maßnahmen der Qualitätssicherung im Sinne des § 20. Dieser ist dem Sozialhilfeträger auf Verlangen vorzulegen.

(2) Sofern begründete Anhaltspunkte dafür vorliegen, dass eine Einrichtung ihrer Verpflichtung aus § 20 nicht ausreichend nachkommt oder ihre Leistungen in der vereinbarten Qualität nicht erbringt, sind die Sozialhilfeträger berechtigt, die Qualität der vereinbarten Leistungen zu überprüfen. Diese Überprüfung erfolgt gegebenenfalls durch eine unabhängige Kommission oder externe Sachverständige.

Gegenstand der Prüfung sind die Sachverhalte, bei denen Anhaltspunkte für einen Verstoß gegen die vereinbarte Qualität bestehen. Der Träger der Einrichtung und sein Verband sind vorher zu diesen Sachverhalten zu hören. Sofern das Prüfungsziel die Einbeziehung eines Hilfeempfängers, insbesondere seine Befragung oder Untersuchung erforderlich macht, ist dies nur mit Zustimmung des Hilfeempfängers möglich.

(3) Die Träger der Einrichtungen sind verpflichtet, den mit der Prüfung Beauftragten die Prüfung in geeigneter Form zu ermöglichen und daran mitzuwirken. Der Datenschutz ist zu beachten.

(4) Der Prüfungsbericht wird allen Beteiligten ausgehändigt. Das Prüfungsergebnis ist nach Absprache mit dem Träger der Einrichtung den Hilfeempfängern in geeigneter Form zugänglich zu machen. Soweit Qualitätsmängel festgestellt werden, entscheidet der Sozialhilfeträger nach Anhörung des Einrichtungsträgers und des Verbandes, dem die Einrichtung angehört, welche Maßnahmen zu treffen sind. Er teilt diese dem Träger der Einrichtung mit und setzt zugleich eine angemessene Frist zur Beseitigung der festgestellten Mängel. Im Übrigen gilt § 93 c BSHG.

(5) Über die Kostentragung ist vor einer Prüfung eine Vereinbarung zu treffen.

Die §§ 20 und 21 des Rahmenvertrages gehen nur an wenigen Stellen über die entsprechenden Paragrafen der Bundesempfehlung hinaus. Erwähnung findet der Hilfebedürftige, dessen Zustimmung gegebenenfalls bei einer Qualitätsprüfung eingeholt werden muss. Erwähnung findet auch der Datenschutz. Weiterhin soll eine Qualitätsüberprüfung von einer unabhängigen Kommission oder einem externen Sachverständigen, nicht aber vom Sozialhilfeträger selbst erfolgen. Hinsichtlich der Konsequenzen eines negativen Prüfergebnisses ist in der Regel eine angemessene Frist für die Behebung der Mängel zu setzen. Des Weiteren wird auf § 93c verwiesen, der die außerordentliche Kündigung von Vereinbarungen regelt. Nicht entschieden wurde dagegen die in der Bundesempfehlung offen gelassene Frage nach der „Kostentragung" einer Qualitätsüberprüfung. Damit bildet auch der Rahmenvertrag nur ein sehr grobes Raster hinsichtlich der Verpflichtung der Einrichtungen, sich qualitativ auszuweisen. Im Kern reduzieren sich die Vorschriften auf die Pflicht, Maßnahmen der Qualitätssicherung zu ergreifen, wofür der Träger der Einrichtung in der Verantwortung steht.

4. Kinder- und Jugendhilfegesetz (SGB VIII)

So wie die Neuerungen zum Pflegesatzwesen und den damit verbundenen notwendigen Vereinbarungen im BSHG durch das SGB XI geprägt wurden, sind die jüngsten Änderungen des Kinder- und Jugendhilfegesetzes in Anlehnung an die Grundüberlegungen und Systematiken bei der Novellierung des BSHG erfolgt. Mit Einfügung der §§ 78a ff. am 29. Mai 1998 BGBl. I S. 1188 ff.) traten auch für das Kinder- und Jugendhilfegesetz mit Wirkung zum 1. Januar 1999 Regelungen in Kraft, die prospektiv zu vereinbarende Entgelte und die aus dem BSHG bekannte „Vereinbarungstriade" vorschreiben.

Voraussetzungen für die Übernahme des Leistungsentgelts

In § 78b Absatz 1 SGB VIII heißt es, dass:

... der Träger der öffentlichen Jugendhilfe zur Übernahme des Entgelts gegenüber dem Leistungsberechtigten verpflichtet (ist), wenn mit dem Träger der Einrichtung oder seinem Verband Vereinbarungen über

1. Inhalt, Umfang und Qualität der Leistungsangebote (Leistungsvereinbarung),

2. differenzierte Entgelte für die Leistungsangebote und die betriebsnotwendigen Investitionen (Entgeltvereinbarung) und

3. Grundsätze und Maßstäbe für die Bewertung der Qualität der Leistungsangebote sowie über geeignete Maßnahmen zu ihrer Gewährleistung (Qualitätsentwicklungsvereinbarung)

abgeschlossen worden sind.

Dies bezieht sich gemäß § 78a auf teilstationäre und stationäre Einrichtungen. Wenn auch die Systematik dieser Vereinbarungen derjenigen des BSHG entspricht, gibt es in der Ausformulierung der einzelnen Vereinbarungen deutliche Unterschiede. Während das BSHG eine Prüfungsvereinbarung hinsichtlich Wirtschaftlichkeit und Qualität fordert, enthält das SGB VIII die Pflicht, eine Qualitätsentwicklungsvereinbarung zu schließen. Diese zielt nicht auf Prüfrechte der Kostenträger, sondern auf „Kriterien und Verfahren der Qualitätsbewertung und Modalitäten der Verarbeitung der dabei gewonnen Erkenntnisse mit dem Ziel der Qualitätsverbesserung" (Merchel 1999, S 75). Das Verhältnis zwischen öffentlichen und freien Trägern ist hier durch einen Kooperationscharakter geprägt und nicht durch eine Über- und Unterordnung, wie sie bei den Prüfungsvereinbarungen im BSHG zum Ausdruck kommen.

Zu dem Inhalt der Leistungs- und Entgeltvereinbarungen heißt es in § 78c Absatz 2:

2. Rechtliche Grundlagen

 ... Grundlage der Entgeltvereinbarung sind die in der Leistungs- und der Qualitätsentwicklungsvereinbarung festgelegten Leistungs- und Qualitätsmerkmale.

Diese explizite Verbindung von Qualitäts- und Leistungsmerkmalen mit der Entgeltvereinbarung ist so im BSHG in den entsprechenden Regelungen nicht enthalten. So weist das SGB VIII hier ausdrücklich auf seine „innere Logik" hin, die im Übrigen auch das BSHG kennzeichnet: Ausgangspunkt ist ein individueller Hilfebedarf, für den ein bestimmtes Leistungsangebot entwickelt bzw. vorgehalten wird. Die Ausgestaltung der Leistung und die sie kennzeichnenden Qualitätsmerkmale sind dann die Basis für Entgeltverhandlungen. Dies ist deswegen zu betonen, weil in Zeiten knapper Gelder mehr denn je die Gefahr besteht, dass das Pferd vom Schwanz aufgezäumt wird: Ausgangspunkt ist dann eine konkrete Vorstellung über die Entgelthöhe auf Seiten des öffentlichen Verhandlungspartners. Danach sind die Leistungen zu bemessen in der Hoffnung, dass damit individuellen Hilfebedarfen entsprochen werden kann.

Die Vereinbarungen des SGB VIII können, wie auch diejenigen des BSHG, zwischen einzelner Einrichtung und örtlichem öffentlichen Träger geschlossen werden. Nach § 78e SGB VIII ist es jedoch auch möglich, dass regionale oder landesweite Kommissionen, die aus kommunalen Spitzenverbänden und Verbänden der Träger auf Landesebene gebildet werden, die Vereinbarungen nach § 78b Absatz schließen. Als Grundlage dafür, auch das eine Parallele zum BSHG, sind nach § 78 f. landesweite Rahmenverträge abzuschließen. Bundesempfehlungen für diese Rahmenverträge, die vorab zu beschließen sind, werden im SGB VIII nicht gefordert, wohl nicht zuletzt wegen der Erfahrungen mit den Empfehlungen nach § 93d Absatz 3 BSHG.

Rahmenverträge nach § 78f SGB VIII

Bis zum 1. April 1999 lagen Rahmenverträge vor in Niedersachsen, Nordrhein-Westfalen, Hessen und im Saarland. Dabei enthielt der Vertrag in Hessen noch keine Qualitätsentwicklungsvereinbarung und im Saarland wurde noch an den Anlagen gearbeitet (Kröger 1999). Nachfolgend wird auf den Rahmenvertrag des Landes Niedersachsen exemplarisch eingegangen, der bereits zum 1. Januar 1999 in Kraft trat.

58

In § 13 des Rahmenvertrages, der sich auf die Qualitätsentwicklungsvereinbarung bezieht, heißt es:

§ 13

(1) Die Bewertung der Qualität der Leistungen und ihre Gewährleistung ist
grundsätzlich eine permanente Aufgabe der Jugendhilfeeinrichtungen. Die
internen Prüfungen sind in geeigneter Form zu dokumentieren.

(2) Der örtliche Träger Jugendhilfe kann die Qualität der nach der Leistungsvereinbarung zu erbringenden Leistungen überprüfen, wenn Anhaltspunkte
dafür vorliegen, dass die Einrichtung die Anforderungen zur Erbringung einer
Betreuung in der vereinbarten Qualität nicht oder nicht mehr erfüllt.

(3) Der vereinbarende örtliche Träger der Jugendhilfe nimmt die Prüfung vor.
Die Einrichtung kann den Spitzenverband beteiligen, dem der Träger der Einrichtung angehört.

(4) Die Ergebnisse der Prüfung fließen – soweit erforderlich – in die nächste
Leistungs- und Entgeltvereinbarung ein. .

(5) Nähere Ausführungen dazu enthält die Anlage 7.

Hier wird im Grunde nur verdeutlicht, dass die Bewertung der Qualität
der Leistungen und ihre Gewährleistung grundsätzlich eine permanente Aufgabe der Jugendhilfeeinrichtungen ist. Darüber hinaus wird
auf mögliche Qualitätsüberprüfungen durch den örtlichen Träger der
Jugendhilfe eingegangen, die im Gesetz selbst nicht thematisiert wurden. In Absatz 5 wird auf folgende Anlage verwiesen.

VII. Anlage 7 (zu § 13 SGB VIII)

**Grundsätze und Maßstäbe für die Bewertung der Qualität der Leis-
tungen sowie über geeignete Maßnahmen zu ihrer Gewährleistung
(Qualitätsentwicklungsvereinbarung) und Qualitätsprüfungen**

1. Die Vereinbarung über Kostensätze in der Jugendhilfe schließt Vereinbarungen zur Bewertung der Qualität der Leistungsangebote sowie über
geeignete Maßnahmen zu ihrer Gewährleistung ein (Struktur-, Prozess-,
Ergebnisqualität). Durch die Bewertung und die geeigneten Maßnahmen
der Gewährleistung soll belegt werden, dass, in welchem Umfang, nach
welchen Standards und mit welchem Ergebnis die vereinbarten Leistungen
erbracht werden (vgl. Anlage 1 C).

2. Es ist grundsätzlich Aufgabe der Einrichtungsträger, Maßnahmen der Qualitätssicherung und Qualitätsentwicklung durchzuführen. Diese Maßnah-

men sollen – auch im Hinblick auf die damit verbundenen Kosten – möglichst einfach in den pädagogischen Alltag zu integrieren sein. In diesem Zusammenhang werden daher vor allem Qualitätssicherungs- bzw. Selbstevaluierungsmaßnahmen in Frage kommen, die von den Teilbereichen bzw. Mitarbeiterteams selbst gesteuert (Selbstführung) werden können.

3. Werden zwischen örtlichem Träger der Jugendhilfe und dem Einrichtungsträger besondere Qualitätsprüfungen bzw. Zertifizierungen vereinbart, ist dieses bei der Entgeltvereinbarung entsprechend zu berücksichtigen.

4. Ein darüber hinaus gehendes Prüfrecht des örtlichen Trägers der Jugendhilfe besteht, sobald Anhaltspunkte vorliegen, dass der Einrichtungsträger die Anforderungen zur Erbringung einer Betreuung in der vereinbarten Qualität nicht oder nicht mehr erfüllt. Derartige Anhaltspunkte können z. B. sein:

   – von der Leistungsvereinbarung nicht unerheblich abweichender Personaleinsatz,

   – Beanstandungen der Heimaufsicht,

   – mehrfache Hinweise der belegenden örtlichen Träger der Jugendhilfe, dass die Leistung erheblich von der Leistungsvereinbarung abweicht.

5. Verfahren

   a) Der örtliche Träger der Jugendhilfe unterrichtet den Einrichtungsträger in schriftlicher Form über die Prüfabsicht und die ihm vorliegenden Anhaltspunkte.

   b) Ein Prüftermin ist innerhalb eines Monats zu vereinbaren. Die Inhalte der Prüfung sind schriftlich festzulegen. Die Prüfung findet in der Regel in der Einrichtung statt.

   c) Der Einrichtungsträger legt seine Dokumentation der internen Qualitätsprüfung sowie ggf. weitere Unterlagen im Zusammenhang mit den zu prüfenden Inhalten vor.

   d) Die an der Prüfung Beteiligten unterliegen der Verpflichtung zur Verschwiegenheit und haben die Datenschutzbestimmungen des KJHG zu beachten.

   e) Über das Ergebnis der Prüfung findet eine Erörterung statt und wird eine Niederschrift gefertigt, die von beiden Vertragsparteien unterschrieben wird.

   f) Finanzielle Auswirkungen des Prüfergebnisses sind bei der Vereinbarung der Kostensätze für den nächsten Wirtschaftszeitraum zu berücksichtigen. Festgestellte Abweichungen von der Leistungsvereinbarung sind umgehend abzustellen.

g) Weiter gehende Prüfvereinbarungen durch die Vertragsparteien, insbesondere die Durchführung der Prüfung durch unabhängige Sachkundige, sind möglich.

6. Bei der Durchführung der Prüfung ist der Grundsatz der Verhältnismäßigkeit zu beachten. Die jeweilige Prüfung muss geeignet sein, Aufschluss über den Prüfgegenstand zu geben. Weiterhin muss der Prüfaufwand in angemessenem Verhältnis zum Prüfgegenstand stehen. Die Prüfung bezieht sich ausschließlich auf die Qualität der Leistung und auf die vereinbarten Inhalte.

7. Verweigert der Einrichtungsträger die Prüfung oder kann kein Einvernehmen über erhebliche Auswirkungen der Beanstandungen hergestellt werden, ist dies ein Grund, die Neuverhandlung der Leistungs- und Entgeltvereinbarung analog § 9 Absatz 3 Rahmenvertrag zu verlangen.

8. Die Vereinbarungspartner des Rahmenvertrages entwickeln gemeinsam die Grundsätze und Maßstäbe für die Bewertung der Qualität des Leistungsangebotes sowie über geeignete Maßnahmen zu ihrer Gewährleistung fort.

Durch eine Qualitätsentwicklungsvereinbarung soll deutlich werden, mit welchen Standards gearbeitet wird. Als Qualitätssicherungs- und Entwicklungsmaßnahme wird Selbstevaluation (auch aus Kostengründen) angeführt, womit all die Maßnahmen, die im Kontext der Pflegeversicherung und des BSHG genannt werden, weggelassen wurden. Dass hier auch von Qualitätssicherung gesprochen wird, ist insofern überraschend, da in der Fachwelt besonders positiv vermerkt wurde, dass im Gesetz eine sensible Sprachpolitik zum Ausruck kommt, indem der Begriff Qualitätsentwicklung und nicht der Begriff Qualitätssicherung eingeführt wurde, mit dem man primär technische Vorgänge assoziieren würde (Merchel 1998). Weiterhin werden Anhaltspunkte für Qualitätsüberprüfungen genannt (z. B. vom Vereinbarten abweichender Personaleinsatz und abweichende Leistungen). Relativ ausführlich und konkret wird das im Gesetz selbst nicht enthaltene Prüfverfahren beschrieben. Hinsichtlich der Maßnahmen und Grundsätze zur Bewertung der Leistungen wird dagegen lediglich auf weitere Vereinbarungen zwischen den Vertragspartnern des Rahmenvertrages verwiesen.

5. Arbeitsförderungsrecht (SGB III)

Mit dem Arbeitsförderungsreformgesetz wurde das bisherige Arbeitsförderungsgesetz mit Wirkung zum 1. Januar 1998 reformiert und gleichzeitig als Drittes Buch in die Reihe der Sozialgesetzbücher eingegliedert: SGB III – Arbeitsförderungsrecht. Die Reform zielte auf eine Neustrukturierung des Versicherungsrechts und eine verstärkte Verflechtung des Arbeitsrechts mit dem Arbeitsförderungsrecht ab. Daneben wurden zahlreiche Verordnungen und Anforderungen der Bundesanstalt für Arbeit in das Gesetz aufgenommen.

Qualitätsprüfungen sind nach § 93 SGB III vorgesehen bei der Förderung der beruflichen Weiterbildung:

§ 93 Qualitätsprüfung

(1) Das Arbeitsamt soll durch geeignete Maßnahmen die Durchführung der Maßnahme überwachen sowie den Erfolg beobachten. Es kann insbesondere

2. von dem Träger der Maßnahme und den Teilnehmern Auskunft über den Verlauf der Maßnahme und den Eingliederungserfolg verlangen und

3. die Einhaltung der Voraussetzungen, die für die Anerkennung der Maßnahme für die Weiterbildungsförderung erfüllt sein müssen, durch Einsicht in alle die Maßnahme betreffenden Unterlagen des Träger prüfen.

Das Arbeitsamt ist berechtigt, zu diesem Zwecke Grundstücke, Geschäfts- und Unterrichtsräume des Trägers während der Geschäfts- oder Unterrichtszeit zu betreten. Wird die Maßnahme bei einem Dritten durchgeführt, ist das Arbeitsamt berechtigt, die Grundstücke, Geschäfts- und Unterrichtsräume des Dritten während dieser Zeit zu betreten. Stellt das Arbeitsamt bei der Prüfung der Maßnahme hinreichende Anhaltspunkte für Verstöße gegen datenschutzrechtliche Vorschriften fest, soll es die zuständige Kontrollbehörde für den Datenschutz hiervon unterrichten.

(1) Das Arbeitsamt kann vom Träger die Beseitigung festgestellter Mängel innerhalb angemessener Frist verlangen. Kommt der Träger diesem Verlangen nicht nach, werden die in Absatz 1 genannten Auskünfte nicht, nicht rechtzeitig oder nicht vollständig erteilt oder die Prüfungen oder das Betreten der Grundstücke, Geschäfts- und Unterrichtsräume durch das Arbeitsamt nicht geduldet, kann das Arbeitsamt die Anerkennung für die Weiterbildungsförderung widerrufen.

Hier wird insbesondere darauf eingegangen, welche Rechte das Arbeitsamt hat, damit eine Qualitätsüberprüfung durchgeführt werden kann. Die Überprüfung kann sich ausdrücklich auch auf den Erfolg der Maßnahme beziehen. In diesem Zusammenhang ist § 11 SGB III von Bedeutung, der jedes Arbeitsamt verpflichtet, über seine Ermessensleistungen der aktiven Arbeitsförderung nach Abschluss eines Haushaltsjahres eine Eingliederungsbilanz zu erstellen. Nicht thematisiert wird in § 93, ob und inwieweit die Einrichtungen der Weiterbildung zu Maßnahmen der Qualitätssicherung und -entwicklung verpflichtet sind. Es gibt jedoch von Seiten der Bundesanstalt für Arbeit einen „Anforderungskatalog an Bildungsträger und Maßnahmen der beruflichen Fortbildung und Umschulung". Dort sind konkrete Minimalstandards für die Ebenen Struktur,- Prozess- und Ergebnisqualität festgelegt. Deren Einhaltung wird vom Arbeitsamt in Träger- und maßnahmenbezogenen Überprüfungen überwacht, wofür das Arbeitsamt auf Leitlinien und Checklisten zurückgreifen kann (Runderlass der Bundesanstalt für Arbeit 42/96). Damit verfügt das Arbeitsamt über relativ konkrete Instrumentarien hinsichtlich einer Qualitätsprüfung, die durch entsprechende Prüfrechte auch gut zur Anwendung gelangen können. Die Erfahrung der Einrichtungen ist jedoch, dass sich Prüfungen von Seiten der Arbeitsämter meist nur darauf beziehen, ob grundsätzlich Maßnahmen der Qualitätssicherung und -entwicklung institutionalisiert sind.

6. Rahmenvertrag über die Zusammenarbeit zwischen Rehabilitationsträgern und Berufsförderungswerken

Gesetzesübergreifend haben die Bundesanstalt für Arbeit, der Verband Deutscher Rentenversicherungsträger, der Hauptverband der gewerblichen Berufsgenossenschaften, der Bundesverband der Unfallkassen, der Bundesverband der landwirtschaftlichen Berufsgenossenschaften sowie die in der Arbeitsgemeinschaft Deutscher Berufsförderungswerke zusammengeschlossenen Berufsförderungswerke zur Regelung ihrer Zusammenarbeit und Weiterentwicklung der beruflichen Rehabilitation mit Wirkung zum 1. Januar 1999 einen Rahmenvertrag geschlossen. In diesem heißt es:

2. Rechtliche Grundlagen

Die Berufsförderungswerke verpflichten sich auf die von den Rehabilitationsträgern unter Mitwirkung der Arbeitsgemeinschaft Deutscher Berufsförderungswerke definierten Qualitätsgrundsätze (Anlage 1). Dabei bleibt den Berufsförderungswerken die Festlegung auf weitergehende Qualitätsstandards unbenommen. Die Berufsförderungswerke verpflichten sich ferner, den Vertretern der Rehabilitationsträger die geeigneten Maßnahmen zur Qualitätsprüfung entsprechend § 93 SGB III (siehe 5. Arbeitsförderungsrecht [SGB III]) zu ermöglichen.

Hier wird nochmals auf die Möglichkeit einer Qualitätsprüfung Bezug genommen, die im SGB III verankert ist. Weiterhin wird auf die in Anlage 1 definierten Qualitätsgrundsätze verwiesen, womit bereits an dieser Stelle ein hoher Konkretisierungsgrad der Vereinbarung durchschimmert. So heißt es in Anlage 1, dass die Qualitätsgrundsätze Leistungsvergleiche ermöglichen und sicherstellen sollen, dass Wettbewerb nicht zu Qualitätsverlust und damit zu zusätzlichen Kosten führt. Weiterhin wird davon ausgegangen, dass die Qualitätsgrundsätze „objektivierbare Kriterien für eine notwendige Marktorientierung" bieten. Im Abschnitt „Spezielle Qualitätsanforderungen" wird z. B. detailliert festgelegt, wie ein individueller Förderplan zu erstellen ist, was er im Einzelnen zu enthalten hat und dass der Plan vom Rehabilitand als Zielvereinbarung gegenzuzeichnen ist. Weitere konkrete Bestimmungen gibt es zum Integrationskonzept sowie zum Abschluss der Rehabilitation und dem Verlaufsbericht. Ein weiterer großer Punkt erstreckt sich auf die Schaffung qualitätsfördernder Rahmenbedingungen. Dazu gehören Leistungsbeschreibungen, eine Ergebnisdokumentation (Abbruchquoten, Prüfungsergebnisse, Erhebungen über Eingliederungsergebnisse, Verwertbarkeit der erworbenen Qualifikation) und Evaluationsmaßnahmen (z. B. Teilnehmerbefragung). Dieser Rahmenvertrag unterscheidet sich insofern von den vorab dargestellten gesetzlichen Regelungen und Bestimmungen des BSHG und des SGB VIII zum Thema Qualität, da konkrete Standards und Kriterien, z. B. für den Erfolg einer Maßnahme, genannt werden. Zumindest zum Teil ähnlich Konkretes enthalten dagegen die gemeinsamen Grundsätze und Maßstäbe für Qualität und Qualitätssicherung nach § 80 SGB XI, da hier beispielsweise explizit gefordert wird, dass für die Übernahme der Tätigkeit als verantwortliche Pflegefachkraft u. a. der Abschluss einer Weiterbildungsmaßnahme für leitende Funktionen mit einer Mindeststundenzahl von 460 Stunden vorliegen muss.

Wie Qualität bemessen, beurteilt und gesichert werden kann

3

1. Theoretische Grundlagen des Qualitätsmanagements und der Qualitätssicherung

Die Grundlage des Qualitätsmanagements und der Qualitätssicherung in der Sozialarbeit sind die Definitionen von Qualität, Qualitätskriterien und einer entsprechenden Qualitätsmessung. Diesen Grundlagen, bezogen auf den genannten Anwendungsbereich der Sozialarbeit bei freien Verbänden und kommunalen Sozialverwaltungen, widmet sich das folgende Kapitel.

Die theoretischen Grundlagen für Qualitätsmanagement und Qualitätssicherung beschäftigen sich mit drei Dimensionen:

- Zur Bestimmung der Qualität muss zuerst definiert werden, was unter Sozialarbeit eigentlich zu verstehen ist, nämlich betriebswirtschaftlich gesprochen eine Dienstleistung, bei der entsprechende Produktionsfaktoren benötigt werden.

- Qualitätsmanagement, Qualitätsmanagementsysteme und Qualitätssicherung bedürfen der Messung; dies geschieht mit Hilfe der empirischen Sozialwissenschaften. Sie bilden die Basis aller Dokumente hinsichtlich der Messung, Beurteilung und Sicherung von Qualität (Ergebnisqualität).

- Gewissermaßen als kritisches Ende des Kapitels werden prinzipielle Messprobleme bei Dienstleistungen dargestellt und die theoretischen Grenzen der Vergleichbarkeit von Qualitätsmanagement und Qualitätsmanagementsystemen bei privatwirtschaftlichen und gemeinnützigen bzw. öffentlichen Organisationen dargestellt.

Diese drei genannten Aspekte bilden das Fundament für alle weiteren Ausführungen zum Thema Qualitätsmanagement, Qualitätssicherung und, als Oberbegriff, Qualitätsmanagementsysteme in der Sozialarbeit.

Verfasst von Professor Dr. Friedhelm Knorr

2. Qualität in der Dienstleistungsproduktion

Die qualitative und quantitative Erfassung von Qualität muss berücksichtigen, dass freie Wohlfahrtsverbände und kommunale Sozialverwaltungen Dienstleistungen anbieten. Qualität in der Dienstleistung umfasst quantitative Aspekte (wieviel von einer Dienstleistung) und qualitative Aspekte (auf welchem Qualitätsniveau). Durch die Vielzahl und Verschiedenartigkeit der sozialen Dienstleistungen ist eine für alle sozialen Dienstleistungen einheitliche Definition nicht möglich. Es ist vielmehr erforderlich, jede einzelne soziale Dienstleistung zu analysieren und ihren Charakter zu bestimmen.

- Soziale Organisationen bieten vorwiegend immaterielle Dienste und Leistungen an.

- Dienstleistungen werden individuell nach Not- oder Bedürfnislagen erstellt.

- Dienstleistungen von sozialen Organisationen richten sich primär und unmittelbar an die Menschen einer Stadt oder Gemeinde.

- Soziale Dienstleistungen sind aber auch an Marktentwicklungen gebunden, etwa den Arbeitsmarkt, den Wertewandel der Gesellschaft oder die Haushaltslage in den Kommunen und Ländern.

- Dienstleistungen einer sozialen Organisation sollen kraft Gesetz angeboten werden, sie sind damit auch an diese gebunden.

Dienstleistungen werden in diesem Buch verstanden als unter Einsatz externer Produktionsfaktoren für den fremden Bedarf produzierte immaterielle Güter. Immateriell deshalb, weil bei der Dienstleistungserstellung keine Rohstoffe wie in der materiellen Gütererzeugung benötigt werden. Rohstoffe, z.B. Eisen, sind substanzielle Produktionsfaktoren, die in einem Transformationsprozess zu einem Produkt, wie etwa einem Auto werden. Dienstleistungen werden ohne diese Rohstoffe produziert, dies führt zu weit reichenden Konsequenzen für die Charakteristika der Produktion von Dienstleistungen und macht deren Besonderheit aus.

Die Dienstleistungen können Veränderungen an einem Objekt (z. B. Fernsehreparatur) oder Dienstleistungen am Menschen beinhalten. Die Dienstleistungen können einen persönlichen oder automatisierten Charakter besitzen. Bei der persönlichen Dienstleistung spielt die menschliche Leistung bei der Dienstleistungserstellung eine herausragende Rolle (z. B. Arzt, Rechtsanwalt, Berater), bei automatisierten Dienstleistungen ist ein unmittelbarer zwischenmenschlicher Kontakt nicht mehr nötig. An seine Stelle treten Automaten oder elektronische Rechner (z. B. medizinische Beratung und Information über das Internet, Sozialhilfe wird durch den Sozialhilfebezieher am Geldautomaten abgehoben). Das folgende Schaubild soll das verdeutlichen.

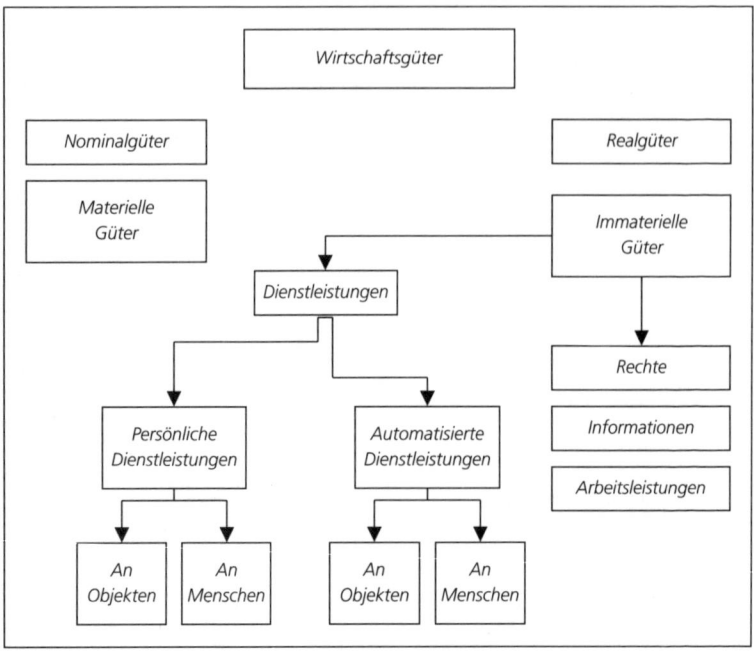

Scheuch leitet eine ganze Reihe unterschiedlicher Merkmale für die Dienstleistung und die Dienstleistungsbranche ab (Scheuch 1982):

- Die Verrichtung, Erstellung und Verwertung der Dienstleistung erfolgt simultan und ist abhängig von der Präsenz des Kunden, z. B. bei der Eheberatung, Finanzberatung, medizinischer Massage (Uno-Actu-Prinzip).

- Der Empfänger der Dienstleistung erbringt einen aktiven Beitrag bei der Produktion, z. B. bringt er Unterlagen für den Steuerprüfer oder legt seine finanzielle Situation beim Sozialamt offen. Er stellt damit den externen Produktionsfaktor dar.

- Es herrschen prinzipielle Probleme bei der Kapazitätsauslastung und Kapazitätsanpassung, da keine Lagerhaltung der Dienstleistung möglich ist, z. B. ist der Jugendtreff in einem Stadtteil jeden Tag geöffnet, egal, wie viele Jugendliche erscheinen.

- Angeboten wird die Bereitschaft zur Dienstleistung, wie etwa Polizei, Feuerwehr, Kindernotaufnahme eines Kinderheimes.

- Standardisierung ist nur in geringem Maß möglich, wenn überwiegend menschliche Arbeit in die Dienstleistung einfließt.

- Dienstleistungsqualität unterliegt der sofort wirksamen subjektiven Bewertung und der persönlichen Betroffenheit des Abnehmers.

- Nutzen und Arbeitsabläufe sind häufig erklärungsbedürftig, falls es nicht möglich ist, physische Endprodukte darzustellen.

3. Bemessen, Beurteilung, Sicherung von Qualität

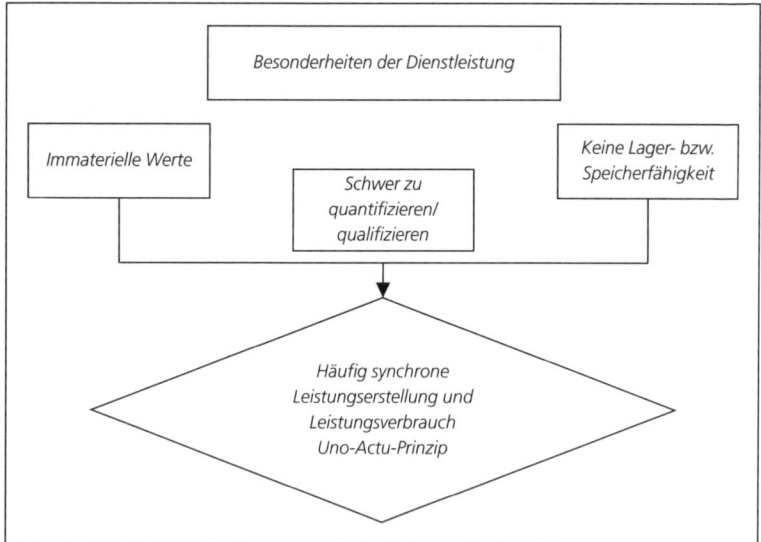

Letztlich muss bei der Analyse von Dienstleistungen untersucht werden, welche Definition geeignet ist, den speziellen Charakter einer bestimmten sozialen Dienstleistung zu erfassen, nachfolgend werden vier Definitionen dargestellt.

Tätigkeitsorientierte Definition

Sie definiert Dienstleistung als spezifische Leistung. Leistung für eigene oder anderer Menschen Interessen zum Zweck der Bedürfnisbefriedigung mit oder ohne Verbindung zur materiellen Güterwelt.

Prozessorientierte Definition

Im Mittelpunkt dieser Definition stehen die gleichzeitige (synchrone) räumliche und zeitliche Dienstleistungserstellung und der Dienstleistungsverbrauch durch die Person, die diese Dienstleistung in Anspruch nimmt (Berekoven 1993). Die Dienstleistung wird am Erstellungsprozess gemessen, z. B. eine Kreuzfahrt wird nicht daran gemessen, wann das Schiff von Punkt A nach Punkt B gelangt, sondern was man an Bord alles „erleben" kann, was dem Passagier „geboten" wird (Erlebnisqualität).

70

Ergebnisorientierte Definition

Diese Definition ersetzt den Prozesscharakter durch das Ergebnis des Prozesses als eigentliches Ziel der Dienstleistung (Maleri 1997). Zwar gehören alle Dienstleistungen zu den immateriellen Gütern, jedoch sind nicht alle immateriellen Güter Dienstleistungen. Die Dienstleistung wird am Ergebnis gemessen, z. B. bei einem Geschäftsflug der pünktliche Abflug und die pünktliche Landung; alle anderen Annehmlichkeiten wie Service an Bord, Vermittlung eines Leihwagens, schmackhafte Bordküche spielen eine untergeordnete Rolle (Ergebnisqualität).

Potenzialorientierte Definition

Diese Definition stellt die Bedingung der Möglichkeit in den Vordergrund, also die Fähigkeit, eine Dienstleistung auch tatsächlich bei Nachfrage sofort oder in angemessener Frist erbringen zu können. Die Dienstleistung wird gemessen an der tatsächlichen Verfügbarkeit bei Bedarf, etwa im Krankenhaus bei der Notfallversorgung oder beim Notfalldienst des Heizungsmonteurs.

In der Zusammenschau kann nun Dienstleistung und damit auch soziale Dienstleistung definiert werden:

> Dienstleistungen sind selbstständige, marktfähige Leistungen, die mit der Bereitstellung und/oder dem Einsatz von Leistungsfähigkeit verbunden sind (Potenzialorientierung). Interne (z. B. Geschäftsräume, Personal, Ausstattung) und externe Faktoren (als solche, die nicht im Einflussbereich des Dienstleisters liegen) werden im Rahmen des Erstellungsprozesses kombiniert (Prozessorientierung). Die Faktorenkombination des Dienstleistungsanbieters wird mit dem Ziel eingesetzt, an den externen Faktoren, an Menschen – z. B. Kunden – oder deren Objekten Nutzen stiftende Wirkungen zu erzielen; dies stellt eine reine Ergebnisorientierung dar (Meffert, Bruhn 1997, S. 27).

Für das Qualitätsmanagement ist es entscheidend, sich bei der einzelnen Dienstleistung über die relative Bedeutung dieser Aspekte klar zu werden, um die entscheidenden Qualitätskriterien zu identifizieren.

So sehen die Qualitätskriterien einer Kinderfreizeit (vorrangig prozessorientiert), einer Erziehungsmaßnahme (vorrangig ergebnisorientiert) und einer Notaufnahme für Mädchen (vorrangig potenzialorientiert) entsprechend unterschiedlich aus.

Auch bei der Dienstleistungsproduktion werden Produktionsfaktoren benötigt. Ein wesentlicher Unterschied zur Warenproduktion besteht im Einsatz des externen Faktors (Maleri 1997). Externe Produktionsfaktoren werden folgendermaßen definiert:

- Materielle und immaterielle Güter, die von Seiten des Dienstleistungsabnehmers von außen in den Produktionsprozess eingebracht werden (z. B. technische Geräte zur Reparatur, Sportausrüstung bei der Teilnahme in einem Sportverein, Mitwirkungs- und Informationspflicht eines Bürgers, der Sozialhilfe beantragt und Auskünfte über seine finanziellen Verhältnisse geben muss).

- Der Abnehmer der Leistung ist passiv an der Produktion der Dienstleistung beteiligt (z. B. Haareschneiden, Röntgenaufnahmen beim Arzt, öffentlicher Nahverkehr).

- Der Abnehmer ist aktiv an der Dienstleistungserstellung beteiligt (z. B. Psychotherapie, Sprachkursus, familientherapeutische Maßnahme).

Die Einbeziehung des externen Faktors ist damit eine wesentliche Voraussetzung für die Dienstleistungsproduktion. Die Erscheinungsformen des externen Faktors umfassen dabei Menschen (z. B. bei einer Gesundheitsberatung), immaterielle Objekte (z. B. das Sorgerecht für das Kind von geschiedenen Eltern), materielle Objekte (z. B. den bereits erwähnten Fernseher, der repariert werden muss), aber auch Tiere (z. B. die Behandlung eines Tieres durch den Tierarzt).

Äußere Umstände können das Dienstleistungsprodukt negativ oder positiv beeinflussen, ohne dass der Dienstleister einen Einfluss ausüben kann (z. B. Lärm auf einem benachbarten Baugrundstück in einem

72

Ferienclub, positive Arbeitsmarktdaten, Abnahme der Arbeitslosenzahlen und, daraus resultierend, das Sinken der Sozialhilfefälle in einer Kommune).

Äußere Umstände können das Dienstleistungsprodukt gänzlich scheitern lassen, z. B. durch den externen Faktor Mensch. (Ein Sozialhilfeempfänger lehnt die Dienstleistung als „Almosen" ab, Jugendlicher nimmt aus Desinteresse Termine bei seinem Bewährungshelfer nicht wahr, Eltern verweigern ihre Zustimmung zu einer medizinischen Maßnahme für ihr Kind).

Wichtig im Qualitätsmanagement ist die richtige Einschätzung interner und externer Faktoren bei der Bewertung der Dienstleistungsqualität.

Wie die kurzen Beispiele illustrieren, resultiert aus dem Einsatz externer Produktionsfaktoren, dass die Qualität der Dienstleistung im Zeitpunkt des Absatzes prinzipiell nicht garantiert werden kann.

Aus dem Potenzialcharakter der Dienstleistung ergibt sich als weitere Besonderheit für die Dienstleistungserstellung, dass sämtliche Produktionsfaktoren immer in ausreichender Quantität und Qualität vorgehalten werden müssen, um eine permanente Leistungsbereitschaft gewährleisten zu können. Die Faktorkombination und die Vorhaltung der Produktionsfaktoren stellt die Grundlage für den Prozess der Dienstleistungserstellung dar. Die Produktion von Dienstleistungen umfasst:

Die Vorkombination der Produktionsfaktoren:

Durch die Vorkombination wird das notwendige Leistungspotenzial aufgebaut, das sofort verfügbar ist. Das vorgehaltene Leistungspotential bestimmt die Leistungsbereitschaft. Die Leistungsbereitschaft ist das Ergebnis der Vorkombination der Produktionsfaktoren. Als Beispiele seien hier angeführt das Krankenhaus, die Großküche, die Beratungsstelle. Die besondere Bedeutung der Leistungsbereitschaft wird besonders deutlich durch die entstehenden fixen Kosten, die in Zeiten geringer Nachfrage zu so genannten Leerkosten führen. Es darf jedoch die Bedeutung der

Leistungsbereitschaft zur Bildung von Präferenzen des Nachfragers von sozialen Dienstleistungen nicht übersehen werden, etwa bei den Öffnungszeiten oder der telefonischen Erreichbarkeit.

Die Endkombination der Produktionsfaktoren:

Die Endkombination der Produktionsfaktoren ergibt sich durch das Zusammenwirken von Leistungsbereitschaft, zusätzlichen internen Produktionsfaktoren (z. B. im Krankenhaus der Einsatz von diagnostischer Technik) und der Integration des externen Faktors. Die Einbeziehung des externen Faktors bedeutet für die Dienstleistungsproduktion einen prinzipiellen Unsicherheitsfaktor. Unmittelbaren Einfluss hat dieser Unsicherheitsfaktor auf die möglichst homogene Auslastung der Dienstleistungsproduzenten. Ein weiteres Problem für die Produktion und den Absatz von Dienstleistungen bedeutet die Gleichzeitigkeit von Produktion und Absatz. Als dritter Problemkreis tritt das Problem der Spitzenauslastungen hinzu; die Vorkombination der Produktionsfaktoren muss derart gestaltet werden, dass auch Spitzenbedarf möglichst reibungslos abgedeckt werden kann.

Die Spezifika der Dienstleistungen, die auch maßgeblich Einfluss auf die Qualität der Dienstleistungsangebote besitzen, können schlagwortartig wie folgt dargestellt werden:

Mangelnde Lagerfähigkeit und Speicherbarkeit

Lagerfähigkeit und Speicherbarkeit sind i. d. R. nicht gegeben. Damit fällt eine Vorratsproduktion mit entsprechender Lagerhaltung zur Abpufferung von Überlast- oder Unterlastzeiten aus. Auch wenn der Absatz der Produkte nicht sofort gewährleistet ist, gewährt die Lagerhaltung einen kontinuierlichen Produktionsprozess. Damit werden Produktion und Absatz voneinander abgekoppelt. Dieses Phänomen der Nichtlagerfähigkeit hat für die Dienstleistung zentralen Stellenwert und es ergeben sich unter betriebswirtschaftlichen Aspekten wesentliche Konsequenzen, denn Produktionsleistungen, die nicht abgenommen werden, verfallen sofort.

Permanente Produktion von Dienstleistungen

Wesentlich ist hier der Unterschied, ob ein bestimmter Prozess permanent gewünscht wird, z. B. die Notaufnahme eines Krankenhauses, oder der Erfolg am Ende der Dienstleistung, z. B. die Bewilligung der Sozialhilfe, im Vordergrund des Interesses steht (zeitpunkt- oder zeitraumbezogene Betrachtungsweise).

Bedingte Standortgebundenheit der Produktion

Bei dem Einsatz von Produktionsfaktoren in Form immobiler Sachgüter (z. B. Sportplatz, Krankenhaus, Kinderheim) ist die Produktion standortgebunden. Aber Beratung kann z. B. überall stattfinden (Beratung bei einem Klienten, telefonisch, im Internet usw.). Laptops und die weitere Entwicklung elektronischer Telekommunikation werden in Zukunft diesen Bereich noch weiter von bestimmten Standorten lösen können und damit die Prozessqualität der Dienstleistungen deutlich steigern.

Absatzprobleme von Dienstleistungen und qualitative Einschätzung

Die Nichtmaterialität der Dienstleistung führt zu erheblichen Problemen bei Werbung und Absatz. Demonstrationen der Dienstleistung, äußeres Erscheinungsbild und offensichtliche Nutzenstiftung sind oft nicht möglich, bzw. bedürfen der anschaulichen Erklärung. Bei der Nutzenstiftung ist der Nachfrager oft nicht in der Lage zu bewerten, welche Dienstleistungen welchen Nutzen stiften und somit zur Bedürfnisbefriedigung dienen. Vergleiche zwischen gleichen Produkten gestalten sich angesichts der Immaterialität schwierig. Damit kann der Nutzer die Qualität, insbesondere die Ergebnisqualität, der angebotenen Dienstleistung nicht im Vorhinein prüfen und beurteilen.

3. Methodische Probleme der Qualitätsmessung sozialer Dienstleistungen

Bei vielen Dienstleistungen entfallen das Messen, Zählen, Wiegen und andere direkte quantitative Verfahren der Outputmessung, wie sie bei der materiellen Güterproduktion üblich sind. In Bereichen, in denen in Anknüpfung an quantitative Verfahren eine physische Darstellung möglich ist, können dieses Verfahren angewendet werden. Zum Beispiel kann bei einem Verkehrsbetrieb die Zahl der Fahrgäste auf einer bestimmten Strecke gezählt werden, um bestimmte Auslastungsgrade festzustellen. Ähnlicher Verfahren können sich auch soziale Dienstleister bedienen, z. B. Fallzahlen ermitteln, Heimplätze zählen, Teilnehmer an Fortbildungsveranstaltungen statistisch erfassen oder das Gesamtvolumen der Sozialhilfezahlungen feststellen. Dagegen lässt sich die Ausbringungsmenge in anderen Dienstleistungen nur schwierig, häufig überhaupt nicht exakt ermitteln. So fällt es beispielsweise vielfach schwer, auch nur die Outputquantität bei der Dienstleistungsproduktion von Ärzten, Rechtsanwälten, Beratern und Ausbildern exakt zu erfassen. Es ist zwar zu zählen, wie häufig im Zuge der Leistungserstellung Kontakte zu den Empfängern der Dienstleistung (Patienten, Klienten, Studenten) zustande kommen; es ist aber selbst für den Produzenten nur schwer zu ermitteln, wieviel Gesundheit, Rat oder Ausbildung tatsächlich produziert wurde ... Schwierig erscheint unter anderem die Messung der Dienstleistung „Informieren". Im Einzelfall kann entscheidend sein, wie viele Informationen übermittelt werden und wie gut (zutreffend) oder vollständig diese Informationen sind; gleiches gilt für Diagnosen, Beratungen usw. (Maleri 1997, S. 119). Problematische Erfassung bzw. das Fehlen geeigneter Methoden zur Output-Erfassung können für Dienstleister zu gravierenden Folgen führen. So ist es dann kaum möglich, geeignete Instrumente der Betriebswirtschaft einzusetzen, um z. B. die gesamte Produktivität zu erhöhen, Leer- und Fehlzeiten zu reduzieren oder Aussagen über die Kostenentwicklung zu treffen. Gerade soziale Dienstleister haben es lange versäumt, geeignete Instrumente zu entwickeln, um diese Input-Output-Beziehung transparenter zu gestalten und damit auch Kostenverläufe in der Dienstleistungsproduktion transparenter zu machen.

Oft ist neben der quantitativen die Messung des qualitativen Outputs noch problematischer, da noch nicht produzierte Güter abgesetzt werden sollen, eine Überprüfung der Qualität ist daher beim Erwerb nicht möglich. Der Käufer oder Adressat einer Dienstleistung erhält damit ein Leistungsversprechen, bei dem er nur hoffen kann, dass die Leistung den versprochenen Nutzen stiftet. Eine einstündige Beratung erfasst den mengenmäßigen Output, besagt jedoch nicht, wie „gut" die Beratung war, und an welchen Maßstäben diese Güte gemessen wird. Das bedeutet, dass objektive Maßstäbe häufig fehlen. Vielfach wird die Qualität der Dienstleistung gleichgesetzt mit der Menge und Qualität der eingesetzten Produktionsfaktoren. Niederschlag findet diese Einschätzung in der Praxis auf vielfältige Weise. z. B. ist die Wartezeit, bis die Dienstleistung erbracht wird, ein Qualitätsmerkmal oder etwa der persönliche Kontakt zwischen Dienstleistungserbringer und Dienstleistungsabnehmer. Telefonische Verfügbarkeit, etwa über eine Rufbereitschaft oder eine Telefonzentrale, gehören hierher, aber auch Lage und Ausstattung des Gebäudes, in dem die Dienstleistung erstellt wird, kundenfreundliche Öffnungszeiten, Beschwerdemanagement, durchschnittliche Bearbeitungszeiten bis zur Dienstleistungsproduktion, Vorhandensein von Betreuungsmöglichkeiten für Kinder und das Angebot, auch noch andere Dienstleistungen zu erbringen, die im Zusammenhang mit der Kerndienstleistung stehen (z. B. Reservierung eines Mietwagens durch die Fluggesellschaft, oder das Bürgerhaus in einer Stadt, das zeitaufwendige Besuche der verschiedenen Ämter in verschiedenen Stadtteilen mit verschiedenen Öffnungszeiten erspart und alle kommunalen Dienstleistungen vorhält, die so genannte One-Stop-Agency).

Ein weiteres Problem der Qualitätsmessung entsteht durch die subjektive Einschätzung des Nutzens durch den Dienstleistungsadressaten. Aus Unkenntnis der Produktionsfaktoren und/oder des eigentlichen Dienstleistungsprozesses können in der Einschätzung gravierende Probleme auftauchen. Um bei der Beratung als Dienstleistung zu bleiben, soll das hier kurz demonstriert werden.

Eine kurze Analysephase eines Sozialarbeiters, bei der alle relevanten Daten für eine Erziehungsberatung erfasst werden, mit anschließendem Therapieangebot kann durch den Rat Suchenden als schlecht empfunden werden. Dies kann allein dadurch verursacht werden, dass der Beratungsprozess als zu kurz und der Schwere des Falles nicht angemessen erscheint, obwohl das Mittel der Wahl, die Erziehungsberatung, die „richtige" Dienstleistung darstellt. Umgekehrt kann ein völlig diffuses Beratungsgespräch über einen längeren Zeitraum ohne konkretes Hilfeangebot als „sehr gut" eingeschätzt werden, da es erhebliche Zeit in Anspruch nimmt, dem Rat Suchenden besondere Aufmerksamkeit und Zuwendung geschenkt werden. Subjektiv fühlt sich der Rat Suchende verstanden und der Schwere des Falles entsprechend beraten. Aber auch andere Faktoren können bei sozialen Dienstleistungen eine Rolle spielen, etwa wenn aus finanziellen Gründen eine Heimunterbringung eines Jugendlichen unterbleibt, obwohl es die optimale Dienstleistung für diesen Jugendlichen darstellt. „Aus dieser Erkenntnis resultiert zwingend die Notwendigkeit der Qualitätsmessung. Letztlich lassen sich nur auf Grundlage objektiver Messverfahren, welche eine Vielzahl von Einzelindikatoren beinhalten, managementrelevante Daten zur strategischen Unternehmenssteuerung, Mitarbeitermotivation, permanenten Qualitätsüberwachung oder letztlich als Werbeargument erwarten." (Maleri 1997, S. 124).

Gerade bei Berufen sozialer Dienstleister ist es häufig schwierig, geeignete Leistungskriterien zu erhalten, da es vielfach nicht möglich ist, eine messbare Leistung in Form von quantifizierbaren Leistungseinheiten zu erfassen. Bestimmte soziale Dienstleistungen, etwa die angestrebte positive Verhaltensänderung eines jugendlichen Straftäters, entziehen sich zunächst der Messbarkeit durch Zähleinheiten. Die Einschätzung dieser Leistungen wird erst deutend in der persönlichen Einschätzung des Beurteilers möglich, ob durch bestimmte sozialtherapeutische Maßnahmen in Zukunft Straftaten verhindert werden können. Darüber hinaus ist zu bedenken, dass bestimmte soziale Dienstleistungen standardisiert werden können, andere sich jedoch aufgrund der vorliegenden Problematik nur schwer systematisieren lassen.

Folgendes Schema zur systematischen Erfassung sozialer Dienstleistungen und ihrer verschiedenen Leistungs- und Tätigkeitsmerkmale hinsichtlich ihrer Plan- und Messbarkeit soll diesen Zusammenhang verdeutlichen.

Merkmale der Aufgaben- erfüllung	Planbare und messbare Arbeitsaufgaben			
	Problemstellung Komplexität Planbarkeit	Informations- bedarf	Beteiligte	Lösungswege
Einzelfall nicht formalisierbar	hohe Komplexität niedrige Planbarkeit	nicht zu definieren	häufig wechselnd unbestimmt	völlig offen
sachbezogener Fall teilformalisierbar	mittlere Komplexität bedingt planbar	problem- bestimmt wenig definierbar	wechselnd aber definiert	teiloffen
Standardfall voll formalisierbar	niedrige Komplexität hohe Planbarkeit	genau definiert	gleichbleibend definiert	genau definiert

4. Qualitätsmessung durch empirische Sozialwissenschaften

Von den empirischen Sozialwissenschaften erhofft man sich allgemein:

■ Hilfe zur Orientierung bei politischen Entscheidungen

■ Empirische Überprüfung von Theorien (Stichworte: bürgernahe Sozialverwaltung, bedürfnisgerechte Planung und Gestaltung der sozialpädagogischen Angebote in einer Kommune u. a.)

■ Finanzträchtige sozialpolitische Programme werden zunehmend an den psychischen, sozialen und gesellschaftlichen Erfordernissen und der Angemessenheit für den Klienten und deren (finanziellen) Konsequenzen beurteilt.

■ Sozialwissenschaftliche Erhebungen sollen Auskunft geben über Veränderungen der gesellschaftlichen Lebens- und Sinnzusammenhänge, die z. B. für die Sozialplanung Relevanz besitzen.

- Sozialwissenschaft liefert in diesem Zusammenhang nicht nur „objektive Daten" sondern soll auch Auskunft geben über das, was „sein soll", hat also auch eine ethische Implikation.

Die empirischen Sozialwissenschaften postulieren verschiedene wissenschaftliche Ansätze, die hier nicht weiter ausgeführt werden können, z. B. der analytisch-nomologischen bzw. deduktiv-nomologischen Wissenschaft, „qualitativ" orientierten Sozialwissenschaft, interpretative Sozialwissenschaft (Kromrey 1991). Empirische Sozialwissenschaften können auch herangezogen werden, wenn es um die Messung von Qualität in der Sozialarbeit geht. Die Qualität der sozialen Arbeit, insbesondere die Ergebnisqualität und Planungsqualität, lässt sich mit Hilfe der empirischen Sozialwissenschaften untermauern bzw. deutlich verbessern. In der Praxis werden Hypothesen aufgestellt über den Zusammenhang von bestimmten sozialen Phänomenen (z. B. Jugendkriminalität), Maßnahmen der Sozialarbeit (z. B. durch Beschäftigungsmaßnahmen und gezielte Ausbildungsförderung) und ihren Wirkungen (Reduktion der Straftaten Jugendlicher). Die Ergebnisqualität und Planungsqualität von Sozialarbeit kann dann durch empirische Daten überprüft und an entsprechenden Trendverläufen beobachtet werden.

Forschungsfragen, Forschungsdesign, Forschungsprozess

Empirische Sozialforschung benötigt für die jeweilige Fragestellung ein geeignetes „Forschungs-Design". Das Erkenntnisinteresse kann dabei auf statische oder dynamische Zustände gerichtet sein. Bei wiederholten Datenerhebungen von gleichen Untersuchungseinheiten z. B. bei Jugendlichen, die als Wiederholungsstraftäter auffallen und sozialwissenschaftlich untersucht werden, spricht man von einer Panelanalyse. Werden bei jeder wiederholten Erhebung die Untersuchungseinheiten neu ausgewählt und bei der Auswertung nur eine statistische Merkmalsverteilung verglichen, spricht man von komparativ-statistischen Analysen, wenn etwa die Kriminalstatistiken von straffällig gewordenen Jugendlichen in unterschiedlichen Städten verglichen werden.

4. Qualitätsmessung durch empirische Sozialwissenschaften

Der Untersuchungsprozess gliedert sich in:

- Klärung des Entdeckungs- und Verwertungszusammenhangs (Verringerung der Jugendkriminalität, Verbesserung der Lebenssituation der Betroffenen durch Bildungs- und Ausbildungsangebote)

- Präzisierung der Problemformulierung z. B. nach Altersgruppen, in bestimmten Wohnvierteln, bei bestimmten „Problemfamilien"

- Auswahl und Festlegung der Indikatoren von Indikatoren, z. B. entsprechende Statistiken von Polizei, Ausbildungsbetrieben und Schulen

- Angabe der Messinstrumente, Operationalisierung und Erhebung der Daten (Protokollierung)

- Verdichtung der Daten durch statistische Modelle und Verfahren, statistische Aufbereitung

- Interpretation der Ergebnisse

Gültig oder valide ist ein Indikator immer dann, wenn er tatsächlich den Sachverhalt anzeigt, der mit dem definierten Begriff bezeichnet worden ist. Indizes werden aus verschiedenen positiv korrelierenden Indikatoren gebildet. Der Hauptgrund für die Verwendung von Indizes anstelle einer großen Zahl von einzelnen Indikatoren ist die erhöhte Chance, Messungenauigkeiten zu verringern. Beachtet werden muss allerdings, dass nicht identische Aspekte gemessen werden, sie sind sonst „redundant". Zur Operationalisierung gehört auch die Auswahl der Indikatoren bei nicht direktem empirischen Bezug eines Begriffes, die Angabe der Datenerhebungsinstrumente, die Handhabung des Messinstrumentes und die Protokollierung des Messergebnisses. Die Summe der operationalen Vorschriften wird häufig als „operationale Definition" eines Begriffs bezeichnet. Operationalisierung ist demnach nicht identisch mit dem empirischen Bezug der Begriffe, diese Begriffe müssen erst übersetzt werden in Forschungsoperationen. Neben den inhaltlichen Anforderungen im Zusammenhang mit der Auswahl geeigneter statistischer Modelle (Übereinstimmung der Modellstruktur mit der Struktur der Realität) müssen sozialwissenschaftliche Daten gewissen formalen Voraussetzungen genügen, damit statistisch-mathematische Verfahren/Methoden eingesetzt werden können. Häufig wird nun Quantifizierbarkeit mit der zuletzt genannten Bedingung gleichgesetzt; und daraus wird dann gefolgert, für die Sozialwissenschaften seien quantitative Methoden – wie die Statistik sie bereit stellt – nicht angebracht, da es die Sozialwissenschaften selten mit in diesem Sinne quantifizierbaren Merkmalen zu tun hätten. Statt dessen sei „qualitativen Methoden" der Vorzug zu geben. Diese Auffassung von Quantifizierbarkeit als Voraussetzung für die Anwendung statistisch-mathematischer Verfahren ist jedoch kurzschlüssig. Es gibt – mit anderen Worten – „quantitative Verfahren" für „qualitative Merkmale". Statistische Modelle sind nur auf zähl- und messbare Tatbestände anwendbar, sie beziehen sich niemals auf den Einzelfall, sondern immer auf Gruppen vergleichbarer Fälle, auf eine quantifizierbare „Objektmenge", die zusammengefasst werden können in Hinblick auf eine begrenzte Zahl von Merkmalen.

Um sozialwissenschaftliche Hypothesen unter Verwendung statistischer Modelle überprüfen oder um einen Gegenstandsbereich in übersichtlicher Weise mit Hilfe statistischer Kennziffern beschreiben zu können, benötigt man „Daten" über den empirischen Gegenstandsbereich, und zwar nach einem bestimmten Schema geordnete Daten.

Skalen können unterschiedlich aufgebaut sein:

- Nominalskala (nominales Messniveau) misst Beziehungen zwischen den Ziffern der Messskala. Nur Gleichheit/Ungleichheit darf empirisch interpretiert werden.

- Ordinalskala (ordinales Messniveau) legt neben Gleichheit/Ungleichheit auch eine Rangordnung fest, die empirisch interpretiert werden darf.

- Intervallskala misst die Beziehungen der Zahlen in Abständen zueinander, und sie sind empirisch interpretierbar.

- Ratioskala ist gegeben, wenn zusätzlich noch der Nullpunkt der Messskala eine empirische Bedeutung hat und wenn dementsprechend auch die Größenverhältnisse zwischen den Zahlen als Verhältnis zwischen den Merkmalsausprägungen interpretiert werden dürfen. Zum Beispiel ist Null Grad eine Temperatur, null Einkommen ist gar kein Einkommen.

Hierbei gilt: Qualitative Merkmalsunterschiede müssen sich quantifizieren und quantitative Daten müssen sich interpretieren lassen.

Im Anschluss an die Überlegungen zum Thema Messung und Datenerhebung stellt sich die Frage nach dem Umfang der Untersuchung. Es wird hierbei festgelegt:

- Art der Objekte, für die Daten erhoben werden sollen

- Über welche Grundgesamtheit von Objekten die Untersuchung Aussagen liefern soll

- Ob man eine Vollerhebung durchführt

- Ob man eine Teilerhebung durchführt

Werden Teilerhebungen durchgeführt, stellt sich die Frage nach den Auswahlkriterien für die Teilerhebung.

Von der Grundgesamtheit (target population), die nie vollständig erreichbar ist, ist die Erhebungs-Grundgesamtheit (Auswahlgesamtheit) zu unterscheiden, sie bildet die faktische Stichprobe. Sie ist entweder:

- im Zeitraum des Auswahlverfahrens die prinzipiell erreichbare Gesamtheit der Untersuchungs-/Erhebungseinheiten

- die tatsächlich repräsentierte Grundgesamtheit, falls das Auswahlverfahren sich auf eine symbolische Repräsentation der angestrebten Grundgesamtheit stützt

Weiter definitorisch zu unterscheiden sind:

- Auswahleinheiten: Einheiten, auf die der Auswahlplan angewendet wird

- Erhebungseinheiten: Einheiten, die repräsentativ in der Stichprobe vertreten sein sollen

- Die Stichprobe sollte repräsentativ sein. Repräsentativität bedeutet, dass Kongruenz zwischen theoretisch definierter Gesamtheit und tatsächlich durch die Stichprobe repräsentierter Gesamtheit besteht. Dabei lassen sich nicht zufallsgesteuerte Auswahlverfahren und zufallsgesteuerte Auswahlverfahren unterschieden.

Vor- und Nachteile der Analyseinstrumente

Die Vor- und Nachteile der Analyseinstrumente bei Voll- bzw. Eilerhebung lassen sich stichwortartig wie folgt darstellen.

Vorteile: Vollerhebung	Nachteile: Vollerhebung
Tiefe sachliche und räumliche Gliederung möglich; keine Auswahlfehler.	Hoher Aufwand, hohe Kosten; lange Zeitspanne zwischen Vorbereitung und Abschluss der Erhebung: geringe Aktualität; Erfassungsfehler durch mangelnde Kontrollmöglichkeiten bei großen Erhebungen (z. B. Volkszählungen); Beeinflussung der untersuchten Gesamtheit möglich; großer Zeitaufwand für Datenaufbereitung; bei manchen Sachverhalten sind Vollerhebungen überhaupt unmöglich (z. B. Qualitätskontrolle von Produkten).
Vorteile: Teilerhebungen	Nachteile: Teilerhebungen
Geringere Kosten, dadurch größere Breite der Fragestellung möglich; schnelle Durchführung; aktuelle Erhebung und bessere Kontrollen.	Geringe sachliche und räumliche Gliederung; Auswahlfehler (bei zufallsgesteuerten Auswahlen kontrollierbar); räumliche und soziale Bezugssysteme können nur schwer erfasst werden.

Datenerhebungsinstrumente

Datenerhebungsinstrumente werden im engeren Sinn verstanden als:

- Empirische Inhaltsanalyse
- Beobachtung
- Befragung
- Soziometrie

Empirische Inhaltsanalyse

Ein Datenerhebungsinstrument der Sozialforschung ist die „empirische Inhaltsanalyse", sie ist eine Forschungstechnik, mit der man aus jeder Art von Bedeutungsträgern, z. B. den Akten des Jugendamtes, durch systematische Identifizierung ihrer Elemente Schlüsse ziehen kann, im vorliegenden Beispiel, ob die Qualität der sozialen Dienstleistung einen Einfluss auf die Höhe der Kriminalstatistik besitzt.

Beobachtung

Beobachtung als systematisches Datenerhebungsinstrument erfasst den Ablauf und die Bedeutung einzelner Handlungen und Handlungszusammenhänge, sie richtet sich auf soziale Prozesse und Verhaltensabläufe, die sich während der Beobachtungssituation ständig verändern.

Arten der Beobachtung

■ Verdeckt/offen: Ist der Beobachter als solcher erkennbar oder nicht?

■ Teilnehmend/nicht teilnehmend: Nimmt der Beobachter an den Interaktionen teil, oder befindet er sich außerhalb des Feldes?

■ Systematisch/unsystematisch: Erfolgt die Beobachtung systematisch mit einem standardisierten Schema oder eher unsystematisch und mit dem spontanen und offenen Interesse des Beobachters?

■ „Natürliche Situation"/künstliche oder Labor„-Situation" unter kontrollierten Bedingungen

■ Selbstbeobachtung/Fremdbeobachtung

Befragung

Befragung ist das häufigste Instrument in der empirischen Sozialforschung. Die Daten, die mit dem Instrument Befragung gesammelt werden, sind speziell für den Zweck der Forschung produzierte Daten.

3. Bemessen, Beurteilung, Sicherung von Qualität

Formen der Befragung		
Nicht standardisiert a) mündlich b) schriftlich	**Teilstandardisiert** a) mündlich b) schriftlich	**Vollstandardisiert** a) mündlich b) schriftlich
a) mündlich: Experteninterview Narratives, situa- tionsflexibles Interview Gruppendiskussion b) schriftlich Informelle Umfrage bei Experten oder Zielgruppen	a) mündlich: Leitfadengespräch, Intensivinterview Gruppeninterview b) schriftlich: Experten- oder Zielgruppen- befragung	a) mündlich: Einzelinterview (Sonderform: Telefoninterview) Gruppeninterview b) schriftlich: Postalische Befragung Verteilung und Abholung Befragung in der Gruppensituation

Statt standardisierter Verfahren können auch sogenannte weiche Verfahren benutzt werden:

- Gruppendiskussion
- Narratives Interview
- Leitfadengespräche
- Situationsflexible Interviews
- Unstandardisierte Beobachtungen

Entscheidend ist in diesem Zusammenhang die Angemessenheit der Methode.

Soziometrie

Soziometrie ist der Oberbegriff für jede Art der quantitativen Beschreibung zwischenmenschlicher Beziehungen. Im engeren Sinn sind es meist spezielle Verfahren für die Ermittlung, Beschreibung und Analyse der Richtung und Intensität dieser zwischenmenschlichen Beziehung. Die Soziometrie versucht, Einstellungen wie Zuneigung oder Abneigung positiv und negativ zu erfassen. Der Begründer der Soziometrie, Moreno, schlägt u. a. vor, Gruppenmitgliedern Wahlmöglichkeiten hinsichtlich der Partner bei bestimmten Gruppenaktivitäten einzuräumen, z. B.: „Mit wem möchten Sie dieses Projekt zusammen bearbeiten?" – Diese Tests werden vor allem im pädagogischen Bereich durchgeführt.

86

5. Qualitätsmanagement in der Privatindustrie und Wohlfahrtspflege

Diejenigen, die Management und Management-Theorien in den öffentlichen Dienst bringen wollen, sind die allseits bekannten Beratungsfirmen in den USA und auch in Deutschland. Diese Begeisterung an Management-Theorien im Allgemeinen und seit einiger Zeit an Qualitätsmanagement im Besonderen basiert u. a. auf drei Gründen:

- Der erste ist die Sinnkrise der öffentlichen Verwaltungen und Wohlfahrtsverbände und der wachsende Glaube in den USA und jetzt auch in Deutschland an die Selbstheilungskräfte des Marktes, bzw. daran, dass der Einsatz von Managementwissen aus der Privatwirtschaft bei den genannten Institutionen hilfreich sein könnte.

- Der zweite Grund für die Begeisterung liegt in dem Wunsch, mehr mit weniger Ressourcen zu erledigen, also die Effizienz zu erhöhen. In den USA lautet der neueste Trend auf kommunaler Ebene z. B. „Contract City", die Stadt, die möglichst viele Leistungen ausschreibt und dabei auch qualitative Ziele definiert.

- Der dritte Grund für die Begeisterung liegt in dem vagen Bedürfnis der Verwaltung nach „Modernisierung". Hier finden sich die Bezeichnungen Konzern Stadt, moderner Dienstleister, Bürger als Kunde usw. wieder. Ein besonders schwieriges Unterfangen, wenn die Haushaltsansätze weiter schrumpfen, da einerseits Aufgaben wegfallen, schlankere Hierarchien und der Einsatz moderner EDV Personal überflüssig machen und den weiteren beruflichen Aufstieg erschweren. Gleichzeitig erwartet man jedoch bei den Mitarbeitern Engagement bei der Verwaltungsmodernisierung.

Management-Theorie wurde zu einem modischen Artikel, der durch die McKinsey-Leute Peters und Watermanns und ihren Bestseller „In Search of Excellence" mit einer Auflage von über 5 Millionen Stück nachhaltig in das Bewusstsein einer breiteren Öffentlichkeit getragen wurde. Andere Gurus folgten, z. B. mit Reengeneering und Total Quality Management. Total Quality Management rückt gerade für freie Wohlfahrtsverbände und kommunale Sozialverwaltungen durch die Reformen des KJHG und des BSHG in den Vordergrund. Corporate Identity, Kaizen und KVP (kontinuierlicher Verbesserungsprozess) werden wichtige Begriffe im Verwaltungsalltag, ebenfalls die DIN Normen ISO 9000 ff. Entsprechende „Leitbilder" für eine effiziente, effektive und nutzerfreundliche Sozialarbeit werden vielerorts diskutiert. Die Grenzen der Vergleichbarkeit erscheinen jedoch da, wo die öffentliche Bereitstellung von Gütern und Dienstleistungen sich von der privaten Bereitstellung unterscheidet.

Grenzen der Vergleichbarkeit

Vier Charakteristika für die öffentliche Bereitstellung von sozialen Dienstleistungen sind im Unterschied zur Dienstleistungserstellung unter Marktbedingungen von besonderer Bedeutung.

- Die Schwierigkeit, den „Output" zu definieren und zu messen, denn die Operationalisierung von quantitativen und qualitativen Zielen ist nur Mittel zum Zweck, etwa bei einer sozialpädagogischen Maßnahme (z. B. die preiswerte Organisation einer Sommerfreizeit) im Rahmen von sozialpolitischen Zielvorstellungen (z. B. durch die Maßnahme, soziale Kompetenz und Selbstwertgefühl der Jugendlichen zu steigern, mit dem Oberziel, Drogenmissbrauch bei Jugendlichen zu bekämpfen).

- Die Qualität der nicht-marktlich hergestellten sozialen Dienstleistungen ist nur schwer zu bestimmen, da häufig keine Vergleichsprodukte zur Verfügung stehen. Häufig bietet nur der entsprechende soziale Dienstleister als Monopolist ein Produkt an. Dieses Monopol führt zu weiteren Schwierigkeiten, den „Output" zu evaluieren und Kostenvergleiche anzustellen. Dies gilt insbesondere für die Eingriffsverwaltung; der Bürger wird hier einem hoheitlichen Akt unterworfen und ist kein „Kunde" (z. B. bei der Heimunterbringung eines Minderjährigen gegen den Willen der Erziehungsberechtigten), es besteht somit keine Konsumentensouveränität.

- Als drittes Charakteristikum kann die Unsicherheit über die optimale Produktionstechnologie bei sozialen Dienstleistern genannt werden. Diese Unsicherheit bezieht sich vor allem auf sozialstaatliche Regulierungen und staatliche Wohlfahrtsprogramme, deren Ziel-Mittel Einsatz oft nach dem Motto „Versuch und Irrtum" oder bestimmten modischen sozialpolitischen Ansichten und Programmen folgt. Rationalen Programmen zu folgen, kann sogar im Extremfall die Existenz der Organisation bedrohen (Seibel 1992).

- Die Abwesenheit eines Ausschlussprinzips bei ökonomischem Versagen der Organisation, wie es bei Organisationen üblich ist, die am Markt unter Konkurrenzdruck stehen. Effektivität und Effizienz nicht-marktlicher Organisationen zu messen, ist häufig nicht möglich, sie können weiterhin überleben, obwohl sie ihre vorgegebenen Ziele nicht erreichen.

Wenn öffentliche Verwaltungen und Nonprofit-Organisationen von Kunden und Kundenorientierung sprechen, und Größen wie Umsatz, Deckungsbeitrag, Kosten-Nutzenanalyse und Gewinn benutzen, dann ist zu beachten, dass Management-Theorien für den kommerziellen Bereich konstruiert worden sind, der wesentlich andere Voraussetzungen aufweist als der öffentliche Bereich und seine Organisationen.

Insofern ist bei jeder Institution und jedem „Geschäftsfeld" zu prüfen, inwieweit Management Theorien – in diesem Fall ein entsprechendes Qualitätsmanagement – aus der Privatwirtschaft übernommen werden können.

Die zweite Entscheidung nach der Bejahung der ersten Frage lautet: Wie kann das Qualitätsmanagement auf die speziellen Bedürfnisse eines freien Verbandes oder einer Sozialverwaltung zugeschnitten werden?

Die größten Unterschiede zwischen öffentlichem und privatem Sektor

- Bürger können mit Verwaltungen keine Verträge eingehen, es herrscht keine Vertragsfreiheit.

- Bürger besitzen keine Konsumentensouveränität; bestimmte Produkte oder Dienstleistungen müssen angenommen bzw. durch den Bürger verrichtet werden (z. B. Wehrdienst).

- Bürger besitzen keine Konsumentensouveränität, bestimmte Produkte oder Dienstleistungen besitzen Monopolcharakter.

- Bürger sind nicht nur Konsumenten von Dienstleistungen, sie sind der Souverän, insofern sind Politiker stellvertretend für den Bürger tätig und haben zum Gemeinwohl der Gesamtgesellschaft beizutragen.

- Manager aus dem Privatsektor leben unter ständiger Drohung des Bankrotts.

- Politiker brauchen diese Befürchtungen nicht zu hegen, sie können in gewissem Umfang Steuern erhöhen oder Geld drucken lassen.

- Manager aus dem privaten Sektor können nur in Kategorien von Gewinn und Verlust operieren und daraus ihre Entscheidungen ableiten.

- Politiker können bestimmte Aufgaben schrumpfen lassen ohne ökonomische Überlegungen.

- Politiker können bestimmte Aufgaben wachsen lassen ohne ökonomische Überlegungen.

- Politiker leiten ihre Entscheidung von vielerlei Gründen ab, z. B.:
  - ob sie wieder gewählt werden
  - ob ein bestimmtes Klientel bedient werden soll
  - ob das Gemeinwohl befördert wird
  - ob die Presse dem politischen Ansinnen gewogen ist
  - ob die Verwaltung mitspielt
  - ob interne Machtkämpfe bestritten werden müssen
  - ob bestimmte Modeströmungen die öffentliche Meinung bestimmen
  - wie die Machtverhältnisse in den Parlamenten und Ausschüssen verteilt sind

Es herrscht zudem keine klar zuordenbare Verantwortung, da die Entscheidungen als weiteres Merkmal des öffentlichen Sektors qua Mehrheitsbeschluss getroffen werden und in letzter Zeit zumindest in Deutschland vermehrt durch höchstrichterliche Rechtsprechung. Wo jedoch Unklarheit über die Verantwortung herrscht, da ist u. U. auch keine tatsächliche persönliche Übernahme von Verantwortung zu erwarten. Und wo keine Verantwortung und keine persönliche Übernahme der Verantwortung festzustellen ist, drohen Ineffizienz und Inkompetenz.

Strategien für Qualitätsverbesserung

4

1. Praxisorientierte Ansätze des Qualitätsmanagements

In diesem Kapitel geht es darum, praxisorientierte Ansätze des Qualitätsmanagements vorzustellen und zu bewerten. Im Gegensatz zur Qualitätsplanung und Qualitätskontrolle, die bereits im ersten Kapitel dargestellt wurden, geht es hier vor allem um den dritten wichtigen Aspekt des Qualitätsmanagements, die Qualitätsverbesserung. Qualitätsplanung, Qualitätskontrolle und Qualitätsverbesserung erzeugen eine institutionalisierte Qualitätskultur einer Organisation. Insgesamt werden zehn praxisorientierte Ansätze eines Qualitätsmanagements vorgestellt, die auch miteinander kombinierbar sind. Sie sollen Anregung geben, ein eigenes Qualitätsmanagementsystem zu entwickeln.

2. Selbstevaluation und interne Evaluation

In der Evaluationsforschung wird zwischen Fremd- und Selbstevaluation differenziert. Unter Selbstevaluation wird der Teil der Qualitätslenkung zur erforderlichen Qualitätsprüfung verstanden, der vom einzelnen Mitarbeiter in Eigenverantwortung geplant, durchgeführt und ausgewertet wird. Bei einer Fremdevaluation als Instrument des Qualitätsmanagements wird die Qualitätsbewertung von externer Seite durchgeführt, z. B. durch eine Beratungsfirma. Die Ergebnisse können auf das Qualitätsmanagement gestaltend einwirken. Die Selbstevaluation kann extern begleitet werden, um der Evaluation ein größeres Maß an Objektivität zu verleihen. Sie ermöglicht den Mitarbeitern, die eigene Arbeit selbstkritisch zu beleuchten, Problemlösungen zu erarbeiten, die für die eigene Institution maßgeschneidert sind, und gibt die Chance, eine höhere Akzeptanz bei der Umsetzung von Lösungsvorschlägen bei den Mitarbeitern. Die Selbstevaluation bezieht sich in erster Linie auf aufgabenbezogene Probleme, aber auch auf Probleme der Aufbau- und Ablauforganisation.

Verfasst von Professor Dr. Friedhelm Knorr

Die Selbstevaluation soll folgenden Zwecken dienen:

- Ein strukturierter Ansatz für Qualitätsverbesserungen
- Eine Eigenbewertung des Ist-Zustandes durch den Mitarbeiter, die auf Fakten und Selbsteinschätzung beruht
- Ein Mittel zum Training der Mitarbeiter zur Qualitätsverbesserung
- Ein Mittel zur Beteiligung der Mitarbeiter an der Qualitätsverbesserung
- Innerbetrieblich den Zusammenhang zwischen Arbeitsabläufen und Arbeitsergebnissen transparenter gestalten
- Als Grundlage für strategische Entscheidungen und die Priorisierung von Qualitätsverbesserungsmaßnahmen
- Identifikation der Stärken und Schwächen von Qualitätsmanagementsystemen

Als wesentliche Instrumente der Selbstevaluation kommen in Frage:

- Nutzung von Matrixdiagrammen
- Standardformulare
- Fragekataloge
- Die interne Evaluation im Rahmen einer moderierten Teambewertung oder eines organisationsinternen Qualitätswettbewerbes
- Die Selbstevaluation, die durch einen externen Experten durchgeführt wird, z. B. eine Mitarbeiterbefragung durch eine Unternehmensberatung zum Thema Arbeitszufriedenheit

In Matrixdiagrammen werden entsprechende Bewertungskriterien dargestellt, und der Bewerter wird gebeten anzukreuzen, inwieweit die Aussage am ehesten für die Ist-Situation der Organisation, der Abteilung und/oder den eigenen Arbeitsplatz zutrifft. Standardformulare können eine freiere Form aufweisen, indem bestimmte Qualitätsaspekte konkretisiert werden, dabei jedoch Platz bleibt für freie Formulierungen, in denen der Mitarbeiter besondere Stärken und Schwächen formulieren kann oder Verbesserungsvorschläge vorbringt. Die ausgefüllten Formulare werden von entsprechend geschulten Mitarbeitern ausgewertet und statistisch aufgearbeitet. Die Ergebnisse finden bei den Qualitätsverbesserungsprozessen Berücksichtigung, die Mitarbeiter werden über die Resultate der Selbstevaluation informiert. Der Fragenkatalog beinhaltet konkrete Fragen zu entsprechenden Qualitätskriterien. Jedes Qualitätskriterium wird einzeln abgefragt. Der Mitarbeiter kreuzt an, ob diese Kriterien für die ganze Organisation, die Abteilung und/oder den eigenen Arbeitsplatz zutreffen.

Der Einsatz der drei genannten Instrumente stellt eine preisgünstige und schnelle Art der Selbstevaluation dar. Die Ergebnisse der Selbstevaluation sollten jedoch nicht überschätzt werden, sie sind eher als ein Blitzlicht zum Ist-Zustand einer Organisation zu werten, die eher eine Initiativfunktion darstellt. Diese Initiativfunktion innerhalb eines Qualitätsteams soll zu zielorientierten Diskussionen führen, die ein Stärken- und Schwächenprofil erstellen, sie bilden die Grundlage für Qualitätsverbesserungsprozesse und für die Priorisierung der einzelnen Qualitätsprojekte.

Aussagekräftiger sind interne Evaluationen, wie z. B. die moderierte Teambewertung, die in zwei Meetings der jeweiligen Organisationseinheit durchgeführt wird. Dabei werden zunächst die einzelnen Qualitätskriterien erläutert und dargestellt. In einer zweiten Sitzung werden für die Abteilung wesentliche Stärken und Schwächen in einer gemeinsamen Diskussion identifiziert und bewertet. Ein aufwendigeres Verfahren stellt dabei der interne Qualitätswettbewerb dar, der sich an entsprechenden Qualitätskriterien orientiert, die für alle Teilnehmer verbindlich sind. Von Nutzen können hier z. B. die Kriterien der Qualitätspreise sein, die in einer Selbstevaluation durch die Teilnehmer erhoben und bewertet werden (siehe Speyerer Qualitätspreis). Da die Unterlagen entsprechende Hinweise auf ein Qualitätsmanagementsystem enthalten, können sie für einen internen Qualitätswettbewerb verwendet werden. Diese Methode eignet sich z. B. im Rahmen von Vergleichen der Verbände, wobei die einzelnen Landesverbände jeweils einen Wettbewerber darstellen könnten. Auch für Sozialverwaltungen ergäbe sich ein weites Feld für die Selbstevaluation unter Wettbewerbsbedingungen. Diese Qualitätspreise bieten dafür die Möglichkeit der Überprüfung und Bewertung, die von neutraler Seite durchgeführt werden sollte. Der teuerste Weg einer Selbstevaluation ist die externe Auditierung anhand der Unterlagen eines Qualitätspreises. Dabei ist nur die interne Vorbereitung durchzuführen, die Datenerhebung und -auswertung übernehmen externe Experten.

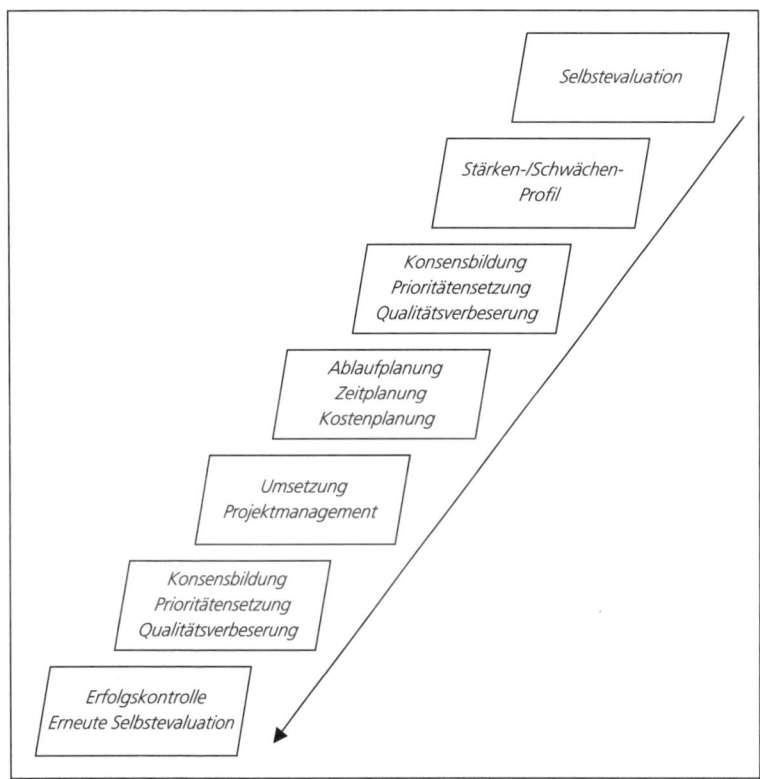

Als Beispiel einer Selbstevaluation in der ambulanten Jugendhilfe soll das Forschungsprojekt der FH Darmstadt und weiterer Träger in enger Abstimmung mit dem Landesjugendamt Hessen kurz dargestellt werden, das seit September 1998 läuft. Ziel dabei ist es u. a., Maßnahmen der Jugendhilfe zu evaluieren:

- Soziale Gruppenarbeit/Sozialer Trainingskurs (§§ 29 KJHG, 10 JGG)
- Betreuungshelfer, Betreuungsweisung (§§ 30 KJHG, 10 JGG)
- Sozialpädagogisch betreute Arbeitsweisungen und -auflagen (§§ 10, 15 JGG)

4. Strategien für Qualitätsverbesserung

Die Mitarbeiter des Trägers sollen in die Lage versetzt werden, nach Abschluss des Projektes die Evaluation selbstständig als Teil der Qualitätssicherung ihres Angebotes fortzuführen.

Dimensionen der Selbstevaluation im Projekt:

- **Entwicklung von Qualitätsstandards:** Festlegung der Rahmenbedingungen, materielle Ausstattung, personelle Ausstattung, Sicherung der Prozessqualität bei der Durchführung.

- **Beurteilung der Wirksamkeit:** Prozessanalyse des Verlaufs einer Betreuungsform, Beurteilung pädagogischer Angebote hinsichtlich ihrer Eignung, Analyse typischer bzw. ungewöhnlicher Verläufe, Passgenauigkeit der sozialpädagogischen Angebote auf die Lebensverhältnisse der Jugendlichen. Dabei wird ebenfalls geprüft, inwieweit pädagogische Angebote für besonders problematische Jugendliche geeignet sind. In der Selbstevaluation werden daher die Mitarbeiter gefragt, welcher Förderbedarf für die einzelnen Zielgruppen notwendig bzw. sinnvoll erscheint. Bei der Bewertung des Erfolges der pädagogischen Angebote wird untersucht, ob die beabsichtigten Erfolge auch eingetreten sind. Dazu können objektive Sachverhalte wie Erfüllung von Auflagen und Weisungen, Aufnahme einer Berufstätigkeit usw. zur Beurteilung der Zielerreichung herangezogen werden.

Ein weiterer Baustein des Projektes stellt die Selbstevaluation der Kooperation mit anderen sozialen Dienstleistern dar. Die ambulanten Maßnahmen werden in Kooperation mit anderen Verbänden, der Justiz und den zuständigen Jugendämtern (Jugendgerichtshilfe) durchgeführt. Evaluiert werden hier z. B. Kommunikation mit Externen, Überweisungspraxis, Bewertung den sozialpädagogischen Angebote und gegenseitige Akzeptanz der jeweiligen Arbeitsgebietes.

Die Selbstevaluation bietet die Möglichkeit, durch einen hohen Grad an Praxisrelevanz schnell und kostengünstig Qualitätsverbesserungen vornehmen zu können. Verbesserungsschritte können sofort eingeleitet werden. Maßgeblich für einen sinnvollen Einsatz

98

der Selbstevaluation ist die Einbindung in ein entsprechendes Qualitätsmanagement, den Mitarbeitern müssen die Ziele der Selbstevaluation klar vor Augen sein. Nicht nur die Ziele, sondern auch Kosten und Dauer der Selbstevaluation müssen allen Mitarbeitern und den Führungsverantwortlichen bekannt sein und von ihnen getragen werden, da sonst die Gefahr besteht, die Selbstevaluation um ihrer selbst willen durchzuführen oder zur einseitigen Durchsetzung von Mitarbeiterinteressen.

3. Der Qualitätszirkel

Der Qualitätszirkel kann bei der Evaluation von Qualitätsmerkmalen ein hilfreiches Mittel der Wahl darstellen. Qualitätszirkel als Möglichkeit, die Qualität von Produkten, Dienstleistungen, Arbeitsabläufen und Arbeitsbedingungen zu verbessern, sind in der Privatwirtschaft seit langen Jahren bekannt.

Drei Grundgedanken lassen sich hierbei identifizieren:

- **Grundgedanke 1:** Das Unternehmen hängt von seinen Mitarbeitern ab, Erfolg wird erst durch die Mitarbeit und das Engagement seiner Mitarbeiter möglich. Als wichtigster Produktionsfaktor wird der Mensch in die Verantwortung für die ständige Verbesserung der Produktqualität eingebunden, ihm werden Gestaltungs- und Mitspracherechte eingeräumt.

- **Grundgedanke 2:** Maßgeblich ist, dass Qualitätsprobleme am besten an dem Ort gelöst werden können, wo sie entstehen, z. B. in einer bestimmten Abteilung eines Wohlfahrtsverbandes. Die Zirkel sind ohne Über- oder Unterstellung der Teilnehmer, sie werden lediglich durch einen Moderator gestaltet.

- **Grundgedanke 3:** In jedem Mitarbeiter steckt innovatives Potenzial zur Qualitätsverbesserung, das im täglichen Routinegeschäft nicht eingesetzt werden kann. Der Qualitätszirkel bietet Zeit und Raum, diese Potenziale für die Unternehmung nutzbringend zu aktivieren. Mitarbeiter, denen Raum gegeben wird, eigene Ideen zu formulieren und auch umzusetzen, sind in der

Regel motivierter im Arbeitsalltag und entwickeln ein Gespür für Qualitätsverbesserungen am Arbeitsplatz und ermöglichen den Blick über die alltäglichen Arbeitsabläufe. Der Qualitätszirkel besteht z. B. aus fünf bis sieben Personen einer Abteilung, die freiwillig z. B. im vierzehntägigen Turnus für jeweils zwei Stunden an einem konkreten Problem mit klarer Aufgabenstellung aus ihrem Arbeitsgebiet im Qualitätszirkel arbeiten.

Qualitätszirkel können während der regulären Arbeitszeit, außerhalb der regulären Arbeitszeit, bezahlt oder unbezahlt durchgeführt werden.

Mit der Lösung des bearbeiteten Problems nach sechs bis acht Zusammenkünften suchen sich die Qualitätsgruppen neue Themenstellungen, um Lösungsvorschläge für neue Probleme zu bearbeiten. Für die Leitung der Qualitätsgruppe ist ein intern oder extern bestellter Moderator verantwortlich. Seine Aufgabe ist es, die Gruppe im Hinblick auf die Problemstellung zu steuern, beim Auffinden von Lösungen zu unterstützen, erarbeitete Ergebnisse zusammenzufassen und zu bewerten, sowie Rückmeldung über den Erfolg an die Gruppe weiterzugeben.

Den organisatorischen Aufbau stellt nachfolgende Grafik dar.

Qualitätszirkel

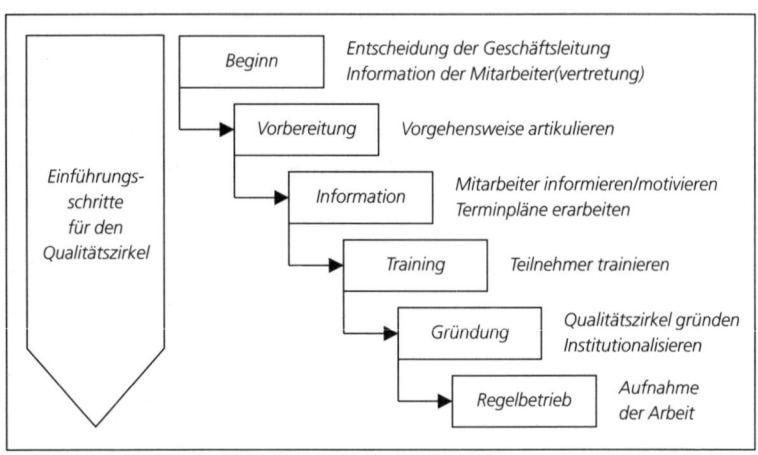

Das wichtigste Ziel von Qualitätszirkeln ist die Einbeziehung der Mitarbeiter in den Prozess der Planung und Kontrolle der eigenen Leistung und ihrer Qualität. Dabei sollen, auch durch Schulungsmaßnahmen unterstützt, Interesse und Bewusstsein für Mitverantwortung geweckt werden, mit der Konsequenz, an der Verbesserung von Arbeitsbedingungen und -abläufen mitzuwirken. Weitere Ziele des Qualitätszirkels sind:

- Verbesserung des Betriebsklimas

- Verbesserung der sozialen Dienstleistungen

- Erhöhtes Qualitäts- und Problembewusstsein

- Veränderte Einstellung zum Unternehmen und Identifikation mit ihm

- Höhere Motivation der Mitarbeiter

- Effizientere Zusammenarbeit der Abteilungen

Vom Qualitätszirkel zu unterschieden ist der Werkstattzirkel. Wesentliches Unterscheidungsmerkmal zum Qualitätszirkel bildet die vorgegebene Themenstellung und die Einmaligkeit des Projektes, das z. B. auf fünf bis sieben Zusammenkünfte begrenzt ist. Die Moderation wird durch einen Führungsverantwortlichen wahrgenommen, dadurch werden die vorstrukturierten Themenstellungen eindeutig problemorientiert und in straffer Weise unter Führung des Vorgesetzten angegangen.

Qualitätszirkel können organisatorisch relativ einfach und ohne großen Aufwand als „Insellösung" betrieben werden, wo einzelne Zirkel für sich arbeiten. Dies ist ein wesentlicher Pluspunkt von Qualitätszirkeln. Sie können aber auch in eine anspruchsvolle Gesamtstrategie zur Qualitätsverbesserung einbezogen werden. Ist der Qualitätszirkel eine dauerhafte Einrichtung, die einen integralen Bestandteil des Qualitätsmanagements bildet, entstehen dadurch neue organisatorische Einheiten, die diesen Prozess durchführen bzw. steuern. Dies soll hier exemplarisch dargestellt werden.

Einführung von Qualitätszirkeln

Zur Einführung von Qualitätszirkeln als Gesamtstrategie zur Qualitätsverbesserung gehören einige vorbereitende Maßnahmen:

- Berufung eines Entscheidungsgremiums als Lenkungs- und Kontrollorgan

- Bestimmung der Projektmitarbeiter des Personalressorts, die für die Informations- und Personalkoordination zuständig sind

- Berufung der Analysekoordinatoren, Führungsverantwortliche aus der Organisation

- Berufung der Leiter der einzelnen Analyseeinheiten, i. d. R. zuständige Abteilungsleiter

- Festlegung der Teilnehmer und Organisationseinheiten

- Schriftliche Information der Führungskräfte, der Mitarbeiter und des Betriebsrates durch die Geschäftsleitung

- Fachliche Unterweisung (Schulung) der Analysekoordinatoren und der Leiter der Analyseeinheiten in der Methodik durch die Unternehmensleitung oder durch einen externen Unternehmensberater oder internen Trainer

Erfolgreiche Durchführung eines Qualitätszirkelprojektes

Der Qualitätszirkel wird nach den allgemeinen Prinzipien des Projektmanagements durchgeführt. Allen Verantwortlichen sollte klar sein, wie ein Projekt erfolgreich gesteuert wird, um unliebsame Termin- und Kostenüberschreitungen zu vermeiden und an kritischen Engpässen eingreifen zu können.

Die Projektleitung und die Lenkungsgruppe werden in Abhängigkeit von Größe und Umfang der Untersuchung und des Untersuchungsgegenstandes festgelegt. Es kann sich dabei um ein ganzes Team von Geschäfts- und Linienverantwortlichen und Vertretern aus den klassischen Querschnittsabteilungen Personalwesen und Organisationsabteilung handeln. Die Einführung von Qualitätszirkeln ist in der Regel ein Prozess, bei dem mehrere Abteilungen oder Organisationseinheiten involviert sind. Die betroffenen Organisationseinheiten werden in der Lenkungsgruppe durch ihre Entscheidungsträger repräsentiert, die das Projekt im Entscheidungsgremium steuern. Aufgabe der Lenkungsgruppe ist es, in gemeinsamen Sitzungen alle notwendigen Entscheidungen zu treffen, etwa den Projektfortschritt zu kontrollieren und Teilergebnisse zu diskutieren. Der Projektleiter bereitet die Sitzungen des Lenkungsausschusses vor. Die Dauer der Vorbereitungsphase beträgt ca. zwei Wochen. Die einzelnen Qualitätszirkel können hierbei unterschiedlich steuerungsbedürftig sein, je nach Komplexität der Aufgabenstellung.

Grundvoraussetzung für einen erfolgreichen Projektablauf ist neben der sorgfältigen Vorbereitung auch eine detaillierte Planung der einzelnen Projektstufen. Die Durchführungsphase ist das eigentliche Kernstück.

Die Durchführungsphase gliedert sich in drei Projektstufen. Diese werden nach einem genau festgelegten Plan und Vorgehen von den Analysekoordinatoren in Zusammenarbeit mit den Leitern der Analyseeinheiten ausgeführt.

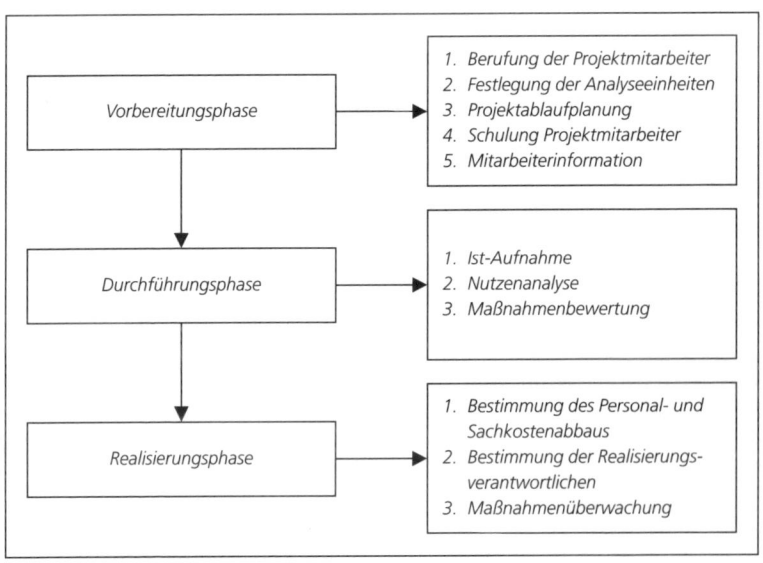

Als Beispiel für einen Qualitätszirkel wird ein Zeitraum von vier Monaten veranschlagt. In z. B. sechs Analyseeinheiten (Abteilungen) werden von einem Analysekoordinator die entsprechenden Analysen vorgenommen. Die Projektmitglieder kommen eine Woche nach Beginn der Projektarbeit zum ersten Qualitätszirkel zusammen. Teilnehmer sind alle Analysekoordinatoren und Mitglieder des Entscheidungsgremiums. Dabei muss vor Beginn der Arbeit definiert werden, welche Qualitätsniveaus in den Bereichen bei der

- Prozessqualität

- Strukturqualität

- Ergebnisqualität

erreicht werden sollen.

Themen, die u. a. behandelt werden, sind z. B. Durchlaufzeiten verringern, Wartezeiten abbauen, interne Reibungsverluste minimieren, Erfolgsindikatoren identifizieren, „Erfolgsbilanzen" einzelner Abteilungen aufbauen, Kunden-/Nutzerbefragungen durchführen usw. Die Abschlusskonferenzen hingegen dienen der Zusammenfassung von Ergebnissen aller Analyseeinheiten, der Berichterstattung durch die Analysekoordinatoren und der Verabschiedung der Vorschläge zur Qualitätsverbesserung durch das gesamte Entscheidungsgremium. Anhand des Terminplanes stimmen die Analysekoordinatoren vier Besprechungstermine für drei Projektstufen ab. Zwischentermine mit dem Entscheidungsgremium werden ebenfalls mit den Analysekoordinatoren festgelegt. Termine über die Projektkonferenzen werden in der Regel vom Entscheidungsgremium bestimmt.

Grundlagenschaffung

- Festlegen des zeitlichen Ablaufs

- Informationen und Anleitung der Leiter der Analyseeinheiten zur Strukturierung von Personalleistungen (Outputs) anhand von Strukturierungsbeispielen durch die Analysekoordinatoren

- Projektarbeiten

Nach dem Erstellen eines Organigrammes der gesamten Analyseeinheiten gestalten sich die Aufgaben der Projektmitglieder folgendermaßen:

- Geschäftsleitung
  - Schafft unternehmenspolitische Voraussetzungen für das Gesamtprojekt, bestimmt die Vorgehenspolitik.
  - Trifft und verabschiedet die Entscheidung für die Durchführung der Qualitätszirkel.
  - Vertritt das Projekt nach innen und außen.

- Steuerungsgruppe

  Organisiert, kontrolliert und überwacht das Gesamtprojekt und verabschiedet die Verbesserungsmaßnahmen.

- Hauptaufgaben der Mitglieder
  - Berufung der einzelnen Analysekoordinatoren
  - Berufung der Realisierungsverantwortlichen
  - Überwachung des gesamten Projektes
  - Ergebniskontrolle aus der jeweiligen Analyseeinheit
  - Information über den Projektablauf gegenüber der Geschäftsleitung, dem Personal und dem Betriebsrat
  - Verabschiedung aller beschlossenen Maßnahmen
  - Genehmigung zur Terminverschiebung bzw. nachträglichen Änderung von bereits verabschiedeten Maßnahmen
  - Einleitung, Organisation und Verfolgung der Maßnahmenrealisierung

Die Anzahl der Koordinatoren richtet sich nach der Größe der Unternehmung. Ihre Hauptaufgaben sind:

- Koordinator

  - Planung der Projektdurchführung in Absprache mit den Leitern der Analyseeinheiten

  - Steuerung und Überwachung des Projektablaufs bei zugeordneten Analyseeinheiten

  - Unterstützung der Leiter der Analyseeinheiten in allen Fragen der Projektdurchführung

  - Motivation der Leiter der Analyseeinheiten und Förderung der Ideenfindung

  - Sammlung der übergreifenden Vorschläge mit Lösungen

  - Kontrolle von Ergebnissen der einzelnen Projektstufen

  - Zusammenfassung der Ergebnisse und Präsentation vor dem Entscheidungsgremium

- Moderator

  - Führt in seiner Analyseeinheit eigenverantwortlich das Projekt durch

  - Moderiert den Qualitätszirkel

  - Entwickelt Verbesserungsideen mit den Mitarbeitern

  - Sammelt übergreifende Vorschläge

- Betriebsrat/Personalrat

  Wird über das Projekt frühzeitig und umfassend informiert und bei zustimmungspflichtigen Maßnahmen herangezogen

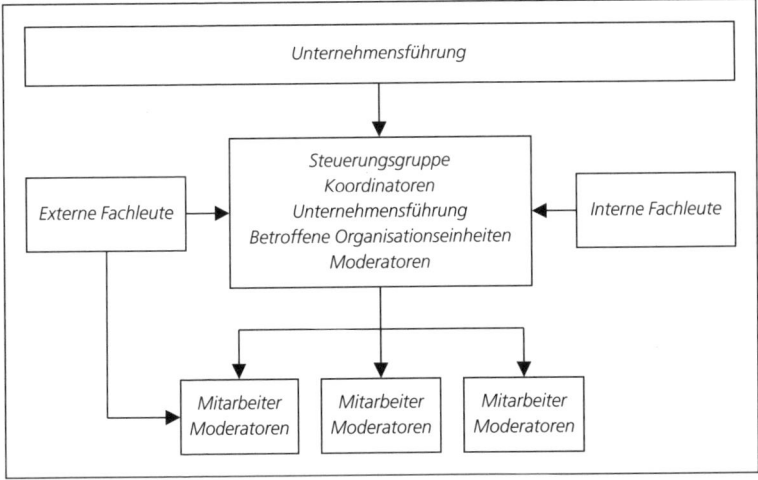

Die Erfahrungen aus der Privatwirtschaft zeigen, dass die Arbeit in Qualitätszirkeln immer dann erfolgreich ist, wenn die Geschäftsführung ein entsprechendes Klima der Qualitätsverbesserung als gelebten Bestandteil der Unternehmenskultur vorlebt und bei den Mitarbeitern nachhaltig unterstützt. Probleme bei Qualitätszirkeln, die als Gesamtstrategie zur Qualitätsverbesserung eingeführt werden sollen, stellen die hohen Anforderungen an alle Führungskräfte dar, durch entsprechende Management-Techniken, z. B. durch situativen Führungsstil, den Mitarbeitern genügend Freiraum zu gewähren, ohne jedoch den Freiraum zu offen zu gestalten. Qualität muss einen integralen Bestandteil der Unternehmenskultur darstellen. Allerdings liegt hierin auch die Gefahr der Ritualisierung solcher Zirkel, die mehr und mehr leere Zusammenkünfte werden und nicht als Qualitätsmotor funktionieren, weil die Unternehmenskultur andere Werte vorlebt, oder das Personalmanagement entscheidende Schwächen aufweist. Verzettelung, unklare Arbeitsaufträge und unproduktives Arbeiten im Qualitätszirkel können die Folge sein. Richtig eingesetzt stellen Qualitätszirkel auch in der Sozialarbeit ein sehr nützliches Instrument dar, nachhaltige Verbesserungen durchzuführen bei relativ geringen Personal- und Sachkosten.

Qualitätszirkel und Auswirkungen auf den Mitarbeiter	Auswirkungen auf den sozialen Dienstleister
■ Erweitert Kenntnisse über Form, Funktion, Preis, Qualität der sozialen Dienstleistung	■ Effizientere und effektivere Zusammenarbeit einzelner Dienststellen, z. B. in der kommunalen Sozialverwaltung, schnelles Angebot nachfrageorientierter Dienstleistungen, schnellere Dienstleistungsinnovationen
■ Steigerung der Qualität der Dienstleistung	■ Höhere Akzeptanz der Dienstleistung, größere Nachfrage, Wettbewerbsvorteil, Imagevorteil
■ Erhöhtes Qualitätsbewusstsein	■ Qualitativ wertvollere Dienstleistungen, weniger Beschwerden, Mängel
■ Schaffung von qualitativen Standards	■ Einheitliche und verbindliche Qualitätsstandards in der ganzen Organisation
■ Erhöhte Arbeitszufriedenheit, positives Betriebsklima durch mehr Mitgestaltungsmöglichkeiten	■ Niedrige Krankenstände, erhöhte Produktivität, mehr Verbesserungsvorschläge

4. DIN ISO 9000

Die Normenreihe DIN ISO 9000 ff. wurde im Jahr 1987 durch die International Organisation for Standardisation (ISO) verabschiedet. Das Ziel dieser Organisation mit insgesamt 182 technischen und 633 Subkomitees ist es, eine internationale technische Normierung zu erreichen, ähnlich wie etwa in Deutschland die Normierung durch die Deutsche Industrie Norm (DIN) vorgenommen wird. Um eine internationale Standardisierung im Bereich Qualitätsmanagement zu erreichen, wurde von der ISO ein Komitee ins Leben gerufen, das 1987 die Normenreihe ISO 9000 ff. festlegte und in Deutschland unter DIN

ISO 9000 ff. firmiert, bzw. für die Europäische Union die DIN EU ISO. Die DIN ISO-Reihe beinhaltet DIN ISO 9001, 9002, 9003 als branchenneutrale Normierung. DIN ISO 9004 beinhaltet in Teil 2 einen Leitfaden für Dienstleistungen. Das Zertifikat, das u. a. auch durch entsprechende Zertifizierungsfirmen. – z. B. den Technischen Überwachungsverein TÜV – ausgestellt wird, wird verstanden als Nachweis der Qualitätsfähigkeit des zertifizierten Unternehmens. Wie diese DIN ISO schematisch aufgebaut ist, zeigt folgende Grafik:

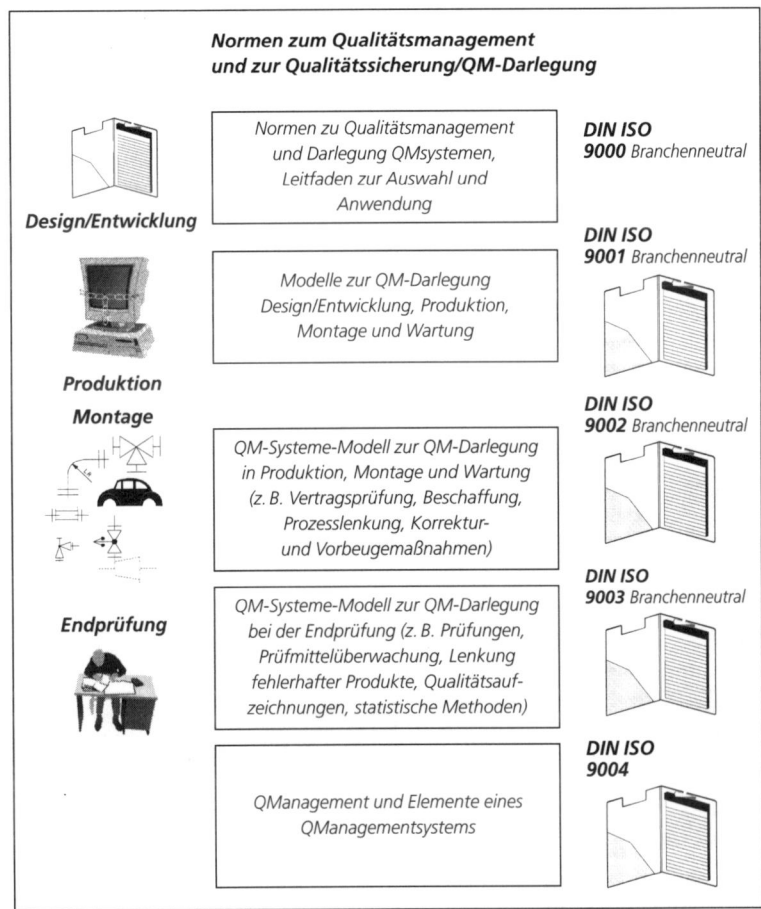

Durch die immer weitere Normierung droht allerdings eine weitgehende Zersplitterung und zu hohe Komplexheit der Verfahrensabläufe, die den ganzen Normierungsprozess sehr komplizieren. Beispiel DIN ISO 9004 umfasst im Teil 2 insgesamt sechs Leitfäden:

- Leitfaden für Dienstleistungen

- Leitfaden für verfahrenstechnische Produkte

- Leitfaden für Qualitätsverbesserung

- Leitfaden für Qualitätsmanagementpläne

- Leitfaden für Projektmanagement

- Leitfaden für Konfigurationsmanagement

DIN ISO ist ein so genanntes Konformitätszeichen, was bedeutet, es wird die Einhaltung bestimmter Normen, in diesen Fall ISO 9000 ff., dokumentiert. Verbraucher und Kunden, die auf dieses Zeichen vertrauen, können im Fall einer geringeren Qualität den Produzenten regresspflichtig machen (Malorny 1994).

Die Nutzen der Zertifizierung umfassen fünf Bereiche:

- Steigerung der Kundenzufriedenheit

- Senkung der Fehlerkosten

- Senkung der Durchlaufzeiten in der Produktion

- Steigerung der Produktqualität

- Steigerung der Qualität der Prozesse

Die Zertifizierungsfirma auditiert das QM-System des Unternehmens nach den branchenneutralen Normen DIN ISO 9001–9003. In einem Auditbericht wird die Auditierung dokumentiert. Es werden auch etwaige Abweichungen aufgezeichnet, bei gravierenden QM-Fehlern kommt es zu einem Nachaudit. Grundlage hierfür bildet ein Fragenkatalog mit entsprechenden Kriterien, die das Unternehmen erfüllen muss. Verwirklicht ein Unternehmen die DIN ISO 9000 ff. für ein QM-System mit entsprechender Zertifizierung, ist belegt, dass es wenigstens einen Mindeststandard an systematischer Qualitätssicherung aufweist. Die Ergebnisse der Zertifizierung im Hinblick auf die

Qualität sind jedoch mit Vorsicht zu betrachten. Diese Standards beziehen sich auf Qualitätssicherung, d. h. auf Schaffung und Institutionalisierung von Qualitätssicherung. Dadurch erhält die Organisation:

- Eine entsprechende Qualitätspolitik

- Standardisierte Prozesse

- Ein System zur Verfolgung von Fehlern

- Ein System zur Minimierung von Fehlern

- Ein Management-Audit für das gesamte System

Ein zertifizierbares QM-System entsprechend DIN ISO 9001–9003 muss schriftlich fixiert in einem Qualitätsmanagementhandbuch festgelegt werden. Es enthält darüber hinaus Verweise auf andere Regelwerke und eine Übersicht über geltende Arbeitsplatzbeschreibungen, Verfahrens-, Arbeits- und Prüfanweisungen. Die Summe dieser Regelwerke ergibt das QM-System. Es sagt jedoch nichts über die Qualität des Produktes oder der Dienstleistung aus. „In aller Regel ist dabei kein noch so qualifiziertes Auditorenteam in der Lage, sämtliche möglichen Aspekte vollständig zu untersuchen und objektiv zu bewerten … Das Auditorenteam steht dabei allgemein unter einer erheblichen psychischen Belastung, die durch die übliche zeitliche Beschränkung des Audits auf ein bis vier Tage verstärkt wird." (Malorny 1994, S. 259f.).

Fazit: Die Auditierung bietet die Chance, eine Momentaufnahme der Qualitätsfähigkeit einer Organisation zu bekommen. Hinzu kommt die Erwartungshaltung des Auftraggebers, der zertifiziert haben möchte, dass der Auftragnehmer dies auch wunschgemäß tut, nachdem er den Zuschlag für den Auftrag erhalten hat. Diese Erwartungshaltung wird verstärkt, etwa wenn die selbe Firma ein QM-System zuerst aufbaute und anschließend auch zertifizieren soll.

„Zertifikate entfalten eine beträchtliche Marketingwirkung, gegenüber einem nichtzertifizierten Bewerber entsteht der Eindruck, das eigene Produkt sei qualitativ höherwertig. Insofern sind Zertifizierungen vertrauensbildende Maßnahmen. Der wirtschaftliche Nutzen ist schwer zu quantifizieren. Häufig steht die Zertifizierung als Marketinginstrument (Verbesserung der Kundenzufriedenheit) im Mittelpunkt der Betrachtung. Insofern muss befürchtet werden, dass das zertifizierte QM-System in Sinne eines ,plakettenorientierten' Ansatzes in vielen Unternehmen missverstanden wird." (Malorny 1994, S. 251). QM-Systeme, die in umfangreichen QM-Handbüchern dokumentiert werden, lassen die Frage aufkommen, ob die intendierten Absichten eines Qualitätsmanagements tatsächlich auch erreicht werden. Der Verdacht liegt nahe, dass Auditoren ein Unternehmen vornehmlich nach der „Papierform" beurteilen, d. h. nach Vollständigkeit und Richtigkeit der vorgelegten Dokumente zum QM-System. Präventives Qualitätsmanagement oder Qualitätsverbesserung lebt aber von der Mitgestaltung und Innovationsfähigkeit aller Mitarbeiter, die Auditierung führt jedoch u. U. zur Einschränkung der Entfaltungsmöglichkeit des Mitarbeiters. Die Qualitätsstandards werden lediglich aus betriebsinterner Sicht betrachtet und die Zertifizierung bestätigt die Vollständigkeit eines Qualitätsmanagementsystems. Sie kann jedoch nicht garantieren, dass dieses System Produkte oder Dienstleistungen von hoher Qualität auch tatsächlich erzeugt. Die Normen können jedoch einen wichtigen Beitrag zur Qualitätssteigerung leisten, wenn sie auch als Ausgangspunkt ständiger Verbesserungen betrachtet werden und erstmalig verbindliche Qualitätsstandards eingeführt werden sollen. Wie eine Zertifizierung beim Allgemeinen Sozialdienst der Stadt Offenbach aussieht, wird im Kapitel Praxisbeispiele dargestellt. Der ASD Offenbach ist der erste zertifizierte ASD in Deutschland.

5. Qualitätspreise in Europa und den USA

Dieses Kapitel widmet sich der Darstellung von zwei Qualitätspreisen aus der Privatwirtschaft und der Darstellung des Speyerer Qualitätswettbewerbs, dessen Inhalte besonders geeignet sind für Sozialverwaltungen und Wohlfahrtsverbände. Die ausführliche Darstellung von Speyer mit entsprechenden Fragebögen zur Selbstevaluation findet sich im Kapitel Praxisbeispiele im Abschnitt Checklisten.

European Foundation for Quality Management

Die European Foundation for Quality Management (E. F. Q. M.) wurde 1988 gegründet mit dem Ziel der Schaffung eines europäischen Qualitätspreises für Wirtschaftsunternehmen.

Die fünf ersten Bewertungskriterien – als Ausdruck der Befähigung zur Qualität „Befähiger" genannt – sollen ausdrücken, dass Kundenzufriedenheit, Mitarbeiterzufriedenheit und eine positive Wirkung für die Gesellschaft maßgeblich abhängen von der Qualität der Unternehmensführung. Die Ergebnisse mit vier ergebnisbezogenen Kriterien drücken aus, dass die Prozesse im Sinne aller Beteiligten und der Gesamtgesellschaft ablaufen sollen. Die insgesamt neun Kriterien gliedern sich wiederum in weitere Kriterien auf.

Die Bewertung des Unternehmens erfolgt durch die gewichtete Beurteilung von neun Kriterien. Folgende maximale Punktzahlen sind möglich.

- Führung   100 Punkte
- Mitarbeiterführung   90 Punkte
- Produkt/Strategie   80 Punkte
- Ressourcen   90 Punkte
- Prozesse   140 Punkte
- Mitarbeiterzufriedenheit   90 Punkte
- Kundenzufriedenheit   200 Punkte
- Gesellschaftsauswirkung   60 Punkte
- Geschäftsergebnisse   150 Punkte

Hinsichtlich der Befähiger wird die Gesamtpunktzahl gebildet durch die Qualität des Managementansatzes und hinsichtlich der tatsächlichen Umsetzung. Der Gesamtwert wird aus dem Durchschnitt dieser beiden Kriterien gebildet. Dabei muss der Bewerber nachweisen, dass

- fehlervermeidende Systeme eingesetzt werden
- diese eingesetzten Systeme kontinuierlich in regelmäßigen Abständen überprüft und verbessert werden
- diese Systeme praktisch im Tagesgeschäft integriert sind

Zur guten Bewertung dieser Systeme gehört der Einsatz in allen relevanten Geschäftseinheiten der Unternehmung.

Die Bewertung der Ergebniskriterien erfolgt ebenfalls zweidimensional, einmal hinsichtlich der Qualität der Ergebnisse und zum Zweiten hinsichtlich der Reichweite der Ergebnisse. Dabei ist u. a. maßgeblich:

- Positive Geschäftsergebnisse innerhalb der letzten drei Jahre
- Weitgehende Übereinstimmung mit internen Zielvorgaben
- Positive Vergleiche mit direkten Wettbewerbern

Um die Reichweite der Geschäftsergebnisse beurteilen zu können, werden alle relevanten Organisationseinheiten des Unternehmens in die Betrachtung einbezogen.

Malcolm Baldrige National Quality Award

Der Malcolm Baldrige National Quality Award (MBNQA) entstand Anfang der 80er Jahre in den USA als Antwort auf japanische Qualitätsanstrengungen und bildet das herausragende Beispiel für alle Qualitätspreise, die danach kreiert wurden. Er soll deshalb etwas ausführlicher dargestellt werden. Der Preis wird in drei Kategorien vergeben:

- Mittelständische Unternehmen mit weniger als 500 Mitarbeitern
- Industrieunternehmen mit mehr als 500 Mitarbeitern
- Dienstleistungsunternehmen mit mehr als 500 Mitarbeitern

Die wesentlichen Ziele dieses Preises sind:

- Die Förderung des Bewusstseins für Wesen und Bedeutung von Qualitätsmanagement in amerikanischen Unternehmen
- Auszeichnung der besten Qualitätsmanager und ihrer Unternehmen
- Der Austausch über erfolgreiche Strategien des Qualitätsmanagements

Sieben Kriterien werden zur Qualitätsmessung herangezogen. In diesem Zielkatalog bildet die Kundenorientierung/Kundenzufriedenheit das Oberziel aller anderen Ziele. Die sieben Ziele werden weiter aufgeteilt in 28 Subkategorien und 91 Einzelpunkte. Die gewichtete Punkteverteilung kann zu folgenden maximalen Punktzahlen kommen.

- Unternehmensführung   95 Punkte
- Information und Analyse   75 Punkte
- Strategische Qualitätsplanung   60 Punkte
- Human Ressource Management   150 Punkte
- Prozessqualitäts-Management   140 Punkte
- Qualitäts- und Betriebsergebnisse   180 Punkte
- Kundenorientierung/Kundenzufriedenheit   300 Punkte

Wie der Malcolm Baldrige Preis aufgebaut ist, soll kurz anhand des Fragebogens in Auszügen dargestellt werden:

Aufbau des Malcolm Baldrige National Quality Award

1. Führung (90 Punkte)

Die Kategorie Führung untersucht den persönlichen Stil der Führungsverantwortlichen und ihre Beteiligung an der Schaffung und Erhaltung von Kundenorientierung und klaren und sichtbaren Qualitätskriterien. Sie untersucht auch, in welcher Form Qualität im Managementsystem integriert ist und sich wiederfindet in der öffentlichen Verantwortung und Bürgerverantwortung der Unternehmung (corporate citizenship).

1.1 Führung (45 Punkte)

Beschreiben Sie das persönliche Engagement und die äußere Darstellung im Entwickeln und Erhalten einer Unternehmenskultur für herausragende Qualität.

1.2 Qualitätsmanagement (25 Punkte)

Beschreiben Sie, wie in der Organisation Kundenorientierung und Qualitätsmaßstäbe integriert sind in der täglichen Führungsverantwortung, Management und Überwachung aller Organisationseinheiten.

1.3 Öffentliche Verantwortung und Bürgerverantwortung der Unternehmung (20 Punkte)

Beschreiben Sie, wie Ihre Organisation ihre Verantwortung gegenüber der Öffentlichkeit hinsichtlich ihrer Qualitätspolitik und ihrer Verbesserungspraxis wahrnimmt. Beschreiben Sie auch, wie Ihre Unternehmung Bürgerverantwortung in der Stadt ihres Firmensitzes wahrnimmt.

4. Strategien für Qualitätsverbesserung

noch: Aufbau des Malcolm Baldrige Award

2. Information und Analyse (75 Punkte)

Die Kategorie Information und Analyse untersucht Umfang, Validität, Analyse, Management und Nutzung von Daten und Informationen, um herausragende Qualität zu erreichen und die operativen Fähigkeiten und die Wettbewerbsfähigkeit zu steigern. Dabei werden auch die Angemessenheit von Daten-, Informations- und Analysesystemen, die die Kundenorientierung, Produkte, Dienstleistungen und interne Operationen zum Thema haben, untersucht.

2.1 Umfang und Management von Daten der Qualitäts- und Leistungsdaten und Information (15 Punkte)

2.2. Wettbewerbsvergleiche und Benchmarking (20 Punkte)

2.3 Organisationsweite Daten (40 Punkte)

3. Strategische Qualitätsplanung (60 Punkte)

Die Strategische Qualitätsplanung untersucht Planungsprozesse der Unternehmung und die Integration aller Erfordernisse hierzu in den Planungsprozess. Weiterhin werden operative und taktische Pläne und wie Qualität und operationale Leistungserfordernisse in allen Arbeitseinheiten angewendet werden, untersucht.

3.1 Planungsprozess für strategische Qualität und Leistung in der Organisation (35 Punkte)

Beschreiben Sie den strategischen Planungsprozess über einen kurzen Zeitraum (ein bis zwei Jahre) und einen längeren Zeitraum (drei Jahre oder mehr) in Hinblick auf die Führerschaft bezüglich Kundenzufriedenheit und allgemeiner Produktivitätssteigerung. Beschreiben Sie auch, wie dieser Prozess Qualität integriert in die kurzfristigen Leistungserfordernisse und wie die Pläne eingesetzt werden.

3.2 Qualitäts- und Leistungspläne (25 Punkte)

Charakterisieren Sie die Ziele hinsichtlich Qualität und Leistung und Pläne über einen kurzen Zeitraum (ein bis zwei Jahre) und einen längeren Zeitraum (drei Jahre oder mehr).

4. Human Resource Management (150 Punkte)

Die Human Resource Management-Kategorie untersucht, wie die Unternehmung ihre Mitarbeiter in den Stand versetzt, ihr volles Potential zu entwickeln und die Unternehmensziele hinsichtlich Qualität und Leistungsanforderungen zu verfolgen. Weiterhin wird untersucht, wie die

noch: Aufbau des Malcolm Baldrige Award

Unternehmung eine Unternehmenskultur aufbaut und erhält, die der exzellenten Qualität dienlich ist und persönliche und organisationale Entwicklung unterstützt.

4.1 Human Resource Management (20 Punkte)

Beschreiben Sie, wie das Human Resource Management integriert ist in die Pläne und Ziele hinsichtlich Qualität und Leistung und benennen Sie vollständig die Wünsche/Bedürfnisse und Entwicklungen Ihrer Mitarbeiter.

4.2 Mitarbeiterbeteiligung (40 Punkte)

Beschreiben Sie die Möglichkeiten Ihrer Mitarbeiter, sich an den Zielen und Plänen hinsichtlich Qualität und Leistung zu beteiligen. Fassen Sie Trends hinsichtlich Produktivität und Umfang der Beteiligung zusammen.

4.3 Mitarbeiterfort- und weiterbildung (40 Punkte)

Beschreiben Sie, wie die Organisation Qualität und damit verbundene Weiterbildungsmaßnahmen und Notwendigkeiten bestimmt. Zeigen Sie auf, wie diese Maßnahmen auf die Bedürfnisse und Pläne der Organisation zugeschnitten sind und gleichermaßen die Entwicklung des Mitarbeiters unterstützen. Beschreiben Sie, wie Weiter- und Fortbildungsmaßnahmen evaluiert werden und fassen Sie wesentliche Trends bei der Verbesserung der Effektivität und dem Umfang der Bildungsmaßnahmen zusammen.

4.4 Leistung und Leistungsanerkennung des Mitarbeiters (25 Punkte)

Beschreiben Sie, wie die Organisation die Leistung des Mitarbeiters, die Anerkennung der Leistung, Karriere, Bezahlung und Belohnung, die Ziele und Pläne hinsichtlich Qualität und Leistung unterstützt.

4.5 Betriebsklima und Arbeitszufriedenheit (25 Punkte)

Beschreiben Sie, wie ein positives Betriebsklima und die Arbeitszufriedenheit erhalten bleiben. Fassen Sie Trends bei Schlüsselindikatoren zusammen hinsichtlich Betriebsklima und Arbeitszufriedenheit.

5. Management der Prozessqualität (140 Punkte)

Diese Kategorie untersucht diejenigen systematischen Prozesse der Organisation, die eingesetzt werden, um höhere Qualität und Produktivität zu erreichen. Es werden die Schlüsselelemente des Prozessmanagements untersucht, einschließlich der Abteilungen Forschung und Entwicklung, Design, das Management für alle Arbeitseinheiten und Zulieferer, systematische Qualitätsverbesserung und Qualitätsassessment.

4. Strategien für Qualitätsverbesserung

noch: Aufbau des Malcolm Baldrige Award

5.1 Design und Einführung von Qualitätsprodukten und -dienstleistungen (40 Punkte)

Beschreiben Sie, wie neue/verbesserte Produkte und Dienstleistungen entworfen und am Markt eingeführt werden, wie Prozesse gestaltet sind, um bei Produkten und Dienstleistungen den Qualitäts- und Leistungsansprüchen zu genügen.

5.2 Prozessmanagement: Produkt- und Dienstleistungserstellung und Vertrieb (35 Punkte)

Beschreiben Sie, wie die Kerngeschäftsprozesse für Produkte und Dienstleistungen und die Vertriebsprozesse gemanagt werden, um sicherzustellen, dass Ansprüchen des Designs entsprochen wird und Qualität und Produktivität kontinuierlich gesteigert werden.

5.3 Prozessmanagement: Geschäftsprozess und unterstützende Dienstleistungen (30 Punkte)

Beschreiben Sie, wie die Kerngeschäftsprozesse für Produkte und unterstützende Dienstleistungen gemanagt werden, um sicherzustellen, dass den Anforderungen entsprochen wird und Qualität und Produktivität kontinuierlich gesteigert werden.

5.4 Zuliefererqualität (20 Punkte)

Beschreiben Sie, wie die Organisation den Qualitätsstandard verwendeten Materials, einzelner Komponenten und Dienstleistungen, die von anderen Unternehmen bereitgestellt werden, sicherstellt. Beschreiben Sie die Pläne und Maßnahmen der Organisation, um die Zuliefererqualität zu steigern.

5.5 Qualitätsassessment (15 Punkte)

Beschreiben Sie, wie die Organisation Qualitätsstandard und Leistung ihrer Systeme, Prozesse, Handlungen und die Qualität ihrer Produkte und Dienstleistungen erfasst und bewertet.

6. Qualitäts- und Betriebsergebnisse (180 Punkte)

Die Kategorie für Qualität und Produktionsresultate untersucht das Niveau und Verbesserungstrends der Organisation in Hinsicht auf interne Qualität, Produktivität und Zuliefererqualität. Dabei werden auch die aktuellen Niveaus bezüglich der Qualität und Produktivität mit Mitbewerber verglichen.

noch: Aufbau des Malcolm Baldrige Award

6.1 Produkt- und Dienstleistungsqualität (70 Punkte)

Fassen Sie Trends hinsichtlich Qualität und gegenwärtige Qualitätsniveaus bei Kernprodukten und Kerndienstleistungen zusammen. Vergleichen Sie ihren aktuellen Qualitätsstandard mit denen Ihrer Mitbewerber und/oder entsprechenden Benchmarks.

6.2 Produktionsresultate (50 Punkte)

6.3 Geschäftsprozess und unterstützende Dienstleistungen (25 Punkte)

6.4 Zuliefererqualität (35 Punkte)

7. Kundenorientierung und Kundenzufriedenheit (300 Punkte)

Die Kategorie Kundenorientierung und Kundenzufriedenheit untersucht die Beziehungen der Organisation zu ihren Kunden und ihr Wissen hinsichtlich der Kundenbedürfnisse und die Schlüsselqualitätsfaktoren, die wesentlichen Einfluss auf den Markt besitzen und die Wettbewerbsfähigkeit beeinflussen. Weiterhin werden die Methoden der Organisation untersucht, Kundenzufriedenheit zu eruieren, gegenwärtige Trends und Niveaus der Kundenzufriedenheit und Kundenunzufriedenheit im Vergleich zu den Mitbewerbern zu eruieren.

7.1 Kundenerwartung: gegenwärtig und zukünftig (35 Punkte)

Beschreiben Sie, wie die Organisation kurz- und langfristige Bedürfnisse und Erwartungen des Kunden erfasst.

7.2 Management der Kundenbeziehungen (65 Punkte)

Beschreiben Sie, wie die Organisation für ein effektives Management der Kundenbeziehungen sorgt und die Informationen nutzt, die sie von den Kunden erhält, um Strategien und Taktiken zur Verbesserung des Managements der Kundenbeziehungen einzusetzen.

7.3 Kundenorientierung (15 Punkte)

Beschreiben Sie, wie die Organisation für eine Kundenorientierung hinsichtlich ihrer Produkte und Dienstleistungen sorgt und wie diese Orientierung evaluiert und verbessert wird.

7.4 Bestimmung der Kundenzufriedenheit (30 Punkte)

Beschreiben Sie, welche Methoden die Organisation nutzt, um Kundenzufriedenheit, erneutes Kaufinteresse und Kundenzufriedenheit im Vergleich zum Mitbewerber zu erfassen.

4. Strategien für Qualitätsverbesserung

noch: Aufbau des Malcolm Baldrige Award

Beschreiben Sie, wie die Organisation diese Methoden evaluiert und verbessert.

7.5 Kundenzufriedenheit (85 Punkte)

Fassen Sie Trends bei der Kundenzufriedenheit zusammen und Trends bei den Schlüsselindikatoren hinsichtlich der Kundenunzufriedenheit.

7.6 Kundenzufriedenheitsvergleich (70 Punkte)

Vergleichen Sie die Ergebnisse des Kundenzufriedenheitsvergleichs mit denen Ihrer Wettbewerber.

Das Baldrige-System zu Selbstevaluation und Punktevergabe basiert auf drei Elementen. Die Teilnehmer werden aufgefordert, ihre Informationen hinsichtlich der drei Elemente Ansatz, Anwendung und Resultate zu analysieren:

- **Ansatz**

    Der Ansatz bezieht sich auf die Methoden, die die Organisation nutzt, um die Zwecke, die in der Selbsterfassung beschrieben sind, zu erreichen. Kriterien, die hierbei angewendet werden, umfassen folgende Dimensionen:

    - Grad, in dem der Ansatz auf Prävention beruht

    - Angemessenheit hinsichtlich der verwendeten Werkzeuge, Techniken und Methoden

    - Effektivität der eingesetzten Werkzeuge, Techniken und Methoden

    - Grad, in dem der Ansatz systematisch, integriert und konsistent angewendet wird

    - Grad, in dem der Ansatz effektive Selbstevaluation, Feedback und Innovationszyklen zur kontinuierlichen Verbesserung verkörpert

    - Grad, in dem der Ansatz auf quantitativen Informationen beruht, die objektiv und verlässlich sind

    - Indikatoren, die innovative und einzigartige Ansätze aufzeigen, und die signifikante und effektive neue Anwendungen von Werkzeugen und Techniken in anderen Anwendungen oder Organisationsformen darlegen

■ **Anwendung**

Anwendung bezieht sich auf den Grad der Anwendung des Ansatzes auf alle relevanten Bereiche und Aktivitäten, die im Selbstassessment angesprochen werden. Kriterien zur Beurteilung der Anwendungen lauten wie folgt:

– Angemessene und effektive Anwendung bei allen Produkten und Dienstleistungen

– Angemessene und effektive Anwendung bei allen Transaktionen und Interaktionen mit den Kunden, Zulieferern von Gütern und Dienstleistungen und der Öffentlichkeit

– Angemessene und effektive Anwendung bei allen internen Prozessen, Aktivitäten, Einrichtungen und Mitarbeitern

– Nachweis der Verbesserung entsprechend dem jeweiligen Stand der Entwicklung

■ **Resultate**

Resultate beziehen sich auf Outcomes und Effekte beim Erreichen der angesprochenen Zwecke des Selbstassessment. Kriterien zur Beurteilung der Resultate lauten wie folgt:

– Qualitätsniveaus, wie sie dargestellt werden

– Umfang der Qualitätsverbesserung

– Demonstration der nachhaltigen Verbesserungen

– Signifikanz der Verbesserungen hinsichtlich des Geschäftes der Organisation

– Fähigkeit der Organisation, den Nachweis zu erbringen, dass Verbesserungen auf entsprechende Praktiken und Handlungen zurückzuführen sind

– Beitrag der Produktionsresultate und Effekte hinsichtlich der Qualitätsverbesserung

– Rate der Qualitätsverbesserung

– Vergleich mit den Marktführern

4. Strategien für Qualitätsverbesserung

Die nächsten beiden Tabellen zeigen, wie beim Malcolm Baldrige National Quality Award gewertet wird:

Punkte	Ansatz/Anwendung
0%	Anekdotenhafte Information, kein System vorgestellt
10–30%	Beginn eines systematischen Ansatzes, den angesprochenen Zwecken der Kriterien zu genügen. Signifikante Lücken in der Anwendung, unterbindet den weiteren Fortschritt hinsichtlich der Erreichung der Hauptzwecke der Kriterien. Frühe Form des Übergangs von Reaktion auf Probleme zur Vermeidung von Problemen.
40–60%	Guter und systematischer Ansatz, der den primären Zwecken der Kriterien genügt. Ein faktenbasierter Verbesserungsprozess in Schlüsselbereichen der angesprochenen Kriterien. Keine wesentlichen Löcher in der Anwendung, auch wenn sich einige Bereiche in frühen Formen der Anwendung befinden. Ansatz legt mehr Wert auf Problemvermeidung als Reaktion auf Probleme.
70–90%	Guter, systematischer Ansatz bei allen angesprochenen Kriterien. Faktenbasierter Verbesserungsprozess ist das Hauptsächliche. Managementinstrument; klarer Nachweis der verfeinerten und verbesserten Integration der Resultate der Verbesserungszyklen und in der Analyse. Ansatz ist gut angewendet ohne signifikante Löcher, auch wenn Verfeinerung, Anwendung und Integration in einzelnen Organisationseinheiten und ihren Aktivitäten variieren mögen.
100%	Guter systematischer Ansatz, der voll allen Kriterien entspricht; Ansatz ist voll umgesetzt ohne Schwächen und Lücken in allen Organisationseinheiten. Starke Verfeinerung und Integration unterstützt durch exzellente Analyse.

Punkte	Resultate
0%	Anekdotenhafte Information, keine Daten für wesentliche Kriterien vorgestellt.
10–30%	Beginn eines systematischen Ansatzes, Trenddaten zu sammeln. Frühe Form des Übergangs von Reaktion auf Probleme zur Vermeidung von Problemen. Einige Daten zu Verbesserungstrends oder frühes Stadium von Berichten hinsichtlich guter Leistungen. Keine Daten berichtet für weite oder fast alle wesentlichen Bereiche und den wesentlichen leistungsbezogenen Erfolgsfaktoren des Geschäftes.
40–60%	Verbesserung der Berichte über gute Leistungstrends in Schlüsselbereichen bei den wesentlichen Beurteilungskriterien und wesentlichen leistungsbezogenen Erfolgsfaktoren des Geschäftes. Einige Trends und/oder aktueller Leistungsstand können evaluiert werden bezüglich relevanter Vergleiche, Benchmarks oder Niveaus. Keine signifikanten gegenläufigen Trends oder aktuelle schlechte Leistung bei den wesentlichen Beurteilungskriterien und wesentlichen leistungsbezogenen Erfolgsfaktoren des Geschäftes.
0–90%	Gute bis sehr gute Verbesserungstrends in fast allen Schlüsselbereichen von besonderer Bedeutung bei den wesentlichen Beurteilungskriterien und wesentlichen leistungsbezogenen Erfolgsfaktoren des Geschäftes oder mit nachhaltig guten bis sehr guten Leistungen in diesen Bereichen. Viele bis fast alle Trends und aktuelle Leistung können evaluiert werden bezüglich relevanter Vergleiche, Benchmarks oder Niveaus. Gegenwärtige Leistung ist gut bis sehr gut bei den wesentlichen Beurteilungskriterien und wesentlichen leistungsbezogenen Erfolgsfaktoren des Geschäftes.
100%	Exzellente Verbesserungstrends in fast allen Bereichen bei den wesentlichen Beurteilungskriterien und wesentlichen leistungsbezogenen Erfolgsfaktoren des Geschäftes mit nachhaltig sehr guten Leistungen in diesen Bereichen.

noch: Bewertung beim Malcolm Baldrige Award

	(Fast) alle Trends und aktuelle Leistung können evaluiert werden bezüglich relevanter Vergleiche, Benchmarks oder Niveaus. Gegenwärtige Leistung ist sehr gut bei den wesentlichen Beurteilungskriterien und wesentlichen leistungsbezogenen Erfolgsfaktoren des Geschäftes. Starke Nachweise der Führerschaft in der Industrie und Benchmarking-Führung.

Speyerer Qualitätswettbewerb für die öffentliche Verwaltung

Der Speyerer Qualitätswettbewerb wurde im Jahr 1992 von den Professoren Hill und Klages von der Deutschen Hochschule für Verwaltungswissenschaften in Speyer ins Leben gerufen und richtet sich an Verwaltungen in Deutschland, Österreich und der Schweiz, auf Bundes-, Länder- und kommunaler Ebene. Der Speyerer Qualitätswettbewerb wendet sich an alle Verwaltungen, die zur öffentlichen Verwaltung (oder zum „öffentlichen Sektor") im weiteren Sinn zählen. Die Grundidee wird umschrieben als Modernisierungswettbewerb, der darauf abzielt, herausragende Leistungen auf dem Gebiet der Verwaltungsmodernisierung zu prämieren. Die oberste Zielsetzung besteht darin, die innovative Weiterentwicklung der öffentlichen Verwaltung in Richtung Leistungs-, Qualitäts- und Kundenorientierung zu fördern. Diejenigen Verwaltungen sind dazu aufgerufen, sich an den regelmäßig stattfindenden Wettbewerben zu beteiligen, die sich als besonders zukunftsorientiert, serviceorientiert, effizient, effektiv und erfolgreich betrachten. Die Bewertung erfolgt durch eine Selbstevaluation anhand von Fragebögen, Experteninterviews und Begehungen der Einrichtungen. Entscheidend ist bei der Bewerbung, ob der Kandidat sich um den Speyer-Preis, der die Gesamtverwaltung bewertet, oder um den Speyer-Projektpreis, der einzelne Projekte bewertet, bewirbt. Die Leistungen der einzelnen Preisträger sollen eine Vorbildfunktion erfüllen und im Sinne des Leistungsvergleiches andere Verwaltungen zum Wettbewerb ermuntern. Grundgedanke dabei ist das Lernen voneinander. Der Begriff „Benchlearning", Lernen an Standards, ist dabei eingeführt worden. Zum Konzept des Qualitätspreises gehört ebenfalls,

Verwaltungen, die bereits in der Vergangenheit ausgezeichnet worden sind, erneut zu bewerten und sie so auf freiwilliger Basis einem kontinuierlichen Verbesserungsvergleich hinsichtlich ihres eigenen Erfolges und hinsichtlich der Entwicklungen der Mitbewerber zu unterziehen.

Um diese Zielsetzung zu verwirklichen, geht der Speyerer Qualitätswettbewerb[1] von folgenden Grundsätzen aus:

- Der Wettbewerb wird ausgeschrieben, um interessierten Verwaltungen eine Selbstbewertung (Selbstevaluation) zu ermöglichen.

- Die Teilnahme erfolgt durch eine Selbstevaluation nach einer umfassenden Kriterienliste.

- Jeder Teilnehmer erhält im Anschluss an die Prämierung eine Kurzevaluation, die ihn detailliert über das Profil der ihn betreffenden Bewertung informiert und ihm dabei seine Position im Feld der Mitbewerber darstellt.

- Im Anschluss an die Prämierung findet eine Tagung statt, die allen Wettbewerbsteilnehmern die Chance zum Dialog bietet.

- Die Preisträger stellen sich in einer Wettbewerbspublikation dar.

Die Teilnahmegebühren beim Speyer-Preis beliefen sich beim 4. Speyerer Qualitätswettbewerb 1998 auf 1000 DM, bei der Bewerbung um den Projektpreis auf 500 DM. In der Teilnahmegebühr enthalten sind:

- Zusendung des Kriterienkatalogs

- Teilnahme am Abschlusskongress mit bis zu drei Personen und der Möglichkeit der Selbstdarstellung

- Kostenlose Zusendung der Dokumentation zum 4. Speyerer Qualitätswettbewerb

- Schriftliche Kurzevaluation mit Vergleich zum Durchschnitt der jeweiligen Mitbewerber in allen Kategorien

---

1) Kontaktadresse: Hochschule für Verwaltungswissenschaften, Freiherr-vom-Stein-Straße 2, 67346 Speyer, Tel.: 0 62 32-65 43 98, Fax: 0 62 32-65 42 90

4. Strategien für Qualitätsverbesserung

Kriterienkatalog des Speyerer Qualitätswettbewerbs

Basis der ersten Beurteilungsphase sind die von den teilnehmenden Verwaltungen eingereichten Unterlagen. Hierfür wurde ihnen ein umfangreicher Kriterienkatalog zur Verfügung gestellt. Die Kriterien bestehen aus folgenden Modernisierungsfeldern:

- Lern- und Selbstentwicklungsfähigkeit
- Strategie- und Ressourcenmanagement
- Struktur- und Verfahrensoptimierung
- Umgang mit der Schlüsselressource „Personal"
- Bürger/Kundenorientierung
- Kooperation mit externen Leistungsträgern/Organisationen
- Maßnahmen zur Förderung des Wettbewerbs
- Nutzung moderner Kommunikationstechnik
- Messung von Ergebnissen
- Neubestimmung des Verhältnisses von Politik und Verwaltung
- Gestaltung des Modernisierungsprozesses
- Messung von Wirkungen

Diese einzelnen Felder werden durch entsprechende Fragebögen genau spezifiziert, insgesamt umfasste 1998 der Fragenkatalog 38 Seiten. Nach Einsendeschluss werden alle Bewerbungen an der Deutschen Hochschule für Verwaltungswissenschaften einer Vorbewertung durch das dreiköpfige Wettbewerbsteam unterzogen und die Bewerber in die Bewerberklassen Kommunen, Landkreise, Bezirksregierungen, Landesverwaltungen und Bundesverwaltungen unterteilt. Mit einer 7er-Skala werden für sämtliche Kriterien, die abgefragt wurden, jeweils zwei Bewertungen ermittelt, eine Bewertung für das dargestellte Konzept, das zweite für die Qualität der Umsetzung des Konzeptes. In der Gesamtbewertung sind beide gleich hoch eingestuft zu jeweils 50%. Der höchste Skalenwert 7 wird nur bei besonders innovativen Konzepten und Realisationen vergeben. Aus der Summe der vergebenen Punkte ergeben sich das Bewerberfeld und die vorläufige Position jeder Verwaltung. Daran anschließend erfolgt auf der Grundlage der ersten Einstufung die Auswahl derjenigen Kandidaten, die einer Vorortbegehung unterzogen werden sollen. Durch zwei Evaluatoren werden die schriftlichen Unterlagen mit der tatsächlichen Situation der Verwaltungen verglichen und ggf. Korrekturen an der Selbstevaluation der Verwaltungen vorgenommen. Die nach der Selbstevaluation und der Begehung ausgewählten Kandidaten werden einer endgültigen Bewertung durch einen Beirat unterzogen, der die Preisträger für den Speyerer Qualitätspreis nominiert. Von 69 Bewerbern kamen 1998 33 aus der Bundesrepublik, 19 aus Österreich und 17 aus der Schweiz.

Speyerer Qualitätswettbewerb 1998

A. Grundinformationen

B. Modernisierungsansatz und -strategie

C. Welche Ziele verfolgen Sie mit der Verwaltungsmodernisierung und welche Bedeutung haben diese?

D. Durch welche Modelle oder Konzepte haben Sie sich besonders anregen lassen?

Kriterien einer modernen Verwaltung	Konzept-qualität	Umset-zung	Gesamt
Lern- und Selbstentwicklungsfähigkeit			
Strategie- und Ressourcenmanagement – Formulierung von Zielen Kennzahlen Indikatoren – Produktbildung – Dezentrale Ressourcen- und Ergebnisverantwortung – Budgetierung – Rechnungswesen – Berichtswesen – Verwaltungscontrolling			
Neubestimmung des Verhältnisses von Politik und Verwaltung			

4. Strategien für Qualitätsverbesserung

noch: Speyerer Qualitätswettbewerb 1998

– Einbindung der Politik – Information der Politik			
Struktur- und Verfahrensoptimierung – Reorganisation Aufbauorganisation – Reorganisation Ablauforganisation			
Umgang mit der Schlüsselressource „Personal" – Systematische Personalentwicklung – Personalführung – Einbeziehung und Information der Mitarbeiter – Motivationsanreize (materiell, immateriell) – Chancengleichheit von Mann und Frau			
Maßnahmen zu Verbesserung Bürger-/ Kundenorientierung – Mitwirkung von Bürgern/Kunden – Servicequalität – Darlegung Leistungs-/Qualitätsstandards gegenüber Bürgern/Kunden			
Kooperation mit externen Leistungsträgern/ Organisationen			
Maßnahmen zur Förderung des Wettbewerbs			
Nutzung moderner Kommunikationstechnik			

Gestaltung des Modernisierungsprozesses
– Analyse/Diagnose Ausgangssituation und
  Rahmenbedingungen
– Planung und Steuerung des Veränderungs-
  prozesses
– Praktizierung eines funktionierenden
  Projektmanagements
– Mobilisierung/Qualifizierung/
  Abbau Ängste Mitarbeiter
– Nachhaltiger Lernprozess
– Chancengleichheit und Integration
  von Anspruchsgruppen			

Messung von Ergebnissen			
Messung von Wirkungen			
Gesamt			
Qualität der Bewerbungsunterlagen			

128

Weitere Informationen zum Speyerer Qualitätswettbewerb finden Sie in Kapitel 5 ab Seite 208.

6. Benchmarking

Die deutsche Übersetzung von Benchmarking bedeutet: Vermessungsmarkierung von einer vorher festgelegten Position, Standard, an dem etwas gemessen und beurteilt werden kann.

Benchmarking ist der kontinuierliche Prozess, Produkte, Dienstleistungen und Praktiken zu messen gegen den stärksten Mitbewerber oder die Firmen, die als Industrieführer angesehen werden, aber auch im eigenen Unternehmen im Wettbewerb einzelner Abteilungen untereinander (Camp 1994, S. 47).

Benchmarking ist als Zielsetzungsprozess zu verstehen, bei dem die Besten der jeweiligen Branche als Vorbild genommen werden und messbare Ziele vorgegeben werden. Daneben sind auch motivationale Aspekte zu berücksichtigen, die die Mitarbeiter unterstützen sollen, hinsichtlich ihrer eigenen Kreativität und Leistungsbereitschaft. Diese Aspekte müssen natürlich auch durch entsprechende Vergütungssysteme oder immaterielle Anreize unterstützt werden, also durch eine qualitäts- und leistungsorientierte Unternehmenskultur. Benchmarks sind keine statischen Größen oder Prozesse. Methoden und Dienstleistungen sind dem Wettbewerb, gesetzlichen Änderungen, technischen Innovationen, geänderten Kundenwünschen und dem gesamtgesellschaftlichem Wertewandel unterworfen. Benchmarks sollen „evergreen" gehalten werden, also den jeweiligen Veränderungen angepasst werden.

Erfolgsfaktoren für Benchmarking

- Verpflichtung und aktive Unterstützung (Commitment) des gesamten Managements

- Klares und umfassendes Verständnis der eigenen Arbeitsabläufe als Grundlage für den Vergleich mit den besten Methoden und Verfahren der Branche

- Bereitschaft zu Innovation auf Grundlage der Benchmarking-Ergebnisse

- Erkenntnis, dass Benchmarking ein kontinuierlicher Prozess ist und die Konkurrenz sich ebenfalls ständig verbessert, bzw. sich den Kundenwünschen anpasst

- Bereitschaft, sich mit Benchmarking-Partnern auszutauschen

- Die Konzentration auf die Besten der Branche

- Aufgeschlossenheit Innovationen gegenüber und Kreativität bei der Übertragung auf die eigene Unternehmung

- Systematischer und methodischer Benchmarking-Prozess

- Institutionalisierung des Benchmarkings

Am Anfang des Benchmarking werden die Projektverantwortlichen bestimmt und die Definition der Berichtspflichten vorgenommen, wann und in welcher Form der Geschäftsleitung berichtet werden soll. Der nächste Schritt ist die Definition der genauen Aufgabenstellung, z. B. durchschnittliche Wartezeiten zu reduzieren, um damit die bearbeiteten Fallzahlen zu erhöhen und bestimmte Effekte, z. B. Personalkostenreduktion um 15 %, zu realisieren. Danach folgt die Planung der einzelnen Arbeitsschritte, z. B. Aufbau einer Datenbank, Einführung einer speziellen Softwarelösung, Vorabinformation für externe Teilnehmer am Benchmarking, um Mehrfachbesuche zu vermeiden. Im Anschluss daran erfolgt die Zuordnung der benötigten Ressourcen, z. B. Schulungsbedarf für Mitarbeiter, Investitionen für EDV und Software. Schließlich wird ein Zeitplan aufgestellt, z. B. wann sollen die durchschnittlichen Fallbearbeitungszeiten aller externen Teilnehmer im Unternehmen vorliegen? Der Benchmarking-Prozess gliedert sich systematisch in:

- **Planung**
  - Bestimmung, was einem Benchmarking unterzogen werden soll
  - Identifikation der vergleichbaren Unternehmungen
  - Bestimmung der Methode der Datenerhebung und Datensammlung

- **Analyse**
  - Analyse der Leistungsdefizite
  - Einschätzung der zukünftigen Leistungsfähigkeit

- **Integration**
  - Darstellung und Diskussion der Ergebnisse
  - Entschluss, die Leistungslücke zu überwinden

- **Aktion**
  - Zielplanung
  - Zielumsetzung

- **Reife**
  - Benchmarkingziele erreicht
  - Neue Praktiken im Produktionsprozess integriert
  - Erneutes Benchmarking

Durchführung von Benchmarking

Systematisch wird Benchmarking in folgenden Schritten durchgeführt:

- Auswahl der Funktionen und Prozesse
- Bildung des Benchmark-Teams
- Identifikation der Kennzahlen
- Identifikation der Benchmark-Organisationen
- Leistungsmessung in der eigenen Organisation
- Leistungsmessung der Benchmark-Organisationen
- Leistungsabgleich, Stärken-Schwächen-Profil
- Aktionsplanung zur Leistungssteigerung
- Durchführung des Aktionsplanes
- Aktualisierung der Benchmarks
- Erneute Durchführung des Benchmarkings in regelmäßigen Abständen

Internes Benchmarking

Bei einem internen Benchmarking werden gleiche Abteilungen einem Benchmarking unterzogen, um die beste Abteilung zu identifizieren und Lernprozesse innerhalb der Unternehmung in Gang zu setzen oder interne Wettbewerbe durchzuführen, z. B. die Fehlerquote bei Montagebändern, bei denen die Fehlerquote jeden Tag an den Bändern erfasst und über große Tafeln für alle Mitarbeiter sichtbar dargestellt wird. Die besten Teams können dann auf Grund ihrer Leistung eine Prämie erhalten. Die Auswahl von Mitbewerbern fällt hierbei weg. Internes Benchmarking kann nur in großen Organisationen durchgeführt werden, die über gleiche Funktionen im Unternehmen verfügen mit entsprechenden Abteilungen. Ist dies der Fall, können diese Abteilungen gegeneinander in Wettbewerb treten. Daten und Informationen müssen schnell und unkompliziert erhoben werden können, Fragen des Datenschutzes müssen vorher geklärt sein, z. B. verfügt eine Stadtverwaltung einer Großstadt über 17 Außenstellen des Sozialamtes. Hier können geeignete Daten erhoben werden, z. B. Bearbeitungszeiten, Höhe der Leistungen pro Klient, Dauer des Sozialhilfebezuges, Anzahl der Vermittlungen in den ersten Arbeitsmarkt. Diese Form des Benchmarkings kann dazu dienen, Schwachstellen im eigenen Haus zu identifizieren und weiterhin dazu führen, eine interne Funktion dauerhaft einem regelmäßigem Benchmarking zu unterziehen. Darüber hinaus können Schwerpunkte gesetzt werden für ein externes Benchmarking.

Externes Benchmarking

Bei diesem Benchmarking werden die Besten der jeweiligen Branche als Vorbild genommen, an denen eigene Arbeitsabläufe und Qualitätsstandards gemessen werden, z. B. die Entwicklungszeit eines PKW von der ersten Entwurfszeichnung bis zur Serienreife und Markteinführung. Beim externen Benchmarking werden Arten von Leistungslücken versucht zu identifizieren, um durch vergleichende Analyse der Lücke Verbesserungspotential für die eigene Güterproduktion zu erkennen. Weiterhin wird die „best practice" gesucht, also die Methode, die sich als überlegen erweist und durch die die Leistung der

Unternehmung signifikant höher ausfällt. Nach diesen Schritten ist es nun an der Zeit, eine Prognose abzugeben, wann die negative Lücke, also der Abstand zur Benchmark, geschlossen werden kann. Die strategischen Ziele zur Schließung der Lücke werden dabei in strategische Pläne und taktische Aktionen umgesetzt, die dann zukünftig zu Spitzenleistungen führen sollen.

Der Benchmarking-Prozess gliedert sich dabei in zehn Schritte (nach Camp 1994):

Schritt 1: Identifizierung der Leistung

War das Thema der Benchmarking-Studie abgeleitet von der Mission der Funktion und dem Leistungsspektrum der Unternehmung?

War die ausgewählte Leistung kritisch für den Erfolg der Funktion?

Bezog sich das Benchmarking auf Methoden und Verfahren genauso wie auf die wichtigsten Leistungsmetriken?

Wurden Gegenstand und Zweck der Benchmarking-Studie mit dem Management und den Kunden auf deren Zustimmung hin untersucht?

Schritt 2: Identifizieren vergleichbarer Unternehmen

Waren die ausgewählten vergleichbaren Organisationen die besten Wettbewerber, z. B. mit dem größten Marktanteil oder in funktionaler Sicht führende Unternehmen, z. B. mit neuester technischer Ausstattung?

Wurden alle Arten des Benchmarking bei der Identifikation der funktional besten Industrieführer in Betracht gezogen?

Schritt 3: Bestimmung der Methode der Datensammlung

Wurde vor der Datensammlung ein Fragebogen vorbereitet?

Wurden die Fragen einem Test unterzogen?

4. Strategien für Qualitätsverbesserung

Wurden interne Quellen ausgeschöpft?

Wurden öffentlich zugängliche Quellen ausgeschöpft?

Wurden eigene Untersuchungen und wissenschaftliche Quellen ausgeschöpft?

Schritt 4: Bestimmung der aktuellen Leistungslücke

Wurden durch die Benchmarking-Erkenntnisse Unterschiede bei den Praktiken identifiziert?

Zeigten die Praktiken, aus welchen Gründen die Unterschiede bestanden?

Wurde eine Lücke identifiziert?

Schritt 5: Projektion des zukünftigen Leistungsniveaus

Wurde bei der Projektion der Lücke das Fachwissen über entsprechende Trends der Branche berücksichtigt?

Wurden aus der Lücke Konsequenzen in Form von taktischen und strategischen Aktionen erkannt und verstanden?

Schritt 6: Festlegung der betrieblichen Ziele

Wurden die Erkenntnisse der betroffenen Organisationseinheit kommuniziert?

Wurden alle Methoden, Akzeptanz zu erreichen, berücksichtigt?

Schritt 7: Entwicklung betrieblicher Aktionspläne

Wurden betriebliche Ziele untersucht, um Benchmarking-Prozesse zu berücksichtigen?

Wurden Benchmarking Praktiken klar und deutlich herausgearbeitet, um darzustellen, wie die Industrieführer ihre Spitzenleistung erzielen?

Schritt 8: Ausführen bestimmter Aktionsschritte

Zeigen die Aktionspläne klar, wie die Lücke geschlossen wird?

Wurde der Aktionsplan durchgeführt?

Schritt 9: Kontrolle und Dokumentation des Fortschrittes

Wurden die Benchmarks in den Management- und Finanzprozess einbezogen?

Wurde ein Kontrollprozess eingeführt?

Schritt 10: Rekalibrierung[1] und Reife

Gibt es einen Plan für die Rekalibrierung?

Wurden Benchmarks institutionalisiert?

Wurde eine Führungsposition erreicht?

Funktionales Benchmarking

Beim funktionalen Benchmarking werden bestimmte Funktionen über Benchmarking erfasst; die Branche ist hierbei unerheblich, da es sich um Funktionen handelt, die in allen Brachen anzutreffen sind, etwa der EDV-Einsatz. Im Vergleich zur Privatwirtschaft müssen Verbände und öffentliche Sozialverwaltung beim externen Benchmarking andere

---

1) Rekalibrierung bedeutet in diesem Zusammenhang, die Benchmarks in regelmäßigen Abständen auf den neuesten Stand zu bringen, um sicherzugehen, dass sie auf dem aktuellen Stand der Methoden und Praktiken basieren.

135

Wege gehen, um sich zu messen, da es im eigentlichen Sinn häufig um keine Konkurrenten oder Marktführer handelt. Auf kommunaler Ebene werden schon seit Jahren Benchmarks zwischen Städten vergleichbarer Größe erhoben, sie hießen jedoch interkommunaler Vergleich, häufig dokumentiert durch Unterlagen und Zahlen der Kommunalen Gemeinschaftsstelle für Verwaltungsvereinfachung (KGSt) in Köln. Weitere Möglichkeiten, Benchmarking durchzuführen und entsprechende Daten zu erhalten, bietet z. B. die Bertelsmannstiftung, die im Rahmen ihrer Stiftungstätigkeit Zahlen der Kommunen erhebt und entsprechende Untersuchungen durchführt. Unternehmensberater werden mit interkommunalen Vergleichen beauftragt.

Auch ist es möglich, für Sozialverwaltungen und Wohlfahrtsverbände Qualitätsnetze aufzubauen, in denen regelmäßig Erfahrungen hinsichtlich der Qualitätsverbesserung der sozialen Arbeit ausgetauscht werden können. Hilfreich als Datenquellen können dabei z. B. sein: Fachmagazine, Seminare, Universitäten/Fachhochschulen, Forschungsberichte, Anzeigen, Wettbewerbe/Preisausschreiben, eigene Forschung, Mitarbeiterbefragung, Kundenbefragung und Telefonumfragen in der Bevölkerung.

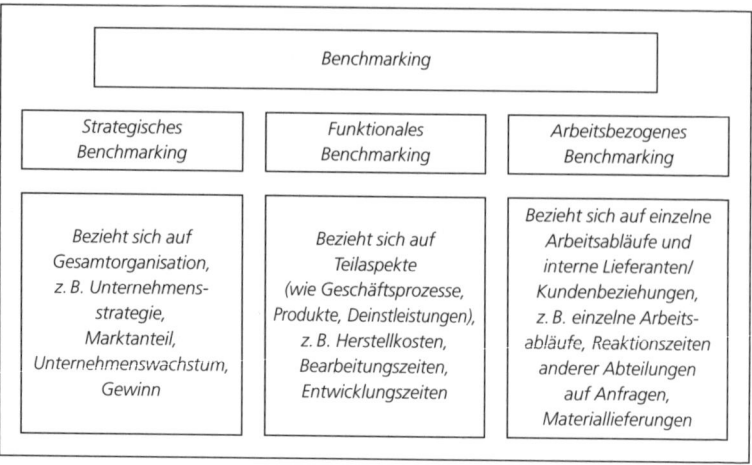

Benchmarking		
Strategisches Benchmarking	Funktionales Benchmarking	Arbeitsbezogenes Benchmarking
Bezieht sich auf Gesamtorganisation, z. B. Unternehmensstrategie, Marktanteil, Unternehmenswachstum, Gewinn	Bezieht sich auf Teilaspekte (wie Geschäftsprozesse, Produkte, Deinstleistungen), z. B. Herstellkosten, Bearbeitungszeiten, Entwicklungszeiten	Bezieht sich auf einzelne Arbeitsabläufe und interne Lieferanten/ Kundenbeziehungen, z. B. einzelne Arbeitsabläufe, Reaktionszeiten anderer Abteilungen auf Anfragen, Materiallieferungen

Vor und Nachteile einzelner Benchmarking-Verfahren		
Art	Vorteil	Nachteil
Internes Benchmarking	Datenerfassung unkompliziert Gute Durchführbarkeit	Begrenzter Blickwinkel, Gefahr der Nabelschau
Wettbewerbs-orientiertes Benchmarking	Geschäftsrelevante Informationen Leistungen/Prozesse vergleichbar Relativ hohe Akzeptanz Eindeutige Positionierung im Wettbewerb	Schwierige Daten-erfassung Relativ hoher Kosten- und Zeitaufwand Gefahr des blinden „Kopierens"
Funktionales Benchmarking	Relativ hohes Potential für innovative Lösungen Vergrößerung des Ideenspektrums	Schwierige Umsetzung von branchenfremden Lösungen Zeitaufwendige Analyse

Interessantes Praxisbeispiel

Wie Benchmarking in der Praxis aussieht, soll das Beispiel Essen verdeutlichen. Das Benchmarking zeigt, dass Benchmarking auch bei Sozialverwaltungen angewendet werden kann, auch wenn einige Prämissen wie z. B. Wettbewerb oder Orientierung am Marktführer nicht gegeben sind. Durch unterschiedliche Verwaltungspraxis lassen sich Rückschlüsse bilden auf die eigene Position innerhalb vergleichbarer Großstädte. Im vorliegenden Fall wurde unter Beteiligung der Unternehmensberatungsfirma Kienbaum ein Kennzahlenvergleich der kommunalen Sozialverwaltungen durchgeführt, die als Großstädte (Klasse I) gemäß einer Statistik der KGSt gewertet werden und damit vergleichbar sind. Für das Jahr 1995 wurde ein Kennzahlenvergleich im Sozialamt hinsichtlich der Sozialhilfe und hier bei der Hilfe zum Lebensunterhalt durchgeführt, an dem sich 13 der größten Städte in der Bundesrepublik beteiligten. Mit der weiteren Aufnahme in den Vergleich von Berlin und Dresden wurde im Jahr 1997 der Vergleich weitergeführt.

4. Strategien für Qualitätsverbesserung

Benchmarks in Essen waren:

- Höhe der einmaligen Sozialhilfe pro Fall (inkl. Familienangehörige)
- Höhe der einmaligen Sozialhilfe pro Person
- Fallzahlenentwicklung, Zu- und Abgänge
- Beihilfen für Bekleidung
- Beihilfen für Hausrat

Bei der Höhe der einmaligen Sozialhilfe pro Fall und pro Person ergab sich im Benchmarking, dass Essen im Vergleich zu den anderen Großstädten 1995 deutlich über dem Durchschnitt lag. Diese Kennzahlen waren Grundlage und Auslöser für die Suche nach Lösungen, um zukünftig im Vergleich besser abzuschneiden. Dabei wurden verschiedene Maßnahmen zur Ausgabenreduktion eingeleitet. Durch diese Maßnahmen verringerte sich der Aufwand pro Fall (inkl. Familienangehörige) von 2256 DM im Jahre 1995 auf 2007 DM im darauf folgenden Jahr 1996, was einer Einsparung von 11% entspricht. Die Aufwendungen für einmalige Sozialhilfeleistungen pro Person konnten von 1269 DM auf 1135 DM reduziert werden, ebenfalls eine deutliche Minderung der Ausgaben um 10,6%. Im Jahr 1996 lagen die einmaligen Sozialhilfeleistungen pro Fall um 14 DM über dem Durchschnitt der Vergleichsstädte (1993 DM), bei den einmaligen Sozialhilfeleistungen pro Person um 44 DM über dem Durchschnitt der Vergleichsstädte (1091 DM). Das Benchmarking wurde 1997 fortgesetzt und folgte weiter dem Abwärtstrend bei den Ausgaben. Wiederum wurden die Ausgaben bei den Fällen um 10% reduziert von 2007 auf 1803 DM, und bei den Personen war ein Minus von 11% von 1135 auf 1009 DM zu verzeichnen. Damit lagen im Jahr 1997 die jährlichen einmaligen Leistungen pro Fall und pro Person unter dem Durchschnitt der Vergleichsstädte.

Die Höhe der Aufwendungen eines Sozialhilfeträgers wird neben den Faktoren „Regelsatz" und Wohnungsmiete wesentlich von der Zahl der Personen bzw. Haushalte mit Bezug von laufender Hilfe zum Lebensunterhalt beeinflusst. Im Rahmen des Städtevergleichs wird der Anteil der Fallzugänge und Abgänge gemessen. In Essen lagen nach drei Jahren die Fallzugänge in absoluten Zahlen unter denen der Fallabgänge.

Fallzugänge, Durchschnitt aller Vergleichsstädte	54,6
Essen 1995	53,5
Essen 1996	45,7
Essen 1997	36,1

Fallabgänge, Durchschnitt aller Vergleichsstädte	41
Essen 1995	51,2
Essen 1996	34,4
Essen 1997	37,9

Weiterhin wurden Benchmarkings durchgeführt in folgenden Bereichen und mit folgenden Resultaten:

Jahresausgaben der laufenden Hilfe zum Lebensunterhalt je Fall – Durchschnitt aller Vergleichsstädte	9511 DM
Essen 1995	9454 DM
Essen 1996	9106 DM
Essen 1997	9204 DM

Jahresausgaben der laufenden Hilfe zum Lebensunterhalt pro Person – Durchschnitt aller Vergleichsstädte	5306 DM
Essen 1995	5318 DM
Essen 1996	5148 DM
Essen 1997	5148 DM

Nach § 15 BSHG Beihilfen für Bekleidung Durchschnitt aller Vergleichsstädte	538 DM
Essen 1995	640 DM
Essen 1996	558 DM
Essen 1997	494 DM

Nach § 15 BSHG Beihilfen für Hausrat Durchschnitt aller Vergleichsstädte	347 DM
Essen 1995	461 DM
Essen 1996	421 DM
Essen 1997	364 DM

Wie das Beispiel gezeigt hat, ist eher von einem Vergleich mit Orientierung am Durchschnitt zu sprechen, aber die ersten Elemente eines Benchmarkings sind bereits vorhanden, sie sind regelmäßig, sie sind statistisch aussagekräftig mit genau definierten Kennzahlen und lassen auch die Entwicklungen anderer Kommunen deutlich werden. Die Kommunen legen deshalb so großen Wert auf die Ausgabenseite an den Gesamtkosten, die die Sozialhilfe mit all ihren unterschiedlichen Leistungen nach dem Bundessozialhilfegesetz vorsieht, weil die Personalkosten lediglich etwa 5% der Gesamtkosten in diesem Bereich ausmachen. Das bedeutet, die Verbesserung der Ergebnisqualität, d.h. u.a., die Prüfung rechtmäßiger Ansprüche, die Vermittlung in Arbeit und die konsequente Verfolgung von Ansprüchen gegen Dritte wie z.B. die übergeleiteten Unterhaltsansprüche, zeigen einen erfolgreichen Weg der Steigerung der Ergebnisqualität bei sinkenden Kosten. Die Erhöhung der Prüfkosten fällt dabei deutlich unterproportional ins Gewicht. Ähnliche Benchmarks sind auch für freie Wohlfahrtsverbände denkbar, etwa im Bereich der Jugendhilfe. Hier kann nicht nur eine erhöhte Effizienz erreicht werden; durch innovative Konzepte in der Sozialarbeit und entsprechende Leistungsverträge und neue Finanzierungsformen könnten sich neue und professionellere Wege in der Sozialarbeit auftun (Knorr, Scheppach 1998).

7. Silent/Mystery Shopper

Um die Effektivität von Dienstleistungen möglichst neutral beurteilen zu können, kann, wo immer es möglich ist, eine externe Firma mit der Qualitätsprüfung beauftragt werden. Eine Methode, die von Externen eingesetzt werden kann, ist das Mystery Shopping. Mystery Shopping bedient sich einer verdeckten Methode der Prüfung, bei dem sich ein Mitarbeiter der beauftragten Firma als Kunde ausgibt und so die Qualität der Dienstleistung beurteilen kann. Zum Beispiel kann eine Handelskette, die Computer vertreibt, besucht werden, um zu prüfen, ob tatsächlich ein professionelles Dienstleistungsangebot gemacht wird. Weitere Aspekte können je nach Art des Dienstleisters hinzu kommen. Mystery Shopping kann in Form von Telefonaten oder Briefen stattfinden. Hier werden die Lieferanten nicht persönlich aufgesucht, sondern brieflich oder telefonisch um bestimmte Serviceleistungen gebeten. Auch kann z.B. das Kommunikationsmittel Telefon geprüft werden, etwa, wie ist die telefonische Erreichbarkeit eines Versandhandels, wie oft klingelt das Telefon, wie ist die telefonische Erreichbarkeit der

Sachbearbeiter, wie freundlich ist die Telefonzentrale usw. Jeder Aspekt der Dienstleistung kann mit einer Punktzahl versehen werden. Die Addition aller Punktzahlen ergibt ein Gesamtbild des Dienstleisters und hilft, Schwachstellen aufzudecken und Fehler zu eliminieren. Weite Verbreitung finden diese Methoden in der Privatwirtschaft, etwa wenn es um Bankdienstleistungen geht oder die Freundlichkeit und Servicequalität von Kaufhauspersonal evaluiert werden soll.

Bei diesem Modell wird unterstellt, dass Kunden Produkte und Dienstleistungen vergleichen und beurteilen. Die Kaufentscheidung kann u. U. in wenigen Sekunden fallen, die Entscheidungen beruhen auf informellen, sachlichen Gründen, aber sie sind auch emotionalen Ursprungs, etwa wenn ein hervorragendes Produkt von einem schlecht gelaunten demotivierten Verkäufer angeboten wird, entscheidet sich der Kunde für ein anderes Produkt – aber auch umgekehrt, wenn ein Verkaufsprofi ein überteuertes oder schlechtes Produkt verkauft. Für den Kunden zählen hauptsächlich:

- Qualität und Preis der Produkte und Dienstleistungen

- Positiver Eindruck beim Kundengespräch

- Vorerfahrungen mit dem Anbieter

Drei Fragen stehen dabei im Vordergrund:

- Wie kommt es zur Kaufentscheidung?

- Warum kauft der Kunde ausgerechnet an diesem Ort (point of sale)?

- Erlebt der Kunde die Vorteile des Produktes oder der Dienstleistung so, wie sich der Anbieter es sich wünscht und vorstellt?

Um diese Fragen zu beantworten, wird der Silent Shopper eingesetzt. Bei den so genannten Testkäufern gehen Mitarbeiter einer entsprechenden Firma in ein vorher vereinbartes Geschäft, schauen sich um, führen Verkaufsgespräche, erkundigen sich nach Serviceleistungen, sie verhalten sich wie normale Kunden. Nach dem Verlassen des Hauses füllen sie einen Fragebogen aus und schildern ihre Eindrücke und Erfahrungen. Jeder Testbesuch wird anhand dieses Testbogens dokumentiert und festgehalten. Dies kann in geschlossener Form anhand einer Checkliste geschehen oder in mehr deskriptiver Art und Weise, etwa bei der Beurteilung von Spitzenrestaurants. Es ist auch möglich, eine Bewertung aller relevanten Kriterien durch Punkte und eine deskriptive Situationsschilderung in freier Form durchzuführen. Drei Testtypen lassen sich differenzieren:

- **Testkauf**
  Testkäufe dienen der Überprüfung der Beratungs- und Bedienungsqualität der Verkaufspersonals. Jedes untersuchte Verkaufsgespräch, beginnend mit der Kontaktaufnahme bis zum Gesprächsabschluss, wird mit Punkten oder Noten bewertet und kann auch ausführlich durch einen freien Bericht dokumentiert werden, der ggf. entsprechende Schulungsmaßnahmen anregt.

- **Filial-Check**
  Filial-Checks sind abteilungsübergreifende Tests zur Überprüfung einer kompletten Filiale. Im Vordergrund bei diesen Checks steht nicht mehr das einzelne Verkaufsgespräch, sondern die gesamte Filiale. Wie bei den Testkäufen werden alle relevanten Kriterien untersucht und mit Punkten bewertet und durch einen freien Bericht dokumentiert, der auch Verbesserungsvorschläge enthält.

- **Service-Check**
  Der Service-Check untersucht das Angebot an Serviceleistungen und ihre Abwicklung. Dabei wird neben den Kenntnissen des Personals über Preise und Modalitäten der Dienstleistungen auch die Qualität der tatsächlichen Abwicklung beurteilt, z. B. bei Reklamationen.

Folgende Fragen werden dabei beurteilt:

- Wo liegen die Stärken und Schwächen der Verkäufer?

- Wo besteht Schulungsbedarf, bzw. werden die Lerninhalte der bereits durchgeführten Schulungen im Berufsalltag umgesetzt?

- Werden die Vorgaben der Geschäftsleistung auch gelebt (Unternehmenskultur)?

- Wie schneiden die einzelnen Filialen im unternehmensinternen Vergleich ab (internes Benchmarking)?
- Wie kommt die Dienstleistung beim Kunden an?
- Wo steht das Unternehmen im Vergleich zu den Mitbewerbern (externes Benchmarking)?

Gemeinsam mit dem Auftraggeber werden die Ziele und der Ablauf der Testaktion festgelegt. Kernpunkt ist die Entwicklung eines Untersuchungsdesigns, das die Ziele des Auftraggebers optimal erfasst. Ein Einsatzplan für die Testkäufer hinsichtlich des örtlichen und zeitlichen Ablaufs wird erstellt. Nach der Durchführung der Testkaufaktion erhält der Auftraggeber eine umfassende Abschlussdokumentation mit:

- Statistischen Auswertungen
- Grafischer Aufbereitung
- Ergebnisbericht zur gesamten Aktion
- Dokumentation jedes einzelnen Gesprächs

Die Qualität der Testkaufanalyse hängt im Wesentlichen von der Sorgfalt und dem Verantwortungsbewusstsein der Testkäufer ab; Qualitätsinstrumente für die Mitarbeiter sind dabei:

- Einweisungsgespräche mit dem Testkäufer, worum es bei dem vorliegenden Auftrag primär geht, welche Instrumente eingesetzt werden sollen
- Ausführliche Briefings, wie sich der Testkäufer zu verhalten hat
- Kontrollen der Testkäufer, ob sie ihre Aufgabe entsprechend den Vorgaben erfüllen

Beispiel:

- *Hoteldienstleistung*:
  Die Gesamtleistung Hotelunterbringung wird in Teilleistungen aufgesplittet, die jeweils ein wesentliches Qualitätsmerkmal aufweisen, das mit einer Punktzahl versehen wird. Die Einzelbeurteilungen ergeben das Gesamtqualitätsurteil.

- *Computerhersteller:*
  Es können Mitarbeiter einer Mystery-Shopping-Agentur die Servicequalität einer einzelnen Verkaufsfiliale eines Computerherstellers mit folgender Checkliste überprüfen und mit Noten von 1 (sehr gut) bis 6 (ungenügend) bewerten:
  - Kontaktaufnahme zum Kunden
  - Freundlichkeit des Verkäufers
  - Motivation des Verkäufers
  - Kompetenz des Verkäufers
  - Arbeitstempo des Verkäufers
  - Flexibilität des Verkäufers
  - Preis/Leistungsverhältnis
  - Gesamtnote

  Erfolgt darüber hinaus ein Vergleich mit der Konkurrenz, erhält man die gleichen Benchmarks wie oben, jedoch erweitert um:
  - Preis/Leistung im Vergleich zu den Mitbewerbern
  - Gesamtnote im Vergleich zu den Mitbewerbern

Ein relativ einfaches Modell veranschaulicht nachfolgende Grafik.

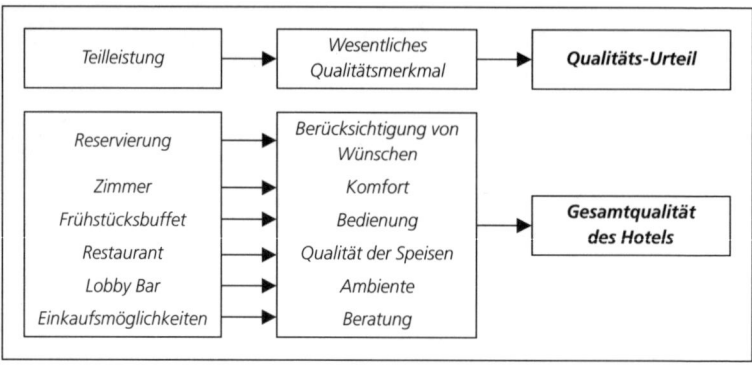

Prinzipiell eignet sich das Verfahren sehr gut auch für freie Wohlfahrtsverbände und Sozialverwaltungen. Schwierig wird es allenfalls dann, wenn sich z. B. eine Testkäuferin in einer Schwangerschaftsberatungsstelle als schwanger darstellt, um die Beratungsqualität zu beurteilen, oder wenn ein Testkäufer an einer Arbeitsbeschaffungsmaßnahme teilnehmen möchte. Hier ist jeder Einzelfall zu überlegen, wann und wo ein Silent Shopper eingesetzt werden kann, vor allem auch unter rechtlichen Gesichtspunkten. Erfahrungen auf dem sozialen Sektor liegen in Deutschland noch nicht vor.

8. Kaizen

Das japanische Wort Kaizen bedeutet kontinuierliche Verbesserung und wird in der japanischen Sprache für jede Art von Verbesserung verwendet. Im Deutschen hat sich der Begriff Kontinuierlicher Verbesserungsprozess (KVP) eingebürgert. Kaizen wird verstanden als strategisches Konzept der kontinuierlichen Verbesserung in kleinen Schritten in allen Unternehmensbereichen und durch alle Beschäftigten, um die Effizienz zu erhöhen und Kosten einzusparen. Dabei sollen die Qualität der Produkte und Dienstleistungen und die Produktivität ständig steigen. Ursprünge des Kaizen liegen in der japanischen Autoindustrie der 50er Jahre. Der Amerikaner Deming stellte in Japan seinen PDCA-Kreislauf oder auch Deming-Kreislauf vor (Plan Do Check Action to enhance Quality):

- **Plan:** Planen als Ausarbeiten eines Verbesserungsvorschlages

- **Do:** Tun, als Durchführung der geplanten Maßnahmen durch die Arbeiter mit eigenverantwortlicher Verbesserung

- **Check:** Checken/Überprüfen der Wirksamkeit der Maßnahmen durch das Management

- **Action:** Aktion, bei Erreichen der Verbesserungsziele wird das neue Qualitätsniveau institutionalisiert

Deming betonte die enge Zusammenarbeit zwischen Forschung, Konstruktion, Fertigung und Vertrieb. Auf das Unternehmen bezogen ergeben sich drei Ebenen des Kaizen und jeweils eine Ebene für Gruppen bzw. Einzelpersonen:

- Kaizen für die Geschäftsführung/Topmanagement in Bezug auf die Verbesserung der Unternehmenssteuerung
  - Kaizenstrategien einführen und Ressourcen bereitstellen
  - Kaizenprozess leiten, fördern durch Strategien und Leitbildentwicklung
  - Systeme, Verfahren und Techniken zur Kaizeneinführung unternehmensweit festlegen
  - Aufgabenverteilung und Verantwortliche bestimmen
- Für das mittlere Management
  - Bereichsziele festlegen
  - Standards setzen und kontinuierlich verbessern
  - Weiterbildungsmaßnahmen durchführen
  - Delegation von Verantwortung auf Gruppen
- Für Sachgebiets-/Gruppenleiter
  - Kaizenkonzept vermitteln und vorleben
  - Kaizenphilosophie mit den Mitarbeitern in praktische Arbeit umsetzen
  - Gruppenaktivitäten initiieren, unterstützen und fördern
- Kaizen für Gruppen
  - Verbesserung der Gruppenarbeit und ihrer Arbeitsverfahren
- Kaizen für Einzelpersonen
  - Verbesserung des eigenen Arbeitsbereiches
  - Mitarbeit an Kaizenstrategien
  - Analyse eigener Arbeitsprozesse als KVP
  - Teilnahme an Weiterbildungsveranstaltungen
  - Projektarbeit unterstützen und Verbesserungsvorschläge entwickeln

Bekannt geworden ist der Kaizen-Schirm nach Imai:

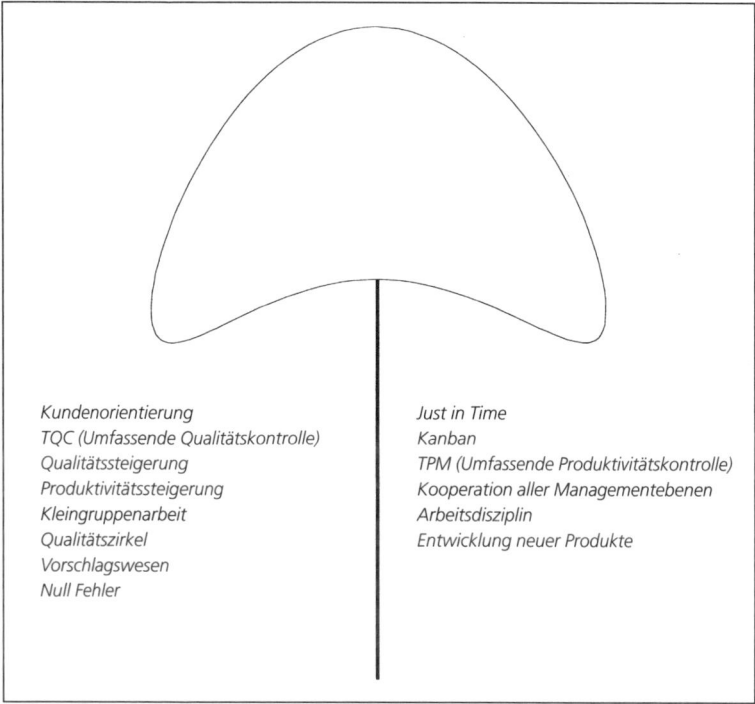

Kundenorientierung
TQC (Umfassende Qualitätskontrolle)
Qualitätssteigerung
Produktivitätssteigerung
Kleingruppenarbeit
Qualitätszirkel
Vorschlagswesen
Null Fehler

Just in Time
Kanban
TPM (Umfassende Produktivitätskontrolle)
Kooperation aller Managementebenen
Arbeitsdisziplin
Entwicklung neuer Produkte

Eine Besonderheit beim Managementverständnis ist der Begriff funktionsüberschneidendes Management. Es bedeutet das Management als Koordination der Tätigkeiten verschiedener Organisationseinheiten zur Erreichung funktionsüberschneidender Ziele, wie etwa Kundenzufriedenheit, Qualitätssicherung und Kostensenkung. Diese Ziele sollen Vorrang vor den Abteilungszielen genießen. Erreicht werden soll dies durch:

- Übergreifende Gruppenarbeit auf allen Ebenen
- Kaum Spezialisierung, Jobwechsel über die Abteilungsgrenzen hinweg
- Häufiger Aufgabenwechsel alle drei bis fünf Jahre
- Jeder Mitarbeiter wechselt seinen Job.
- Beförderungen basieren auf den erlernten Fähigkeiten im Laufe der Betriebszugehörigkeit.

4. Strategien für Qualitätsverbesserung

Dies bedeutet aber auch zu beachten, dass in Japan entsprechende Rahmenbedingungen – zumindest für Großunternehmen – gegeben sind, die zumindest im öffentlichen Dienst und bei Verbänden auch zum Teil vorliegen:

- Lebenslange Beschäftigung mit Garantie für fest angestellte Mitarbeiter, dass sie bis zur Pensionierung im Unternehmen beschäftigt werden

- Jishu kanri, dies bedeutet die freiwillige Mitwirkung und Bereitschaft des Mitarbeiters, in den verschiedensten Bereichen der Organisation zu arbeiten

- Seniorität, Gehaltserhöhungen erfolgen aufgrund von Dienstjahren. Der Arbeitsplatzwechsel im Unternehmen wird erleichtert, da das Gehalt „mitgenommen" werden kann, unbeachtlich der tatsächlich ausgeübten Funktion.

Kaizen benötigt zur erfolgreichen Implementation Grundsätze des partizipativ-kooperativen Managements, die Unternehmenskultur ist dabei von herausragender Bedeutung. Kaizen lebt von der Eigenverantwortung jedes einzelnen Mitarbeiters, der die wertvollste Ressource im Produktionsprozess darstellt. Kaizen wird getragen von Visionen, Leitbildern, Zielen und Grundsätzen.

Diese Unternehmenskultur des Kaizen bedeutet z. B.:

- Möglichkeit, Fehler zu begehen, ohne direkt bestraft zu werden

- Trotz Fehlertoleranz die innere Einstellung, Fehler vorausschauend zu vermeiden

- Teamarbeit auf allen Ebenen und abteilungsübergreifend

- Delegation der Verantwortung so weit wie möglich nach unten

- Erfolgsbeteiligung

- Transparenz und Vertrauen zwischen den einzelnen Abteilungen

- Disziplin am Arbeitsplatz

148

Damit diese Unternehmensphilosophie auch lebendig ist, gehört zu Kaizen das „visible Management", das bedeutet, dass Mitarbeiter möglichst umfassend über Zahlen und Daten des Unternehmens informiert werden und mit den Vorgesetzten über diese Informationen sprechen können. Voraussetzung für ein gelebtes Kaizen ist ein ständiger Informationsfluss zwischen sämtlichen Beteiligten und eine vertrauensvolle Zusammenarbeit auf allen Hierarchie-Ebenen und Abteilungen.

Wie diese Unternehmensphilosophie in einem Jugendamt lebendig werden könnte, verdeutlicht folgendes Beispiel:

Beispiel:

- **Monatlich**
  - Bekanntgabe der Besucherzahlen
  - Bekanntgabe der Zahl der Antragstellungen
  - Aktuelle Probleme im Tagesgeschäft
  - Abgeschlossene Fälle
  - Durchschnittliche Wartezeiten
  - Kosten der Einrichtung

- **Quartal**
  - Gleiche Daten wie monatlich und Abgleich mit Plandaten
  - Neue Entwicklungen und Trends
  - Personalwirtschaftliche Angelegenheiten
  - Qualitätsdiskussionen

- **Jährlich**
  - Jahresabschluss mit Vergleich der Plandaten zu den Ist-Daten, z. B. Summe der Neufälle im Vergleich zu Plandaten
  - Summe der abgeschlossenen Fälle
  - Neue Trends und Entwicklungen

- Planbesprechung für das kommende Jahr
- Gesamtkosten der Außenstelle
- Gesamtkosten der veranlassten Hilfsmaßnahmen, gegliedert nach einzelnen Hilfearten
- Fehleranalyse bei Planabweichungen
- Einberufung eines Qualitätszirkels für identifizierte Probleme
- Aushang der Daten in der Außenstelle

In einem weiteren Prozess können diese Daten für ein internes Benchmarking genutzt werden, um die „erfolgreichste" Außenstelle zu identifizieren und mit einer Erfolgsprämie zu belohnen. Weiterer positiver Effekt ist eine interne Konkurrenzsituation zur Verbesserung der Qualität der Arbeit in einem KVP-Prozess, der am Ende eines Jahres veröffentlicht wird.

Wie das kurze Beispiel schon erläuterte, wird nur anhand von Daten und Fakten miteinander gesprochen, Kaizen wird aufgrund von durch entsprechende statistische Methoden erhobenem Datenmaterial realisiert. Ziele, die erreicht werden sollen, sind u. a. produktivere Mitarbeiter, effizientere Manager und eine Unternehmenskultur, die leistungs- und qualitätsbetont ist.

Im Rahmen des Kaizen spielen Gruppen eine überragende Rolle als Instrumente der Qualitätssteigerung. Folgende Arten von Gruppen können gebildet werden:

- Teilautonome Arbeitsgruppen

- Kaizen-Gruppen

- Sonstige Gruppen

Zu den Kaizen-Gruppen zählen: Qualitätszirkel, Lernstatt, Werkstattgruppen und Verbesserungsgruppen für spezielle Themenbereiche.

Die jeweiligen Gruppen bekommen ein bestimmtes Thema zugewiesen oder wählen ihre Projekte selbst aus und schlagen sie ihren Vorgesetzten zur Bearbeitung vor. Kaizen-Gruppen sind meist auf der unteren Ebene einer Organisation angesiedelt und zwischen Unternehmen und ihrer Umwelt, z. B. mit Zulieferern. Die Teilnahme an diesen Gruppen ist freiwillig. Kaizen-Gruppen bleiben nach der Lösung eines Problems weiter bestehen im Rahmen des KVP und suchen neue Probleme, oder ihnen werden neue Aufgaben zugewiesen. Das Ziel des Kaizen ist die Fehlerlosigkeit, die durch Null-Fehler-Programme verfolgt werden soll. Fehler werden hier als Symptom eines tiefer liegenden Problems gesehen, z. B. bei Arbeitsbedingungen, Arbeitsabläufen oder technischen Hilfsmitteln.

Fehlerursachenanalyse und Fehlerbeseitigung sind genauso wichtig wie „Warua-kagen" – eine verbesserungswürdige Situation, eine Situation, die „nicht in Ordnung" ist, also noch keinen Fehler, aber einen verbesserungswürdigen Zustand beschreibt. Die Fehlerlosigkeit als Grundgedanke des Strebens nach Perfektion ist Teil der Unternehmenskultur des Kaizen. Weitere Elemente des Kaizen, die jedoch für Dienstleistungsproduktion eher eine untergeordnete Rolle spielen, sind u. a.:

„Poka Yoke" – narrensicherer Mechanismus, bezieht sich auf das Minimieren von Fehlhandlungen z. B. durch farbige Kennzeichnung von Teilen, um Verwechslungen zu vermeiden oder Vorrichtungen, die nur den korrekten Einbau eines Teiles erlauben.

„Kanban" – sichtbare Aufzeichnung, ist eine Karte zur Steuerung und Überwachung der Produktion, um einen kontinuierlichen Materialfluss ohne Lagerhaltung (just in time) zu ermöglichen.

Kaizen basiert auf systemtheoretischen Fundamenten, die ihren Ausdruck finden im „vernetzten Denken". Dabei wird dieses Denken geprägt von Vorstellungen der gegenseitigen Beeinflussung von sozialen Systemen, der Prozessorientierung und der dynamischen Orientierung von sozialen Systemen, ähnlich wie ökologische Systeme, die in gegenseitiger Wechselwirkung von einander abhängig sind und ihre eigene Steuerungslogik entwickeln, damit das Gesamtsystem überleben kann.

9. Citizens Charter

Qualität gilt allgemein als der wichtigste strategische Erfolgsfaktor in der Privatwirtschaft. Mit der Citizens Charter wird versucht, einen Wechsel von bürokratischer Anbieterdominanz hin zu konsumentenorientierter Erstellung von öffentlichen Dienstleistungen zu vollziehen. Voraussetzung hierfür ist eine lern- und innovationsfähige Organisation und eine klare Bürger-/Kundenorientierung. Die Anforderungen und die Wünsche der Kunden/Bürger müssen bei der Erstellung von Produkten und Dienstleistungen hinsichtlich der jeweiligen Adressaten der Organisationen spezifiziert werden, Qualitätsstandards entwickelt und die gesamte Aufbau- und Ablauforganisation in diesem Sinn reorganisiert werden. Alle Arbeitsprozesse richten sich am Kunden/Bürger aus. Dieser Konsumentenansatz beruht auf einem kundenorientierten Qualitätsverständnis, das von Vertretern des New Public Management vertreten wird, die eine Ökonomisierung der öffentlichen Dienstleister fordern und in diesem Zusammenhang die Konsumentenmacht stärken möchten. „Souveräne" Kunden sollen in die Lage versetzt werden, schlechte Dienstleistungen zurückzuweisen oder zu monieren, damit die Produzenten dieser Dienstleistungen veranlasst werden, ihren Service zu optimieren, oder u. U. gezwungen werden, bestimmte Geschäftsfelder, die der Kunde meidet, aufzugeben. Voraussetzung hierfür ist die Entwicklung eines Marktes oder der Aufbau von marktähnlichen Strukturen, die dem Bürger eine Wahlfreiheit zugestehen. Weitere Voraussetzung bildet die möglichst umfassende Information der Kunden/Bürger über Anbieterstruktur, Preise und Leistungen der verschiedenen Anbieter, die eine fundierte Entscheidung für einen Anbieter ermöglichen. Beispiele für eine marktähnliche Struktur – allerdings noch mit sehr viel Zukunftsmusik – bieten die Leistungsverträge der Kommunen mit freien Wohlfahrtsverbänden, bei denen die Kommunen quasi auf den Markt gehen und sich bei spezifizierten Preisen entsprechende Leistungen der freien Wohlfahrtsverbände einkaufen können. Neben einer politisch gewünschten Anbieterpluralität soll die Transparenz des Verfahrens Konkurrenz und Innovationsdruck bei den öffentlichen Verwaltungen und Verbänden erzeugen, damit ihre Servicequalität steigt bei gleichzeitiger Reduzierung der Kosten. Eine Möglichkeit, mehr Transparenz zu schaffen und dem Nutzer öffentlicher Dienstleistungen dabei entsprechende Qualitätsstandards zuzusichern, bietet die Citizens Charter. Durch die Citizens Charter sollen durch unterschiedliche Instrumente Anforderungen, Zufriedenheitsprofile und Erfolgsbewertungen der Anlass sein, die Qualität der Dienstleistung zu steigern. Hintergrund der Citizens-Charter-Bewegung in Großbritannien, die die Charter in großem Stil flächendeckend eingeführt hat, war insbesondere die vom britischen Premierminister unterstützte Initiative zur Unterstützung der von wissenschaftlicher Seite vorgetragenen Kritik an der Vernachlässigung demokratischer Prinzipien bei vorangegangenen Reformen der Thatcherregierung. In England handelt es sich dabei um ein Konzept, das den gesamten Bereich der öffentlichen Dienstleistungserstellung umfasst. Alle Dienstleistungsbereiche, auch die privatwirtschaftlich organisierten, die im öffentlichen Auftrag handeln, sollen jeweils spezifische Charter entwickeln und veröffentlichen. Ziel der Charter ist die Verbesserung der Servicequalität, Stärkung der Dienstleistungsmentalität bei den Mitarbeitern und eine verstärkte Kundenorientierung. Mit der Veröffentlichung der Standards einzelner Organisationen soll es dem Bürger ermöglicht werden, Qualitätsanspruch und Qualitätswirklichkeit miteinander vergleichen zu können. Die Charter bildet die Grundlage für Beschwerden, wenn der Bürger mit den Leistungen der Organisation nicht zufrieden sein sollte. Zu den Charter gehören klare Beschwerdeprozeduren (Beschwerdemanagement) und Kompensationen für Leistungen unter dem versprochenen Standard. Dazu gehören weiterhin Umfragen zur Ermittlung der Kundenzufriedenheit, Ausbau unabhängiger Inspektionseinrichtungen und Betriebsvergleiche von entsprechenden Einrichtungen (Benchmarking), die veröffentlicht werden. Diese Charter für öffentliche Leistungen basiert auf acht Prinzipien:

- Einführung und Aufrechterhaltung von definierten Qualitätsstandards (Qualitätssicherung). Diese Standards sind verständlich schriftlich zu formulieren und entsprechend den Bürgern/Kunden zugänglich zu machen.

- Freundlichkeit und Hilfsbereitschaft bilden hier zwei wesentliche Kernelemente.

- Das zweite Prinzip ist das Prinzip der Offenheit und beinhaltet die persönliche Verantwortung eines jeden Mitarbeiters und die Transparenz aller Verfahren und Arbeitsschritte.

- Die Informationen über die entsprechenden Leistungsangebote einer Organisation sollen für alle Kunden/Bürger leicht zugänglich, verständlich und präzise sein. Dies beinhaltet auch die Darstellung der gewünschten Ziele und Ergebnisse einer Organisation.

- Die Wahlmöglichkeit des Kunden schließt auch ein, dass er aktiv bei der Erbringung der Dienstleistung in angemessenem Umfang beteiligt wird und dies auch dokumentiert wird.

- Kein Ausschluss von Leistungen für alle Berechtigten und gleichmäßige Verfügbarkeit (zeitlich, räumlich)

- Zugang zu Leistungen entsprechend den Kundenanforderungen

- Responsivität: Darunter wird die Fähigkeit einer Organisation verstanden, auf Mängel, Probleme, Beschwerden von Bürgern zu reagieren. Es schließt das Recht der Bürger ein, entsprechende Erklärungen von der betroffenen Organisation zu erhalten.

Zwar sind Wahlmöglichkeiten sicherlich für Kunden/Bürger interessant, nicht alle Klientengruppen für soziale Dienstleistungen bringen jedoch persönliche Voraussetzungen als „souveräner" Kunde mit, dies gilt insbesondere für den sozialen Bereich allgemein und bei der Eingriffsverwaltung im besonderen. Auch besteht nicht in jeder Situation die Möglichkeit, sofort erforderliche Informationen einzuholen, z. B. bei der Notunterbringung eines Kindes, das nachts am Bahnhof aufgefunden wird, oder der Unterbringung in ein Frauenhaus in akuter Notsituation. Citizens Charter könnte aber sehr nützlich sein, wenn es darum geht, bestimmte Qualitätsstandards nicht nur zu postulieren, sondern auch einzuhalten, z. B. bei Wartezeiten. Der unzufriedene Kunde bringt damit wichtige Informationen, wenn die Standards nicht eingehalten werden.

10. Critical-Incident-Technik (CIT)

Die Critical-Incident-Technik (CIT) ist eine Methode der Erfassung von so genannten kritischen Ereignissen bei der Produktions- und Dienstleistungserstellung. Kritische Erfolgsfaktoren sind diejenigen wesentlichen Faktoren, die für einen Erfolg oder Misserfolg von besonderer Bedeutung sind. Ist die Bestimmung bei der Güterproduktion relativ leicht, da die Produkte materiell vorhanden sind, wird diese Aufgabe bei Dienstleistungen schwieriger. Dennoch lassen sich kritische Erfolgsfaktoren wie Kundenzufriedenheit, Serviceumfang oder Öffnungszeiten durchaus bestimmen. Vor allem im Dienstleistungssektor werden zunehmend so genannte ereignisorientierte Befragungen eingesetzt. Sie sind eine Art Konzentration auf das Wesentliche, nämlich die „Kritischen Ereignisse" (Critical Incident). „Critical Incidents" sind sowohl positive als auch negative Ereignisse, die die Haltung des Kunden zu seinem Lieferanten oder Anbieter von Dienstleistungen maßgebend prägen. Diesem Verfahren liegt die Annahme zugrunde, dass bestimmte Verhaltensweisen über den Erfolg oder Misserfolg der Aufgabenerledigung entscheiden und daher als „kritisch" bezeichnet werden. Dabei werden z. B. von Mitarbeitern in einer bestimmten Periode die kritischen Erfolgsfaktoren schriftlich erfasst und in einem Raster dargestellt. Durch die Häufigkeitsverteilung ergibt sich ein Bild über positive und negative kritische Erfolgsfaktoren. Ebenso ist es möglich, Kunden ergebnisorientiert mündlich oder schriftlich zu befragen, etwa in der folgenden Frage:

- „Denken Sie bitte an Ihren letzten Besuch bei uns: Was ist Ihnen dabei besonders positiv oder negativ aufgefallen?" (mündliche oder schriftliche Befragung).

- In der mündlichen Befragung können in einer zweiten Stufe dann weitere, vertiefende Fragen gestellt werden (z. B.: „Was passierte genau?"), die die Grundaussagen des Kunden präzisieren und ein klareres Bild über die kritischen Ereignisse vermitteln.

In aller Regel werden Kunden schriftlich nach ihrer Zufriedenheit befragt. Dabei bevorzugen sie geschlossene Fragen, die mit ja/nein oder gut/schlecht beantwortet werden können. Doch die Ergebnisse solcher Kundenbefragungen ermitteln immer nur, was in der Vergangenheit war, und das auch noch unvollständig.

Wesentlich besser ist da der Weg, zunächst wenige Kunden mit offenen Fragen persönlich oder telefonisch zu interviewen. Diese Art der Befragung lenkt – wie auch die Beschwerdeanalyse – die Aufmerksamkeit auf Faktoren, deren Bedeutung dem Dienstleister häufig gar nicht bewusst war.

Auch ist es möglich, ehemalige Kunden persönlich oder telefonisch zu fragen – beispielsweise solche, die noch in einer Kundenkartei stehen, aber längere Zeit nicht im Haus waren. Das mündliche Interview mit solchen ehemaligen „kritischen" Kunden vermittelt die wertvollen Einsichten, die für ein effizientes Kundenmanagement wichtig sind, vor allem dann, wenn dabei offene Fragen gestellt werden.

Hinter diesem Konzept steckt die empirische Erfahrung, dass Routineleistungen eines Dienstleisters vom Kunden häufig kaum noch wahrgenommen werden. In Sonderfällen – eben bei den besonders positiven oder negativen kritischen Ereignissen – steigt jedoch die Aufmerksamkeit des Befragten wesentlich an. Solche kritischen Ereignisse „überlagern" die Normalleistung und bleiben hervorragend im Gedächtnis des Kunden – und sie beeinflussen im negativen Fall entscheidend seine Treue gegenüber dem Dienstleister („Überstrahleffekte")! Mit der Antwort auf die Schlüsselfrage: „Womit sind viele Kunden besonders unzufrieden?" ist der Weg frei für eine grundlegende, an erfolgskritischen Ereignissen ausgerichtete Verbesserung der Kundenorientierung. Der Vorteil des Verfahrens ist der klare praxisorientierte Bezug, was im Berufsalltag eine erfolgreiche Verhaltensweise darstellt, und welche Verhaltensweise eher negativ zu beurteilen ist. Dabei spielen Tatsachen der beruflichen Praxis die wichtigste Rolle. Dieser Vorteil kann jedoch auch wiederum ein Negativum darstellen, da die Beobachtungen und Eintragungen einen eher zufälligen Charakter aufweisen, die ggf. durch die Einschätzung der Mitarbeiter als „schwarze Listen" zu einer Beeinträchtigung des Betriebsklimas führen können. Auch ist zu bedenken, dass z. B. negative Ereignisse bei einer kleinen Zahl unzufriedener Kunden nicht repräsentativ für das Erleben der kritischen Faktoren der zufriedenen Kunden sind, Änderungen können dann eine kleine Minderheit zufriedenstellen, die Erwartungen der anderen Kunden jedoch enttäuschen.

Beispiel:

Sozialamt: Durch Befragung von wenigen unzufriedenen Sozialhilfebeziehern wird die optische Gestaltung des Eingangsbereiches und der Warteräume als sehr negativ und abschreckend bezeichnet. Die Räumlichkeiten werden neu gestrichen und freundlicher gestaltet. Eine repräsentative Befragung der Sozialhilfebezieher ergibt das Ergebnis, wesentlicher Kritikpunkt ist die Wartezeit, sie wird als deutlich zu lang empfunden.

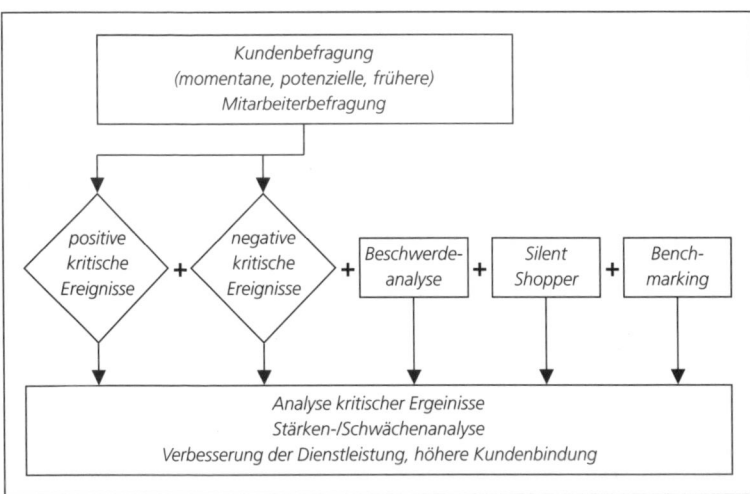

11. Total Quality Management

Total Quality Management (TQM) ist ein integratives Qualitätskonzept, basierend auf einem umfassenden Qualitätsverständnis und einem entsprechenden Führungsansatz. Es ist Teil einer übergeordneten Unternehmenskultur, die entsprechende Normen und Werte vermittelt. TQM ist ein Führungsmodell, das – aufbauend auf einer kunden- und mitarbeiterorientierten Managementphilosophie – Möglichkeiten beinhaltet, die dem Unternehmen erlauben, auf vielfältige Anforderungen des Marktes und der Gesellschaft flexibel und angemessen zu reagieren. Zwei Elemente gehören dazu. Zum Einen gilt es, die Führungsaufgabe Qualität in ihrer Gesamtheit zu erkennen, und die sich bietenden Hilfsmittel, wie z. B. die verschiedenen Qualitätsinstrumente und das Qualitätsmanagementsystem zur Produktivitätssteigerung und zur Qualitätsverbesserung zu nutzen. Zur Umsetzung von TQM-Modellen wird ein entsprechendes Führungsverständnis vorausgesetzt (Management by Objectives; situative, partizipative Führung, demokratischer Führungsstil). Werden beide Elemente berücksichtigt, entwickelt sich eine TQM-Unternehmenskultur.

Vorläufer des Total Quality Managements war die in der industriellen Fertigung Einzug haltende Qualitätskontrolle von Produkten. Geistiger Vater war F. W. Taylor und sein Scientific-Management-System. Im Vordergrund stand die Prüfung des Produktes am Ende des Herstellungsprozesses. Gerade durch die starke Arbeitsteilung bei industriell erzeugten Produkten entstanden hohe Kosten für die Qualitätskontrolle, da Zeit und Geld bereits in das fertige fehlerhafte Produkt eingeflossen sind. Seit den sechziger Jahren wurde daher der Qualität und den Qualitätskosten besondere Aufmerksamkeit geschenkt. Das Prinzip, Fehler voraus schauend am Ort des Entstehens zu erkennen, fand hier besonderes Interesse. Verantwortung für Kosten, Quantität, Termine und Qualität wurden stärker auf den einzelnen Mitarbeiter delegiert, um Verantwortungsbewusstsein und damit auch Qualitätsbewusstsein zu stärken. Dieses erste Konzept kann als Total Quality Control bezeichnet werden mit den Elementen:

- Umfassende Anwendung statistischer Methoden (z. B. Stichproben)
- Vorausschauende Fehlervermeidung statt Endkontrolle
- Qualität als unternehmensweite Aufgabe aller Mitarbeiter
- Verstärkte Kundenorientierung (Deming 1982)

Insbesondere die japanischen Automobilproduzenten prägten in den sechziger Jahren die nächste Entwicklungsstufe des Qualitätsmanagements, das Total Quality Management (TQM) (Ishikawa 1965). Total bedeutet, dass alle Teile einer Organisation in den Qualitätsprozess einbezogen werden.

Im Vordergrund stand dabei die Delegation von Verantwortung auf den einzelnen Mitarbeiter und der Aufbau des Konzeptes „interne Kunden-Lieferanten Beziehung" und deren Verfeinerungen. In den achtziger Jahren führte dies zur Ausbildung eines umfassenden TQM-Systems. In Japan ist das stetige und geduldige Streben nach schrittweiser Verbesserung ein kontinuierlicher Prozess, der niemals endet. Es bedeutet:

- Probleme zu verhindern, bevor sie auftreten
- Probleme sofort und vollständig zu beheben
- Die Kundenerwartungen zu erfüllen und zu übertreffen
- Die drei Faktoren Effizienz, Effektivität und Zeit ständig im Auge zu behalten und zu verbessern

Weitere gesellschaftliche und industrielle Veränderungen führten zu diesem TQM-System:

- Just-in-Time-Produktion, Abschaffung der Lagerhaltung von Teilen
- Höhere Qualitätsansprüche der Kunden (z. B. japanische PKWs haben häufig eine Drei-Jahres-Garantie im Gegensatz zu deutschen Produkten)
- Übergang von Verkäufer- zu Käufermärkten (Der Käufer ist in einer stärkeren Position, Verkäufer müssen ständig ihre Produkte verbessern)
- Globaler Wettbewerb auf Käufermärkten

4. Strategien für Qualitätsverbesserung

Der TQM-Ansatz hat weitreichende Konsequenzen für das gesamte Unternehmen:

- Produkt- und prozessorientierte Qualitätsbetrachtung. Nicht nur das fertige Produkt unterliegt einer stetigen Qualitätsverbesserung, sondern auch alle Arbeitsabläufe (Prozesse), die zur Erstellung eines Produktes oder einer Dienstleistung führen.

- Andere Organisationseinheiten werden als interne Kunden betrachtet und behandelt, für die die Kundenorientierung im Binnenbereich ebenfalls volle Gültigkeit besitzt.

- Qualitätsmanagement ist integraler Bestandteil der Führungsaufgabe, es muss ein „Commitment" der Führungsverantwortlichen für TQM vorliegen.

- Alle Mitarbeiter sind verantwortlich für die Qualität, sie sind dort verantwortlich, wo sich ihr Arbeitsplatz befindet.

- Alle Mitarbeiter bemühen sich kontinuierlich, die Qualität zu steigern in einem kontinuierlichen Verbesserungsprozess.

In der Literatur wird darauf hingewiesen, dass durch die Anwendung von TQM-Systemen nachhaltig der Geschäftserfolg gesteigert werden konnte. TQM kann zu folgenden positiven Effekten führen:

- Verbesserte Geschäftsbeziehungen mit Kunden und Lieferanten

- Wettbewerbsvorteile

- Kostenvorteile

- Qualitätsvorteile

- Positives Betriebsklima

- Positives Image nach außen

- Vermeidung von internen und externen Kosten

160

Die wichtigsten Ziele bei TQM

- Alle Mitarbeiter werden in TQM einbezogen.

- TQM ist ein strategisches Konzept zur Sicherung der Organisation.

- TQM ist auf Kundenzufriedenheit ausgerichtet.

- TQM erfordert eine stetige Anpassung von Produkten und Dienstleistungen an geänderte Umweltfaktoren einschließlich geänderter Kundenerwartungen.

- TQM erfordert dauerhaftes Engagement aller Mitarbeiter in allen Bereichen (Prozessqualität, Produkt-/Dienstleistungsqualität, Ergebnisqualität).

- TQM stellt den Mitarbeiter in den Mittelpunkt, er ist für seine eigene Qualität verantwortlich und Motor von Verbesserungen.

- TQM setzt auf Eigeninitiative und Kreativität, Bürokratie lässt sich so abbauen.

- Qualitätskontrolle und Qualitätssicherung werden zum Prinzip, Fehler vorausschauend zu vermeiden.

Als Instrumente eines TQM-Systems können verschiedene im Sinne eines Instrumenten-Mix (set of quality tools) zur Anwendung kommen. Dabei sind Klassifizierungen der Qualitätskostengruppen (Fehlerkosten, Prüfkosten, Fehlerverhütungskosten) zuerst durchzuführen.

Folgende Instrumente können z. B. eingesetzt werden:

- Fehlerquellen-Hinweisaktion

- Werkstattzirkel

- Null-Fehler-Programme

- Qualitätsbriefe

- Qualitätszirkel

- Benchmarking

Weitere Instrumente der Fehlererkennung und Fehlermöglichkeits- und Einflussanalyse sind z. B. Qualitätsaudits, Kaizen, Kanban (Materialflusstechnik) und Qualifizierungssysteme der DIN ISO-Reihe 9000–9004.

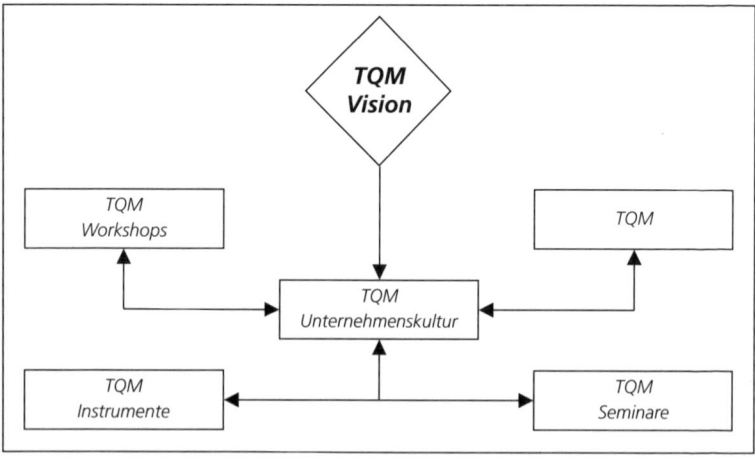

Dass TQM auch eine geeignete Managementphilosophie für den öffentlichen Dienst in den USA ist, versuchte Hunt zu belegen durch sein Buch „Quality Management for Government", mit einer Reihe von Beispielen zu diesen Themenfeld. Wesentliche Elemente des TQM im öffentlichen Dienst sind nach Hunt (Hunt 1993):

- Eine konstante Aufgabe, die eine kontinuierliche und konsistente Vision der Organisation darstellt

- Ein Bekenntnis zu Qualität, das zu Produktionsänderungen führt in allen Produkten und Dienstleistungen

- Eine Kundenorientierung und Kundenbeteiligung, die sicherstellt, dass die richtigen Verbesserungen vorgenommen werden

- Prozessorientierung, die sich an einzelnen Produktionsprozessen orientiert

- Kontinuierliche Verbesserung, die Eigendynamik und stetige Prozessanpassungen ermöglicht

- Integrativer Managementansatz, der keine Insellösungen zulässt und das Gesamtsystem nicht aus dem Auge verliert

- Investition in Weiterbildung, um den Verbesserungsprozess weiter vorantreiben zu können

- Teamwork zur effizienten Aufgabenerledigung und zur Erzeugung von Synergieeffekten

- Human Ressource Management mit mitarbeiterorientierter Führung

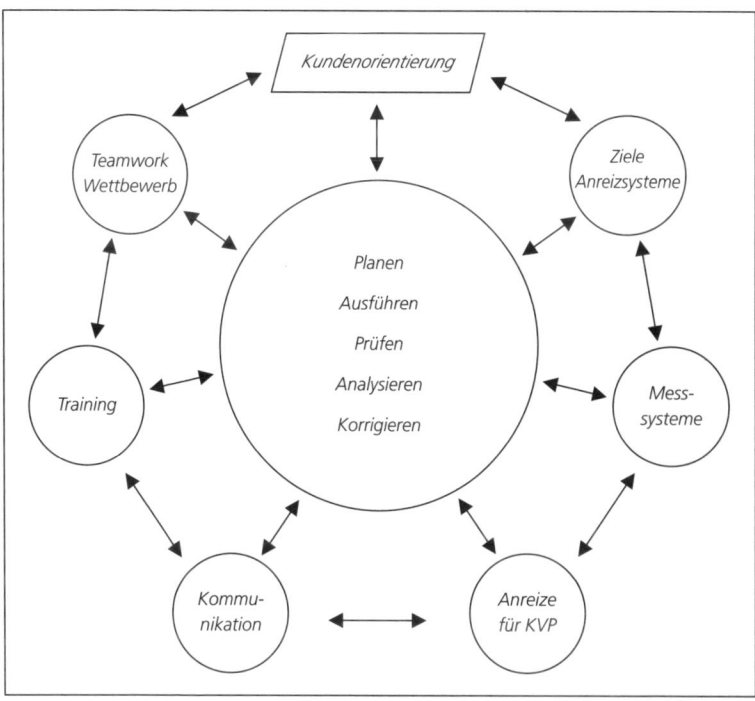

4. Strategien für Qualitätsverbesserung

Es müssen klare Organisations- und Qualitätsstrategien entwickelt werden, die für jeden Mitarbeiter an seinem Arbeitsplatz klar verständlich sind. Darüber hinaus sind alle TQM Aktivitäten zu koordinieren und zu dokumentieren. Das Ziel hierbei ist, TQM auf allen Ebenen zu unterstützen. TQM soll bei allen Mitarbeitern ein Prozessdenken fördern.

Im Vergleich zu anderen Systemen des Qualitätsmanagements hebt sich TQM durch folgenden Unterschiede ab (Stauss 1994, S. 201):

- Qualität orientiert sich am Kunden.
- Qualität wird mit Mitarbeitern aller Bereiche und Ebenen erzielt.
- Qualität umfasst mehrere Dimensionen.
- Qualität ist kein Ziel, sondern ein Prozess, der nicht zu Ende geht.
- Qualität ist keine Resultante, sondern Aktionsparameter.

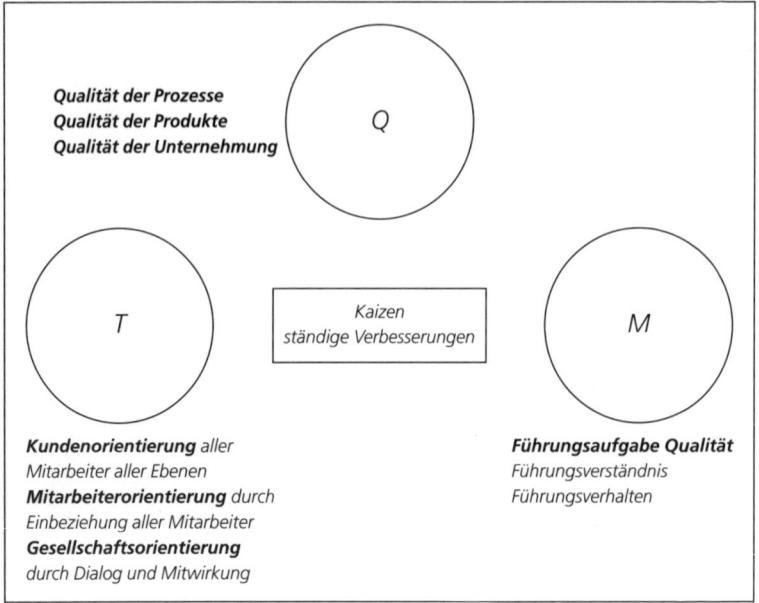

Die Organisation der TQM-Prozesse wird durch das Policy Deployment erreicht. Als Policy Deployment ist die Durchdringung der gesamten Organisation mit einer formulierten TQM-Politik zu verstehen. Dabei werden strategische Ziele der Gesamtorganisation zu Unterzielen für alle hierarchischen Einheiten heruntergebrochen bis zu jeder einzelnen Abteilung und zu jedem Sachgebiet. Weitere Elemente des TQM bilden organisatorisch:

- Das Steuerungskomitee

- Die TQM-Projektleiter

- Qualitätsverbesserungsteams

Das Steuerungskomitee koordiniert, überprüft und unterstützt sämtliche TQM-Aktivitäten auf allen hierarchischen Ebenen der Unternehmung. Es überwacht und steuert dabei auch alle nachgeordneten Teams. Mitglieder in diesem Komitee sind Entscheidungsträger aus allen Funktionseinheiten des Unternehmens. Der TQM-Projektleiter steuert alle TQM-Projekte. Weiterhin ist er für Trainingsmaßnahmen verantwortlich und unterstützt die Qualitätsverbesserungsteams. Die Stelle des TQM-Projektleiters kann bei großen Organisationen eine Stabsstelle sein, die unmittelbar der Geschäftsleitung zugeordnet ist und für alle Qualitätsfragen zuständig ist, sie kann aber auch bei kleineren Organisationen ein Tätigkeitsfeld eines Managers neben anderen Führungsaufgaben darstellen. Die Qualitätsverbesserungsteams verbessern in einem kontinuierlichen Prozess durch entsprechende Werkzeuge – z. B. durch einen Qualitätszirkel – ihre Produkte oder Dienstleistungen. Sie sind besetzt durch Mitarbeiter einer bestimmten Abteilung und u. U. die jeweilige Führungskraft. Es hat sich gezeigt, dass 80–90% der Projekte zur Einführung von TQM in der Industrie gescheitert sind (Stauss 1994). Folgende Gründe wurden angeführt:

- Geringes Engagement der Geschäftsführung. Nach anfänglich euphorischer Begeisterung wird die Unternehmensphilosophie nicht durch das Management gelebt, steht nur auf dem Papier, die alte Unternehmenskultur überlebt erfolgreich.

- Unklare TQM-Ziele als Voraussetzung für steigende Qualität lassen Projekte schon am Anfang scheitern. Wenn Ziele und messbare Kennzahlen zur Zielerreichung nicht für jeden Mitarbeiter verständlich sind, können TQM-Prozesse nicht in die gewünschte Richtung gesteuert werden. „Jeder Mitarbeiter in der Unternehmung muss wissen, verstehen und akzeptieren, warum gerade in seinem Unternehmen TQM eingeführt wird und welchen Beitrag er dazu leisten soll." (Stauss 1994, S. 219).

- Ein weiterer Fehler liegt in der Verwechslung von TQM und DIN/ISO 9000 und der Auffassung, die Einführung von DIN/ISO 9000 sei gleichzusetzen mit der Einführung eines TQM-Systems.

- Ein weiterer Fehler liegt in unrealistischen Zeitvorstellungen. Nach einer Vorbereitungsphase von sechs bis zwölf Monaten ist mit ersten Ergebnissen nach neun bis 24 Monaten zu rechnen, wobei die Änderung der Unternehmenskultur noch länger dauern kann.

Stauss nennt für die erfolgreiche Einführung des TQM fünf Bedingungen:

- Die Unternehmensleitung muss voll und uneingeschränkt hinter TQM stehen.

- Alle Verbesserungen müssen sich am Kundennutzen orientieren.

- Konzentration auf drei bis vier kritische Ziele, die den Geschäftserfolg definieren

- Entwicklung und Anwendung eines eigenen Konzeptes, statt Verwendung von Standardprogrammen und „Erfolgsrezepten"

- Revision des eingeschlagenen Weges

„TQM stellt keine spezielle Führungstechnik oder besonderes Werkzeug dar, sondern eine umfassende Managementphilosophie. Diese führt jedoch bekanntlicherweise nur dann zum Erfolg, wenn sie modellhaft vorgelebt wird. Aus diesem Grund sagen die Misserfolge im Zusammenhang mit der Einführung von TQM weniger etwas aus über die Qualität der Philosophie als über den Führungsstil der entsprechenden Führungskräfte."(Stauss 1994, S. 220).

Praxisbeispiele für Qualitätsmanagement

5

1. Vor und nach DIN/ISO

Obgleich in den Einrichtungen und Diensten der sozialen Arbeit das Bemühen, Fehler zu vermeiden bzw. aufgetretene Probleme abzustellen, seit langem im Programm der Leitungskrafte und MitarbeiterInnen vertreten ist, stehen gegenwärtig Systeme eines Qualitätsmanagements hoch im Kurs. Der Hintergrund dieses Perspektivenwechsels in einem Bereich der Wohlfahrtsproduktion, der – traditionell und aus verschiedenen Gründen – nicht eben von innovatorischer Kraft durchdrungen ist, erklärt sich aus zwei Gründen. Zunächst muss bedacht werden, dass das bisherige zwar engagierte, aber eher intuitive und partielle Vorgehen vieler Verantwortlicher der Arbeit mit Alten, Kranken, Jugendlichen und Behinderten angesichts des zunehmenden Drucks zur Leistungssteigerung von Seiten der Kostenträger, der Klienten und der Öffentlichkeit nicht mehr durchzuhalten war. Qualitätsmanagement als systematisches und kontinuierliches Vorgehen bietet demgegenüber die Chance, Probleme mit Methode und möglichst nachhaltig abzustellen, mithin die Güte der eigenen Arbeit zu verbessern bzw. den einmal erreichten Stand zu sichern. Darüber hinaus sehen viele Leitungskräfte und Mitarbeiter des Sozialwesens mit der Hinwendung zu mehr oder weniger geschlossenen Verfahren der Qualitätsentwicklung und -sicherung die Chance, die eigenen, zum Teil sehr hohen Ansprüche an das jeweilige Tätigkeitsfeld zu verwirklichen und damit erfolgreicher als bislang und/oder als die anderen zu arbeiten.

Während die fachöffentliche Diskussion um systematische Arbeit an der eigenen Qualität in der ersten Hälfte der neunziger Jahre nahezu konkurrenzlos von der in der Erwerbswirtschaft verbreiteten Normenreihe DIN EN ISO 9000 ff. beherrscht wurde und sich die ersten Träger sozialer Dienstleistungen nach dieser Reihe zertifizieren ließen, sind es nunmehr alternative Konzepte, die sich in den Vordergrund drängen. Diese spezifischen, teilweise explizit auf einzelne Leistungsbereiche der sozialen Arbeit zugeschnittenen Systeme eines Qualitätsmanagements erwuchsen aus dem Bedürfnis, den eigenständigen und teilweise eigenwilligen Problematiken sozialer Dienstleistungsfelder ge-

---

Verfasst von Professor Dr. Harald Christa

nauer zu entsprechen sowie diesbezügliche Lösungsansätze, möglichst in Form von Standards, vorzugeben. Insbesondere der Einwand, DIN/ISO regele nicht Anforderungen an Dienstleistungsqualität, sondern konzentriere sich auf die Nachweisführung, gibt mithin nicht Qualitätsstandards vor, sondern macht eine eigenständige Formulierung in Diensten/Einrichtungen notwendig und zertifiziert lediglich die Erstellung und Beachtung von Richtlinien, haben die Rufe nach weiteren Verfahren lauter werden lassen.

2. Qualitätssicherungsverfahren – interessante Fallbeispiele

Die basalen betrieblichen Anforderungen an Systeme eines Qualitätsmanagements im Sozialbereich unterscheiden sich kaum von kommerziellen Zweigen der Dienstleistungsproduktion: Wie in der Erwerbswirtschaft müssen Sparsamkeit ebenso wie Implementations- und Integrationsfähigkeit, eine hinreichende Informationsfunktion nach innen gegenüber den Mitarbeitern und nach außen gegenüber Kostenträgern und natürlich das Potential dauerhafter Qualitätsverbesserung erwartet werden können. Im Folgenden werden einige Verfahren der Qualitätsentwicklung und -sicherung vorgestellt, die einige dieser Anforderungen bereits erfüllen können. Aus einem mittlerweile großen und noch weiter wachsendem Angebot an Systematiken der Qualitätssicherung wurden hierfür insbesondere solche Ansätze herangezogen, die versprechen, im Wettbewerb der Systeme künftig eine wichtige Rolle zu spielen.

Kinder- und Jugendhilfe: Die „Kindergarten-Einschätzskala"

Ein beachtenswertes QM-System für Kindertagesstätten wurde bereits vor einigen Jahren in den Vereinigten Staaten erarbeitet und liegt nunmehr zur Anwendung in Deutschland vor. Die Kindergarten-Einschätzskala als deutsche Fassung der Early Childhood Environment Rating Scale (Harms/Clifford 1980) will pädagogische Prozessqualität in Kindergartengruppen für Kinder im Alter von drei bis sechs Jahren erheben. Als Anwender dieses Verfahrens sind die Fachkräfte der betroffenen Einrichtungen ebenso anvisiert wie Experten und/oder Berater. Unter Umständen kann diese Skalenreihe auch von interessierten Eltern als Grundlage der Einschätzung von Qualität in Kindertageseinrichtungen bzw. als Kriterienkatalog bei der Auswahl einer Einrichtung herangezogen werden. Beachtenswert ist der Umstand, dass die Kindergarten-Einschätzskala jeweils die einzelnen Gruppen des Kindergartens in den Mittelpunkt der Analyse stellt und wesentlich die pädagogischen Aspekte der Arbeit vor Ort analysiert, wobei von der Skala vorgegebene Standards aus einschlägiger Forschung entnommen wurden. Ausgehend von sieben übergreifenden Bereichen (wie Betreuung und Pflege der Kinder, Möbel und Ausstattung, sprachliche und kognitive Anregungen, fein- und grobmotorische Aktivitäten, kreative Aktivitäten, Sozialentwicklung, Erzieherinnen und Eltern) wurden 37 items formuliert sowie Hilfestellungen für die Einschätzung gegeben (Tietze/Schuster/Roßbach 1997). Detaillierte Hinweise zur statistischen Auswertung liegen der Skala bei.

Altenhilfe: Das „2Q-System"

Dieses von dem Schweizer Arbeitswissenschaftler Karl Frey entwickelte System der Qualitätsentwicklung für Dienstleister steht im Ruf, gewinnbringend insbesondere auf Einrichtungen der stationären Altenpflege übertragbar zu sein. Als zentraler Ansatzpunkt des 2Q-Systems ist zum Einen die Betonung der Möglichkeit permanenter Verbesserungen durch die Einbeziehung der Kompetenzen von Mitarbeitern zu nennen. Zum Anderen arbeitet dieses Verfahren mit konkreter Blickrichtung auf die Zufriedenheit der Kunden, im Pflegebereich also der jeweiligen Bewohner des Hauses. Hierbei steht das erste Q für die Qualität der Arbeit, das zweite für die Qualifizierung des Personals. Ausgehend von durch die Führungsebene formulierten Zielen werden durch die Mitarbeiter handlungsrelevante Konretisierungen für die eigene Arbeitssituation vorgenommen. Viel Wert wird hierbei auf die gemeinsame Zieldiskussion bei Mitarbeitern sowie die Nachhaltigkeit von Verbesserungen bzw. die Beständigkeit qualitativ hochwertiger Arbeit gelegt, nach dem Motto „Was ist für mich gute Arbeit in meinem Bereich?" wird der selbstständigen Ausformulierung von Qualitätsansprüchen sowie der Selbstführung der Pflegekräfte großes

Gewicht gegeben. Erstaunlich viel Freiraum wird in diesem Modell auch durch die Möglichkeit einer Selbsteinschätzung der Mitarbeiter gelegt. Jene Einrichtungen, die sich von einem Modell der Qualitätssicherung die Vorgabe von Standards versprechen, werden von 2Q allerdings enttäuscht. Die Potentiale dieses Verfahrens sind primär im Bereich der motivationalen Ebene bzw. des betrieblichen Klimas zu sehen. Somit können jene bereits hochstandardisierten Häuser, die sich über eine hervorragende Pflege und gut qualifizierte Mitarbeiter hinaus durch Servicequalität, Kundenfreundlichkeit, Flexibilität ihrer Arbeit usw. weiterhin profilieren möchten, mit 2Q durchaus Vorteile gegenüber Konkurrenten verschaffen.

Behindertenhilfe: Das GBM-Verfahren („Haisch-Modell")

Ähnlich wie LEWO, dem Qualitätssicherungssystem für „Lebens- und Wohnqualität erwachsener Menschen mit geistiger Behinderung", das auf der Basis der Selbstkontrolle und ausgehend von generellen Leitlinien professionellen Handelns die Evaluation, Sicherung und Entwicklung von Qualität durch Abgleich fachlicher Standards mit den Angeboten der wohnbezogenen Behindertenhilfe verspricht, richtet das GBM-Verfahren zur Gestaltung der Betreuung von Menschen mit Behinderungen in Einrichtungen den besonderen Blick zum Einen auf den Hilfebedarf des Bewohners, zum Anderen auf die Prozess- und die Ergebnisqualität betreuerischer Prozesse. Breitere Aufmerksamkeit erfuhr das GBM-Modell u. a. durch die Akzeptanz im Bundesverband Evangelischer Einrichtungen, der den Einsatz in den dort angeschlossenen Einrichtungen empfohlen hatte. Inhaltlich basiert das Modell auf wesentlich vom Münchener Professor Haisch entwickelten wissenschaftlichen Standards der Betreuungsqualität, gibt mithin explizite Leitlinien für Qualität in der stationären Behindertenhilfe vor. Die Anwendung vor Ort zielt insbesondere auf die Differenz zwischen dem geleisteten Aufwand und dem als notwendig erachteten Bedarf an Hilfe. Aus dieser Differenz ergibt sich nicht nur die Möglichkeit, die Qualität der Einrichtung bzw. die Güte der dort geleisteten Betreuung einzuschätzen, sondern gegebenenfalls für den betroffenen Träger auch nicht unwesentliche Informationen zu einem (möglicherweise kostensparenden) Veränderungsbedarf.

5. Praxisbeispiele für Qualitätsmanagement

Die konkrete Analyse der Einrichtungen wird mit zwei Instrumenten durchgeführt. Mit dem Fragebogen zur individuellen Lebensführung (FIL) werden sieben unterschiedliche „Lebensformen" wie folgt erfasst: Neben den Dimensionen „Pflege, Selbstpflege und Krankenpflege" werden die Bereiche „Selbstbewegung" (Gymnastik, Rhythmik, Sport), „Betätigung" (Genuss, Unterhaltung, vertrauter Umgang), „Gewohnheit" (Vorliebe, soziales Spiel, lebenspraktische Fertigkeit), „Gestaltung" (u. a. Kreativität, individuelle Lebensführung), „Mitteilung" (u. a. Ausdruck und Kommunikation) sowie „soziale Beziehungen" (Gruppe, Freundschaft, Partnerschaft) erhoben und Leistungsbereichen zugeordnet. In den entsprechend ausdifferenzierten Leistungsbereichen werden aus der (in fünf Kompetenzstufen bewertbaren) vorliegenden Situation der Bewohner notwendige betreuerische Maßnahmen als angemessene Förderung gemäß des ermittelten Entwicklungszustandes abgeleitet.

Der Fragebogen für die Organisation der Betreuung (FOB) analysiert in einem zweiten Schritt den Einsatz der Mitarbeiter in der Wohngruppe sowie Fragen der Aufgabenplanung und der Prioritäten einzelner Tätigkeiten. Hierbei werden auf der Grundlage des FIL durch Selbstdokumentation in Tages- und Wochenprotokollen die Tätigkeiten der Mitarbeiter erfasst. In einem dritten und letzten Schritt wird schließlich der ermittelte tatsächliche Betreuungsaufwand mit dem durch das Verfahren vorgegebenen optimalen Aufwand verglichen, es ist nunmehr möglich, auf der normativen Grundlage des GBM-Modells einzelne Betreuungsintensitäten abzugleichen.

DIN/ISO und Qualitätsmanagement beim Allgemeinen Sozialdienst Offenbach

Dieses Beispiel aus der Praxis zeigt, wie DIN/ISO und Qualitätsmanagement beim Allgemeinen Sozialdienst Offenbach eingeführt wurde. Die Darstellung beruht auf Unterlagen, die die Stadt Offenbach freundlicherweise dem Autor zur Verfügung gestellt hat.

Verfasst von Professor Dr. Friedhelm Knorr

Der Magistrat der Stadtverwaltung Offenbach beauftragte im Oktober 1997 sieben Ämter, ein Pilotprojekt zu starten. Der Einstieg in ein umfassendes Qualitätsmanagementsystem soll im Zuge dieses Pilotprojektes nach DIN EN ISO 9000 ff. erfolgen. „Es hat die Aufgabe, die Entwicklung und nachhaltige Verankerung eines Qualitätsmanagementsystems in den jeweiligen Ämtern zu erproben, um damit die notwendigen Erfahrungen für ein für alle Ämter der Stadtverwaltung Offenbach umfassendes Qualitätsmanagement zu sammeln". Die beauftragten Ämter waren neben dem Ordnungsamt und weiteren Ämtern auch der Allgemeine Sozialdienst des Jugendamtes. Insgesamt sind in diesem Pilotprojekt ca. 150 Mitarbeiter und Führungskräfte beteiligt gewesen. Der Projektzeitraum belief sich auf etwa ein Jahr. Am 31. Oktober 1998 wurden sieben Organisationseinheiten nach DIN EN ISO 9002 zertifiziert, damit ist die Stadtverwaltung Offenbach die erste deutsche Kommunalverwaltung, die eine Zertifizierung erfolgreich abgeschlossen hat.

Ziele für das Qualitätsmanagementsystem

■ **Generelle Ziele**

– Qualitätsfaktor in Offenbach ist ein zentraler Standortfaktor – Qualitätsmanagement soll der Bürgerschaft und Investoren signalisieren, dass das „Unternehmen Stadt" sich nachhaltig für eine optimale Dienstleistungsqualität für ihre Bürger und Zielgruppen engagiert.

– Zugleich hat das Qualitätsmanagementsystem die Funktion, die Innovationsprozesse in der Stadtverwaltung insgesamt auszurichten und unter einem konzeptionellen Dach zu harmonisieren.

■ **Strategische Ziele**

Die allgemeinen Ziele der Verwaltungsreform in Offenbach Kundenorientierung, effektives Verwaltungshandeln und Qualitätsbewusstsein, Wirtschaftlichkeit und Mitarbeiterorientierung sollen in die alltägliche Arbeitsorganisation systematisch hineingearbeitet werden und in Form operativer Zielsetzungen zu einem optimierten Aufgabenvollzug führen.

5. Praxisbeispiele für Qualitätsmanagement

noch: Ziele für das Qualitätsmanagementsystem

■ Taktische Ziele

Die Zertifizierung als Einstieg in das umfassende Qualitätsmanagement nach DIN EN ISO 9000 ff. soll grundlegende Organisationsstrukturen und Rahmenbedingungen für ein nach und nach auszubauendes Qualitätsmanagement schaffen.

■ Projektdurchführung

Die Phasen des Pilotprojektes waren:

- Informationsveranstaltungen in den einzelnen Ämtern mit unterstützender Begleitung der Firma Dekra-Consult
- Bestandsaufnahme, Sensibilisierungsphase
- QM-Schulung
- Erstellung/Entwicklung der operativen Anweisungen (System-, Verfahrens-, Arbeitsanweisungen)
- Dokumentation, schriftliche Fixierung der Verfahren
- Praxistest und Alltagsübungen
- Internes Audit
- Anpassung und Verbesserung des Qualitätsmanagement-Systems
- Zertifizierungsverfahren

Die Vorgehensweise bei der Planung, Organisation, Durchführung und Auswertung des Pilotprojektes ist streng an den in der Stadtverwaltung gültigen Leitlinien für Führung und Zusammenarbeit orientiert sowie an den Richtlinien für Organisationsentwicklung. In diesem Sinn hat das Pilotprojekt den Charakter eines „mitarbeiterorientierten Projektmanagements".

■ Projektauswertung

- Die Fragestellung, ob die DIN EN ISO-Normen sinnvoll auf eine öffentliche Verwaltung angewendet werden können, wurde nachdrücklich bejaht, auch wenn eine unmittelbare Übersetzbarkeit der Normen in die Verwaltungswirklichkeit nicht gegeben ist. Im Pilotprojekt musste daher eine Übersetzungsarbeit geleistet werden, um die 20 Normelemente der ISO für die Arbeit einer öffentlichen Verwaltung anwenden zu können; nur solche Normelemente, die

176

noch: Ziele für das Qualitätsmanagementsystem

sinnvoll erschienen und der Stabilität und Leistungsfähigkeit eines Prozesses nützlich waren, fanden Anwendung. Der kritische Einwand, dass ISO durch unnötige Standardisierung die Kreativität der Mitarbeiter hindere und der Bürokratie Vorschub leiste, konnte im Projekt eindeutig widerlegt werden. Die Standardisierung und Regelung von Routineprozessen führte zu größerer Transparenz und besserem Informationsfluss innerhalb der Verwaltung. ISO fördert die Beherrschbarkeit der Routineprozesse und -aufgaben und schafft die notwendigen Freiräume für kreative Problemlösungen bei Projekten und nicht-routineförmigen Aufgaben.

– Mittlerweile liegt ein Handbuch für Qualitätsmanagement vor, in dem die 20 Normen der ISO für die Verwaltungspraxis übersetzt und damit für jedes Amt leicht anzuwenden sind. Dieses Handbuch zeigt, dass die befürchtete Papierflut nicht eingetreten ist, die amtsbezogenen „Verfahrens- und Arbeitsanweisungen" sind schlanke Organisationshandbücher, die das praktische Handlungswissen eines Amtes zum Ausdruck bringen. In allen Ämtern konnte hinsichtlich der Arbeitsorganisation in ablauforganisatorischer und technisch-instrumenteller Hinsicht deutlich optimiert werden. Es führte im Pilotprojekt zu einer von Mitarbeitern und Führungskräften gleichermaßen bestätigten Optimierung der Arbeitsorganisation. Zugleich werden mit ISO Strukturen für ein umfassendes Qualitätsmanagementsystem geschaffen, die für die weiteren Ausbaustufen eine tragende Rolle spielen.

Um dies an einem Beispiel in der Sozialarbeit zu verdeutlichen, kann man im Schlussbericht der Stadt Offenbach Folgendes lesen:

„In der Sozialarbeit wird gerne behauptet, dass Qualitätsmanagement und insbesondere Qualitätsmanagement nach ISO dem speziellen Dienstleistungscharakter dieser Profession nicht gerecht werde; denn – so die Behauptung – Die Arbeit am ,Subjekt'/dem Klienten ließe sich nicht normieren, standardisieren und im Sinne einer Prozessbeherrschung regeln. Mit dem Verweis auf diesen – in der Tat spezifischen – Charakter der Sozialarbeit wird dann u. U. recht schnell jede Verbesserungsmöglichkeit in Abrede gestellt; dabei wird unterschlagen, dass gerade hochprofessionelle Dienstleistungsarbeit zugleich einer sehr guten organisatorischen und verfahrenstechnischen Grundlage (interne Abstimmungsprozesse, Kontakt zu anderen Behörden und Leistungträgern … usw.) bedarf. Und gerade an dieser organisatorischen Grundlage mangelt es denn auch des Öfteren – mit dem Effekt, dass das Leistungs- und Qualitätsniveau in der Sozialarbeit insgesamt suboptimal ist."

5. Praxisbeispiele für Qualitätsmanagement

Für den ASD in Offenbach galten im Pilotprojekt folgende Qualitätsmerkmale:

- Berücksichtigung anerkannter fachlicher Standards

- Methodisches und planvolles Handeln im Einzelfall

- Absicherung der Beratungsprozesse durch Supervision

- Fachliche Fort- und Weiterbildung

- Überprüfung der Organisationsentwicklung und Organisationsabläufe

- Teamarbeit

Für das Jahr 1998/99 wurden drei konkrete Ziele genannt:

- Entwicklung einer Geschäftsstatistik für den ASD in Kooperation mit dem Jugendhilfeplaner. Ziel ist eine allgemeine Effizienzsteigerung und Unterstützung der Jugendhilfeplanung durch eine ASD-Statistik.

- Erstellung einer Geschäftsordnung/Dienstanweisung für die Erziehungshilfekonferenz. Ziel ist die Anpassung der bisherigen Dienstanweisungen an geltende Rechtsnormen. Weiterhin soll eine einheitliche Struktur des vorzulegenden Datenmaterials erreicht werden und eine bessere Strukturierung der Erziehungshilfekonferenz.

- Der ASD hat im Oktober 1998 die Zertifizierung nach ISO 9002 erreicht. Es wird dabei unterstellt, dass die Arbeit des ASD im Sinne einer modernen Dienstleistung in ihrer Qualität und Effektivität darstellbar, überprüfbar und ggf. veränderbar ist.

Die Einführung des QM dient sowohl der Orientierung aller Mitarbeiter des ASD als auch der Außendarstellung und Transparenz der ASD-Tätigkeiten in der Gesamtverwaltung wie gegenüber Dritten. In gemeinsamer Arbeit wurde in mehreren Dienstbesprechungen festgelegt, welche Kernprozesse der Arbeit beschrieben und im Sinne von normierten Verfahrensanweisungen der ISO in ihrem Ablauf festgelegt werden sollten.

Vier Kernprozesse wurden identifiziert:

- Mitwirkung in Verfahren vor dem Familiengericht

- Jugendgerichtshilfe

- Hilfe zur Erziehung

- Durchführung von Beratung und Mitwirkung in familienge-richtlichen Verfahren bei Trennung/Scheidung

Aus Gründen der Normsicherheit wurden darüber hinaus drei weitere Verfahrensanweisungen zum allgemeinen Verwaltungsablauf im ASD erstellt:

- Erstellen, Aufbewahren und Vernichten von Akten

- Postweg ASD

- Lenkung von Formularen und Formschreiben

Die Beschäftigung mit der Normierung von Verfahrensabläufen im ASD hat zunächst zur Einführung von verbindlichen Arbeitsabläufen geführt und dazu, den organisatorischen Ablauf der sozialarbeiteri-schen Handlungsvollzüge zu vereinheitlichen und transparent zu gestalten.

Projektziele für 1999 waren:

- Kindschaftsrechtsreform in die Regelvollzüge des Jugendamtes integrieren

- Erarbeitung von Entscheidungsstandards gemäß § 35a KJHG (seelische Behinderung)

- Erarbeiten der Geschäftsstatistik ASD

- Verbesserung der Außendarstellung/Öffentlichkeitsarbeit

- Untersuchung zur Klientenzufriedenheit

Die Beobachtung der Gültigkeit allgemein formulierter Qualitätsziele und die jährliche Festlegung von Qualitätszielen (Projekte) werden integrierter Bestandteil des Qualitätsmanagements im ASD. Über die Sicherung, Fortschreibung und Integration der organisatorischen Festlegung hinaus realisiert sich die Qualitätssicherung bezüglich der beraterischen Handlungsvollzüge auf der Ebene prozesshaft verstandener ständiger Beschäftigung mit dem inhaltlichen Arbeitsgegenstand der Sozialarbeit. QM bezieht sich in diesem Bereich darauf, bestehende Standards in die Arbeit des ASD zu integrieren, neue wissenschaftliche Erkenntnisprozesse zu verfolgen und die daraus resultierenden methodischen Ansätze kritisch auf ihre Anwendbarkeit zu überprüfen. Hierfür sind die Festlegungen auf periodisch überprüfbare Ziele hilfreich, die Vereinheitlichung organisatorischer Abläufe unabdingbar.

Der ASD bei der Stadtverwaltung Offenbach hat gezeigt, dass ISO sich hervorragend zur Optimierung organisatorisch-verfahrenstechnischer Abläufe eignet und damit ein sinnvoller erster Schritt in der generellen Anhebung des Qualitätsniveaus in der Sozialarbeit ist. Die verwaltungs- und bürokratiekritischen Vorbehalte gegen ISO in der Verwaltung konnten nicht bestätigt werden – im Gegenteil, die auch von den Zertifizierern der DQS bestätigte hohe Motivation aller Projektbeteiligten spricht für diesen von der Stadt Offenbach eingeschlagenen Reformweg.

Citizens Charter in England

Das nachfolgende Beispiel aus England für Citizens Charter bezieht sich auf nationale und lokale Charter, die von der englischen Regierung nachdrücklich unterstützt werden. Unterlagen und Zitate sind aus der Informationsschrift „How to draw up a National Charter" der englischen Regierung übersetzt. Die Citizens Charter wurde 1991 in einem Zehn-Jahres-Programm in England eingeführt. Das Programm wird fortgeschrieben und im Jahr 2000 auf seine Effektivität überprüft.

Was ist eine Charter?

Die wesentliche Aufgabe einer Charter ist, den Zugang zu öffentlichen Dienstleistungen zu verbessern und deren Qualität zu erhöhen. Sie erreicht dies durch die Information der Bürger, welche Aufgabe eine Organisation besitzt, wie sie kontaktiert werden kann, welche Dienstleistungsangebote zu erwarten sind und wie geholfen wird, wenn Probleme auftauchen. Sie schafft keine gesetzlichen Ansprüche, unterstützt den Bürger aber bei der Wahrnehmung bestehender Rechte und schafft neue Rechte durch entsprechende Regelungen, z. B. hinsichtlich des Beschwerdemanagements oder eines unabhängigen Beistandes, auf den ein Nutzer ein Anrecht hat. Wichtige Bestandteile der Charter sind die Darstellung der Standards, die der Nutzer erwarten kann, die Darstellung der angebotenen Dienstleistungen und Informationen über den Umgang mit Beschwerden, die entsprechende Telefonnummern und Adressen beinhalten. Charter dienen auch den Mitarbeitern als Hilfe durch die klare Darstellung der angebotenen Dienstleistungen. Der Hauptadressat bleibt jedoch der Nutzer.

Die Prinzipien der Citizens Charter

Die Charter artikuliert neun Prinzipien bei der Erstellung von Dienstleistungen des öffentlichen Sektors:

- **Servicestandards**
  Es müssen klare Servicestandards definiert werden, die der Kunde erwarten kann. Standards müssen überwacht und kontrolliert werden, Ergebnisse müssen veröffentlicht werden. Die Bewertung der Dienstleistung sollte durch neutrale Dritte erfolgen, wo immer dies möglich ist.

- **Offene und umfassende Information**
  Offene und umfassende Information in klar verständlicher Sprache, um den Bürgern zu helfen, die Dienstleistungen in Anspruch zu nehmen. Volle Information über sämtliche Dienstleistungen, die entstehenden Kosten und welchen Nutzen sie haben sollen.

- **Konsultiere und beteilige**
  Konsultieren und beteiligen Sie die Nutzer und potentiellen Nutzer von öffentlichen Dienstleistungen, genauso wie die Mitarbeiter.

---

noch: Die Prinzipien der Citizens Charter

Nutzen Sie das Wissen aller Beteiligten, um die angebotenen Dienstleistungen zu verbessern.

- **Unterstützen Sie Zugang und Wahlmöglichkeiten**
  Machen Sie Dienstleistungen einfach erreichbar für jeden, der sie benötigt, unter Verwendung moderner Kommunikations- und Informationstechnik. Bieten Sie Wahlmöglichkeiten, wo immer dies möglich ist.

- **Rücksichtsvolle Behandlung**
  Behandeln Sie alle Bürger rücksichtsvoll, respektieren Sie Ihre Würde und Privatsphäre, seien Sie hilfsbereit und höflich, berücksichtigen Sie besonders diejenigen mit speziellen Bedürfnissen.

- **Korrigieren Sie Fehler, sobald sie auftreten**
  Korrigieren Sie Fehler schnell und effektiv, lernen Sie aus Beschwerden, nutzen Sie ein klares, breit veröffentlichtes und einfaches Beschwerdemanagement mit unabhängiger Prüfung, wo immer es möglich ist.

- **Innovation und Verbesserung**
  Suchen Sie immer nach Wegen, Dienstleistungen und Produkte, die zur Verfügung gestellt werden, zu verbessern.

- **Nutzen Sie Ressourcen effektiv**
  Nutzen Sie Ressourcen effektiv, um das beste Preis-Leistungsverhältnis für den Nutzer der Dienstleistung und den Steuerzahler zu erreichen.

- **Arbeit mit anderen Dienstleistern**
  Arbeiten Sie mit anderen Dienstleistern zusammen, um sicherzustellen, dass Dienstleistungen koordiniert und einfach zu nutzen sind und dem Nutzer ein besserer Service geboten wird.

Die Charter soll klar den Zweck der Organisation darstellen und die neun nationalen Prinzipien öffentlicher Dienstleistungserstellung widerspiegeln. Darüber hinaus sind Angaben hinsichtlich der Rechte und Pflichten einer Organisation darzustellen, z. B. rechtliche Bindungen, die zur Verschwiegenheit verpflichten oder bestimmte Auskunftspflichten des Bürgers enthalten. Sind Bürger mit dem rechtlichen Rahmen unzufrieden, soll die Charter entsprechende Adressen der für die Gesetzgebung zuständigen Ministerien enthalten, um Einfluss auf die Gesetzgebung ausüben und sie ggf. modifizieren zu können.

So planen Sie eine Charter

Wenn Sie eine Charter planen wollen, spielen acht Fragen die Hauptrolle:

- Besitzen Sie eine strategische Planung (Überprüfung der Dienstleistungen, welche Leistungskennzahlen, Nutzerbeteiligung)?

- Haben Sie in Betracht gezogen, eine gemeinsame Charter mit anderen lokalen Anbietern zu entwerfen (nur bei lokaler Charter, siehe unten)?

- Steht Ihre Geschäftsführung hinter dem Plan, eine Charter zu entwerfen?

- Wer wird die Arbeit durchführen?

- Haben Sie Ihre Nutzer identifiziert und entschieden, wie die Nutzer am besten beteiligt werden?

- Wieviel wird es kosten und wie lange wird es dauern?

- Haben Sie Ihre Absicht veröffentlicht, eine Charter einzuführen bzw. zu überprüfen?

- Haben Sie Daten gesammelt, welcher Aspekt Ihrer Dienstleistungen den Nutzer am meisten betrifft?

Die Charter soll dergestalt aufgebaut sein, dass sie veröffentlicht werden kann. Folgende Regeln gilt es dabei zu beachten:

- Es muss sichergestellt sein, dass die richtigen Standards gemessen werden.

- Es muss ein System entwickelt werden, das misst, wie die Charter eingehalten wird.

- Nutzer und Mitarbeiter müssen wissen, wie gut ihre Leistung ist und was alle Beteiligten tun können, sie zu verbessern.

- Maßnahmen, die ergriffen werden, wenn die Standards nicht erreicht werden, müssen definiert werden.

Wenn Standards eingeführt werden sollen, sind die wesentlichen Punkte:

- Relevant: Standards sollen klaren Bezug haben zu den wesentlichen Interessen/Bedürfnissen der Nutzer.

- Aussagekräftig: Standards sollten vom Standpunkt des Nutzers betrachtet werden, nicht von Zielen des Managements.

- Herausfordernd: Standards sollen herrausfordernd, aber auch erreichbar sein.

- Einfach: Standards sollten in klarer und einfacher Sprache formuliert sein.

- Messbar: Standards sollten direkt messbar sein oder durch eine Nutzerbefragung indirekt erhoben werden.

- Überwachung: Es sollten Systeme eingerichtet werden, die regelmäßige Überwachungen/Überprüfungen vornehmen.

- Veröffentlichung Die tatsächlich erreichten Standards sollten weiträumig veröffentlicht werden, wo immer möglich, soll die Evaluation durch unabhängige Dritte durchgeführt werden.

- Überprüfung: Die Effizienz der Charter sollte regelmäßig überprüft und Standards angepasst werden.

Beschwerdemanagement

Einen zentralen Raum nimmt das Beschwerdemanagement in der Charter ein. Die wesentlichen Fragen der Charter, die hier beantwortet werden müssen, sind dabei folgende Schlüsselfragen:

- Sagt sie den Nutzern, was passiert, wenn Sie die Standards nicht erbringen?

- Begrüßt sie Anregungen und Beschwerden und reagieren Sie darauf?

- Beschreibt sie klar, wie Beschwerden vorgebracht werden können, bei wem und wie lange es dauert, um ein Problem zu beheben?

- Verspricht sie eine faire Untersuchung und teilt den Nutzern mit, ob sie ihre Beschwerde einem unabhängigen Prüfer oder Ombudsmann vortragen können?

- Verspricht sie, dass Sie aus den Beschwerden lernen?

Publizität und Verteilung

Folgende Schlüsselfragen sollten beantwortet werden können:

- Wie soll Ihre Charter veröffentlicht werden und was soll sie enthalten?

- Ist Ihre Charter kurz und prägnant?

- Nutzen Sie eine klare und verständliche Sprache?

- Ist das Layout ansprechend und professionell gestaltet?

- Ist die Charter in anderen Sprachen und Formen (z. B. als Faltblatt, Internet) erhältlich und sind die Nutzer darüber informiert?

- Ist die Charter an allen entsprechenden Orten ausgelegt?

- Wie viele Kopien werden benötigt?

- Wie werden die Mitarbeiter über die Charter informiert?

5. Praxisbeispiele für Qualitätsmanagement

Messung und Überwachung von lokalen Charters

Folgende Schlüsselfragen sollten beantwortet werden können:

- Wie werden Sie tatsächlich erbrachte Leistung mit den beabsichtigten Leistungsstandards messen?

- Welche Instrumente werden benötigt? Sind die Mitarbeiter dazu ausgebildet, die Charters zu messen und zu überwachen?

- Wie und wo werden die Leistungskennzahlen veröffentlicht?

- Was passiert, wenn Sie die Standards nicht erreichen?

Befragung und Beteiligung der Bürger

Folgende Schlüsselfragen sollten beantwortet werden können:

- Haben Sie Nutzer und potentielle Nutzer befragt?

- Sind die Methoden, die Sie zur Befragung nutzen möchten, passend für Ihre Zwecke und angemessen für Ihre Nutzer?

- Wer führt die Befragung durch?

- Werden Befragungen durchgeführt, die Menschen aus unterschiedlichen Gebieten mit unterschiedlicher ethnischer und sozialer Stellung berücksichtigen?

- Wie werden die Mitarbeiter mit einbezogen?

- Wie werden andere Dienstleister auf lokaler Ebene einbezogen, mit denen Sie zusammenarbeiten?

- Wie geben Sie Rückmeldung an Mitarbeiter und Nutzer?

Neben den nationalen Charters gibt es eine Vielzahl lokaler Charters mit spezifischeren Zielen, z. B. in einer Großstadt mit ihrer Vielzahl an Anbietern von Dienstleistungen des öffentlichen Sektors (Stadtverwaltung, Krankenhäuser, Wohlfahrtsverbände, Kirchen usw.) Der Standard der lokalen Charter muss mindestens der nationalen Charter entsprechen, unzufriedene Bürger können sich bei einer nationalen Behörde über Substandards beschweren. Die lokale Charter hat folgende Aufgaben:

186

- Unterstützung, Wünsche und Bedürfnisse der Bürger zu identifizieren
- Entsprechende Ressourcen bereitzustellen
- Ziel der Organisation besser zu erkennen
- Besseres Preis-Leistungsverhältnis herzustellen
- Nutzer zu unterstützen, ihre Meinung über Serviceleistungen mitzuteilen
- Standards zu erhöhen
- Unterstützung eines kontinuierlichen Verbesserungsprozesses
- Verbesserung der Beziehungen zwischen Dienstleistungsanbieter und Nutzer (Kundenfreundlichkeit)

Wie eine Citizens Charter in der Praxis sehr vereinfacht dargestellt aussehen kann, zeigt folgendes Beispiel aus der englischen Sozialverwaltung.

Beispiel:

Sozialhilfe (Charity), Rechenschaftsbericht vom 17. Juni 1999:

- **Service Standard**

  Wir sind verpflichtet, hilfsbereit und höflich allen Kunden gegenüber aufzutreten. Unsere Mitarbeiter sagen Ihnen ihre Namen und wie sie erreicht werden können. Wir bedienen Sie innerhalb von 10 Minuten bei einem vereinbarten Termin in unserem Büro. Wir informieren Sie und geben Ihnen weitere Telefonnummern, um Ihnen zu helfen, oder verbinden Sie mit einem Mitarbeiter, der Ihnen weiterhilft. Wir sind verpflichtet, unsere Nutzer regelmäßig über unsere Dienstleistungen zu konsultieren und die Resultate weiterzuleiten. Wir haben eine Beschwerdeprozedur entwickelt, die wir Ihnen gerne auf Wunsch zusenden. Wir unternehmen alle möglichen Schritte, unsere Dienstleistungen leicht erreichbar zu gestalten, auch für Menschen mit speziellen Bedürfnissen. Wenn Sie Sozialhilfe

(Charity) beantragen, wird der vollständige Antrag innerhalb von 15 Arbeitstagen abschließend bearbeitet. Wir antworten Ihren Briefen innerhalb von 20 Arbeitstagen oder weniger.

Wenn diese Standards nicht eingehalten werden, können Sie von uns erwarten, eine Erklärung zu erhalten.

■ **Kundendienst-Resultate 1998**

Die zwei oben erwähnten Leistungsindikatoren sollen in mindestens 90% der Fälle erreicht werden. 1996/97 wurden zum ersten Mal diese Indikatoren erfasst. Dabei wurden erhebliche Anstrengungen unternommen, um dieses Qualitätsniveau zu erreichen, das vor einigen Jahren noch undenkbar schien. Die Zahlen beider Indikatoren für 1998 zeigen auf monatlicher Basis, dass beide Leistungsindikatoren deutlich über 90% liegen. Der leichte Rückgang im Oktober war auf interne Reorganisationsmaßnahmen zurückzuführen.

■ **Kundendienst-Resultate, Citizen Charter Ziele für 1999**

Die Daten für das laufende Jahr zeigen auf monatlicher Basis, dass auch 1999 die Vorgaben für die Leistungsindikatoren wiederum deutlich übertroffen werden. Die Leistungsindikatoren für das laufende Jahr werden in monatlichen Abständen weiter erhoben und aktualisiert.

Um die Errichtung von lokalen Charters zu erleichtern, wurde ein Service First Quality Network ins Leben gerufen, das auf lokaler Ebene agiert, um:

– Informationen über Entwicklungen von best-practice-Fällen auszutauschen,

– Fortschritte in gemeinsamen Interessensgebieten zu vergleichen,

– Partnerschaften öffentlicher Dienstleistungsersteller aufzubauen,

– Unterstützung bei Problemen zu geben.

Den größten Vorteil sehen die Briten im lokalen Netzwerk durch die Möglichkeit, Fragen der Qualität unter Fachleuten unterschiedlicher Dienstleister zu diskutieren. Da diese Organisationen ähnliche Problemlagen aufweisen, können diese Netze ihre Erfahrungen bündeln und gemeinsam schnelle Lernerfolge erzielen. Jedes Netzwerk verfügt über einen oder mehrere ehrenamtliche Führer, die die Netzwerkaktivitäten koordinieren und steuern, sie können ihre Ausgaben durch Mitgliedsbeiträge finanzieren. Basis der Zusammenarbeit bilden die neun oben beschriebenen Prinzipien öffentlicher Dienstleistungserstellung. Koordiniert wird das Netzwerk durch das Service First Unit Cabinet Office. Wer Mitglied werden oder ein eigenes Netzwerk gründen möchte, kann sich an diese Stelle wenden. Informationen zu diesem Thema erscheinen vierteljährlich in den Service First News.

Zu allen Fragen der lokalen Netze, der Wettbewerbe und der verschiedenen Charters bietet die englische Regierung eine eigene komplette Infrastruktur an, von Hotlines, Seminarangeboten, Publikationen, Kontaktbörsen bis zu Web-Seiten und Beratungstelefonen zu sämtlichen Themenstellungen.

Die Citizen-Charter-Bewegung umfasst den gesamten öffentlichen Dienst, Gesundheitsdienste und staatliche Monopole wie Gas-, Strom- und Wasserproduzenten. Wesentliches Instrument zur Erfassung und Bewertung relevanter Leistungskennzahlen sind Benchmarks und Wettbewerbe (Charter Mark Award Scheme; seit 1992). In fünf Jahren haben etwa 2700 von 75 000 öffentlichen Organisationen an diesem Wettbewerb teilgenommen, 451 Organisationen erhielten einen Preis. Auf lokaler Ebene existieren bereits über 10 000 Charters. Die Audit-Kommission entwickelte über 200 Leistungsindikatoren für Kommunalverwaltungen.

Best Practice aus den USA

Ein Beispiel aus den USA soll verdeutlichen, wie auf universitärer Ebene erhebliche Anstrengungen unternommen werden, um die Qualität von Forschung und Lehre in allen Fachbereichen kontinuierlich zu verbessern und dabei anhand von messbaren Daten ein Strategiepapier zu entwickeln (Strategic Direction Charter). Es handelt sich um die Universität Indiana, die auf den nationalen Spitzenplätzen neben Harvard und Princeton zu finden ist, außerhalb der USA jedoch kaum eine ähnliche Bekanntheit genießt. Spitzenleistung (excellence) in jedem akademischen Bereich war und ist das strategische Ziel der Universität. Der Kanzler der Indiana University Southeast, F. C. Richardson, sagt dazu: „Das Wichtigste ist, den Fokus auf Spitzenleistung zu richten.

- Spitzenleistung, um das Lernen der Studenten zu verbessern,
- Spitzenleistung im intellektuellen Umfeld der Universität,
- Spitzenleistung bei Innovationen,
- Spitzenleistung bei best practice."

Um die Herausforderungen der Zukunft und der Gegenwart zu meistern, begann die Universität im Jahre 1994 ein umfassendes Strategiepapier zu entwickeln. Dabei wurden alle Bereiche des universitären Lebens an der Entwicklung und der Umsetzung des Planes beteiligt. Zu diesem Zweck wurden acht Teams (task forces) gebildet, die damit beauftragt waren, Empfehlungen für die strategische Ausrichtung in acht Kernbereichen der Universität auszusprechen, wie z. B. qualitativ hochwertige Forschung und Lehre und Partnerschaft mit dem öffentlichen und privaten Sektor. Alle wesentlichen Gruppen des universitären Lebens wurden in den Kosultationsprozess einbezogen. Am Ende der Arbeit standen 30 Empfehlungen, um die außergewöhnliche Tradition einer exzellenten Universität weiterzuführen.

Abteilung 1 des Strategiepapieres plaziert die Studenten der Universität (Lernen, intellektuelle Entwicklung, Sozialverhalten, Durchhaltefähigkeit usw.) in das Zentrum der Aufgabenerfüllung. Wesentliche Inhalte sind dabei:

- Unterstützung bei der Verbesserung der Lehre, Dienstleistungen, Forschung und kreativer Arbeit;
- Ermutigung und Unterstützung der Studierenden durch Verbesserung traditioneller Lehrmethoden, Einsatz neuer Technologien bei der Wissensvermittlung;
- Definition der Qualitäten und Fähigkeiten, die Absolventen der Indiana-Universität aufweisen sollten;

- Verbesserung des Lernumfeldes durch angemessene Unterbringung der Studenten und Kinderbetreuung;

- Verbesserter Zugang von Interessenten zu universitären Bildungsangeboten für alle, die durch Talent und Motivation qualifiziert sind;

- Vermehrte Unterstützung von herausragenden Studenten und Absolventen durch Mentoren und die Gelegenheit, Erfahrungen im Unterricht zu gewinnen.

Dabei wurde auch eine Reihe von Studiengängen ins Leben gerufen; z. B. wurden neue Curricula für Sozialarbeit geschaffen, die zu neuen Abschlüssen für amerikanische Sozialarbeiter führen. Einen Studiengangschwerpunkt bildet integriertes Informationsmanagement, den zweiten angewandte Psychologie.

Umsetzungsbeispiel 1: Verbesserter Zugang von Interessenten zu universitären Bildungsangeboten

1997/98 waren mehr als 7000 Erwachsene in Kursen der Universität eingeschrieben, die in Shopping-Centern, höheren Schulen, Industrie- und Bürogebäuden durchgeführt wurden, durch Kabelfernsehen, Videokassetten und Internet. Weitere 16 000 Studenten waren in Zertifikatskursen eingeschrieben zu Themen wie z. B. EDV-Management und Human Resource Management. Ein weiteres Tätigkeitsfeld liegt in den speziell auf Gewerkschaften zugeschnittenen Angeboten wie z. B. Arbeitsrecht, Arbeitssicherheit und „Train the Trainer"-Workshops. Darüber hinaus werden noch weitere Angebote in der Abteilung lebenslanges Lernen (Continuing Education) angeboten, die 1997/98 1353 Teilnehmer verzeichnen konnten, die meisten lokale Arbeitgeber, die ihre Mitarbeiter zu Themen wie Qualitätsmanagement, Kundendienst und EDV-Einsatz angemeldet hatten.

Umsetzungsbeispiel 2: Altersforschung

In Amerika werden im Jahr 2020 ca. 20% der Bevölkerung über 65 Jahre alt sein. Das Indiana University Center for Aging Research wurde mit einem Budget von 1 Million US$ vom Strategic Decision Center ausgestattet, um Forschungen bezüglich verschiedener Aspekte des menschlichen Alterns zu unternehmen. Weitere 500 000 US$ kamen aus anderen Mitteln zusammen. Zunächst musste definiert werden, was unter „erfolgreichem Altern" zu verstehen ist. Erfolgreiches Altern bedeutet wesentlich mehr, als nur sehr alt zu werden. Es beinhaltet körperliche und geistige Gesundheit, gut erhaltene Gedächtnisleistung, Anteilnahme am sozialen Leben, persönliche Eigenverantwortung und Lebenszufriedenheit. Ziel der Forschung ist, die Lebensqualität alter Amerikaner zu erhöhen und die Gesundheitsvorsorge zu verbessern. Unter anderem wurde in folgenden Bereichen geforscht:

- Osteoporose, eine typische Knochenerkrankung bei älteren Menschen;

- soziale Veränderungen durch den Alterungsprozess;

- Umweltrisiken in Zusammenhang mit der Alzheimerkrankheit;

- genetische Zusammenhänge, die in Zusammenhang mit Alterungsprozessen stehen.

1998 wurden alle Projekte und Mitarbeiter erfasst, die sich in den einzelnen Zweigen der Indiana University mit diesem Thema beschäftigten. Es waren mehr als 100 Mitarbeiter an Zweigen der Universität; eine Übersicht wurde ins Internet gestellt und soll Zusammenarbeit und Informationsaustausch der Wissenschaftler unterstützen. Der Leiter dieses Vorhabens wurde für seine exzellente Arbeit mit dem Preis des National Institute of Aging ausgezeichnet.

3. Checklisten und Fragebögen zum Qualitätssicherungverfahren

„Step by Step"

Schritt 1: Verpflichtung der Geschäftsleitung

Die Geschäftsleitung muss davon überzeugt sein, dass eine Notwendigkeit besteht, die Qualität der sozialen Dienstleistung zu verbessern, und dies der gesamten Organisation klar und deutlich mitteilen.

Schritt 2: Qualitätsverbesserungsteam

Die Geschäftsleitung bildet aus den einzelnen Abteilungen des Hauses ein entsprechendes Team, um die Prozesse zur Verbesserung der Qualität zu steuern. Zur Vorbereitungsphase gehört:

- Berufung eines Entscheidungsgremiums als Lenkungs- und Kontrollorgan

- Bestimmung der Projektmitarbeiter des Personalressorts, die für die Informations- und Personalkoordination zuständig sind

- Berufung der Analysekoordinatoren, Führungsverantwortlichen aus der Organisation

- Berufung der Leiter der einzelnen Analyseeinheiten, i. d. R. zuständige Abteilungsleiter

- Festlegung der einzelnen Analyseeinheiten

- Schriftliche Information der Führungskräfte, der Mitarbeiter und des Betriebsrates durch die Geschäftsleitung

- Fachliche Unterweisung (Schulung) der Analysekoordinatoren und der Leiter der Analyseeinheiten in der Methodik durch die Unternehmensleitung oder durch einen Unternehmensberater und Trainer

- Entscheidung, welche Methoden zur Qualitätsmessung für welche Abteilungen, welche Prozesse usw. gewählt werden sollen

Schritt 4: Kosten der Qualitätsevaluation

Durch Art und Umfang der Untersuchung lassen sich die Kosten für die Qualitätsmessung feststellen und beschließen.

Schritt 5: Qualitätsbewusstsein

Durch entsprechende Fortbildungsmaßnahmen wird das Bewusstsein für Qualität bei allen Mitarbeitern durch Trainings, die sich am Ziel der

Unternehmung und der Unternehmenskultur der Einrichtung orientieren, geweckt und geschult.

Schritt 6: Zielsetzung

Innerhalb der einzelnen Abteilungen werden in den Sachgebieten eigene Ziele für die individuelle Qualitätsverbesserung und die des Sachgebietes formuliert, mit entsprechenden zeitlichen und inhaltlichen Vorgaben.

Schritt 7: Arbeitsgruppe Qualität

Die Arbeitsgruppe Qualität steuert und überwacht systematisch und regelmäßig alle Zielsetzungen der einzelnen Sachgebiete und trifft sich mit den Verantwortlichen der Sachgebiete, um Erfahrungen auszutauschen, Probleme und neue Ideen zu diskutieren.

Schritt 8: Never ending Story

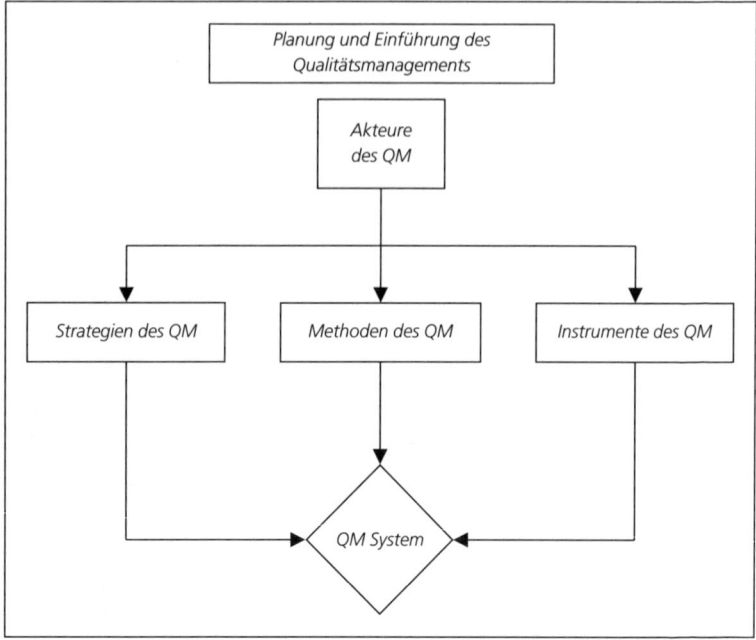

Checkliste: Zielvereinbarung für Manager

Die Checkliste für Manager dient als kleine Gedächtnisstütze für ein systematisches und methodisches Gespräch, das alle relevanten Themenfelder bearbeitet. Je nach Aufgabenstellung und Zielvereinbarung kann die Checkliste variieren.

- Wie gut hat Ihrer Meinung nach der Mitarbeiter sein Ziel in der abgelaufenen Beurteilungsperiode erreicht?
- Welche Personalentwicklungsmaßnahmen, die vereinbart worden sind, wurden ergriffen und durchgeführt?
- Welche Fördermaßnahmen, die vereinbart worden sind, wurden ergriffen und durchgeführt?
- Welche allgemeinen Leistungsverbesserungen konnten in der vergangenen Periode erzielt werden?
- Traten Schwierigkeiten bei der Zielerreichung auf? Wenn ja: Welche Schwierigkeiten traten bei der Zielerreichung auf und wie können sie zukünftig vermieden werden?
- Hat es genügend Führung und Motivation für den Mitarbeiter durch mich gegeben?
- Welche Methoden der Führung und Motivation können zukünftig bessere Resultate erzielen?
- Sind alle Kenntnisse, Fähigkeiten und Kompetenzen des Mitarbeiters genutzt worden? Wenn nicht: Was kann getan werden, um dem Mitarbeiter größere Entfaltungsmöglichkeiten zu geben?
- Wie ist das Potential des Mitarbeiters zu beurteilen?
- Kommt der Mitarbeiter für die Übertragung von mehr Verantwortung in Frage?
- Kommt der Mitarbeiter für die Wahrnehmung einer anderen Aufgabe in Frage?
- Kommt der Mitarbeiter für Personalentwicklungsmaßnahmen in Frage? Wenn ja: Welche Ziele sollen damit erreicht werden?
- Welche Ziele sollen für die nächste Periode erreicht werden?
- Wie sollen die Ziele anspruchsvoll, herausfordernd und realistisch beschrieben und festgelegt werden?
- Was möchte ich dem Mitarbeiter am Ende des Gespräches vorrangig für die nächste Periode auf den Weg geben?

5. Praxisbeispiele für Qualitätsmanagement

Checkliste: Betriebsklima (Überblick)

Gruppenklima/Betriebsklima

- Wie schätzen Sie das Betriebsklima insgesamt ein?
- Wie schätzen Sie das Gruppenklima ein?
- Wie kann die Zusammenarbeit des Teams verbessert werden?
- Wie kann die teamübergreifende Arbeit verbessert werden?
- Welche negativen Einflüsse gibt es Ihrer Meinung auf das Betriebsklima?
- Welche negativen Einflüsse gibt es Ihrer Meinung auf das Gruppenklima?

Organisation

- Wie schätzen Sie die Arbeitsorganisation in Ihrem Haus ein?
- Welche Methoden, Verfahren/Werkzeuge könnten zur Verbesserung der Arbeitsabläufe hilfreich sein?
- Sind Sie über organisationale Veränderungen hinreichend informiert?
- Welche Methoden, Verfahren/Werkzeuge könnten zur Verbesserung der Informationsversorgung dienen?

Entwicklungsmöglichkeiten

- Wie schätzen Sie das Angebot an Weiterbildungsmöglichkeiten ein?
- Wie schätzen Sie das Angebot an Arbeitsplatzwechseln ein?
- Wie schätzen Sie das Angebot an Karrieremöglichkeiten ein?

Möglichkeiten der Arbeitsgestaltung

- Möglichkeit, eigene Handlungs- und Entscheidungsspielräume wahrzunehmen
- Möglichkeit der eigenständigen Planung für bestimmte Zeiträume, z. B. wöchentlich, monatlich, quartalsmäßig (Zeitautonomie)
- Möglichkeit eigenständiger und eigenverantwortlicher Bearbeitung des Aufgabengebietes
- Möglichkeit, extrafunktionale Aufgaben wahrnehmen zu können, z. B. vorbereitende und kontrollierende Tätigkeiten

Die folgenden Fragebögen können ganz oder teilweise auch in modifizierter Form übernommen werden zur Evaluation des aktuellen Standes des Qualitätsmanagements einer Organisation. Dabei ist zu unterscheiden, ob sich die Fragen einerseits auf die gesamte Organisation beziehen oder andererseits auf die jeweilige Abteilung (horizontale Gliederung), in der der befragte Mitarbeiter oder der Manager (vertikale Gliederung) arbeitet.

Wichtig: Die einzelnen Fragebögen können in der Praxisanwendung sowohl für Mitarbeiter als auch für Führungskräfte benutzt und entsprechend ausgewählt werden – jeweils orientiert an den spezifischen Informationsbedürfnissen der Organisation. Die Fragebögen umfassen vier Dimensionen:

- Organisationsklima, wie Mitarbeiter und Manager ihre Organisation sowie ihre Abteilung bewerten.

- Prozesse, wie Mitarbeiter und Manager ihre Organisation sowie ihre Abteilung hinsichtlich ihrer Arbeitsschritte und Gesamtprozesse bewerten.

- Management-Instrumente, wie Mitarbeiter und Manager ihre Organisation sowie ihre Abteilung hinsichtlich ihrer speziellen Instrumente bewerten, um Qualität zu verbessern.

- Zielerreichung, inwieweit die Organisation ihre Ziele erreicht.

Das nachfolgende Beispiel zeigt eine Mitarbeiterbefragung.

Beispiel:

Mitarbeiterbefragung

Diese Befragung wurde unter Berücksichtigung der Mitarbeiterinteressen und der Interessen des Verbandes XY erstellt. Ziel der Befragung ist, den Standpunkt der Mitarbeiter zum Thema Qualität in der Sozialarbeit zu erfragen. Alle Mitarbeiter werden gebeten, den angefügten Fragebogen auszufüllen und bis zum … in den aufgestellten Urnen abzugeben. Die Befragung ist anonym, kein Mitarbeiter muss befürchten, durch seinen Fragebogen irgendeinen beruflichen Nachteil zu erleiden. Alle Daten, die erhoben werden, sind vertraulich zu behandeln. Die Ergebnisse werden in einer repräsentativen Form veröffentlicht. Rückschlüsse auf einzelne Mitarbeiter sind dadurch ausgeschlossen.

5. Praxisbeispiele für Qualitätsmanagement

Um einen möglichst repräsentativen Überblick über Ihre Einstellung zum Thema Qualität in der Sozialarbeit zu erhalten, bitten wir alle Mitarbeiter unseres Hauses, den Fragebogen vollständig und gewissenhaft auszufüllen. Wichtig ist uns Ihre persönliche und spontane Meinung.

Das Ausfüllen des Fragebogens benötigt etwa 15 Minuten Ihrer Zeit. Kreuzen Sie die Nummer an, deren Antwort Ihrer eigenen Meinung am nächsten kommt.

Mitarbeiterbefragung: Organisationsklima

Meine Meinung	1 absolut falsch	2 falsch	3 weiß nicht	4 richtig	5 absolut richtig
■ Im Allgemeinen glauben unsere Kunden/ Klienten, dass uns ihre Meinung wichtig ist.					
■ Die Mitarbeiter kennen den Wert ihrer Arbeit bei der Erreichung unserer Ziele.					
■ Es ist in aller Interesse, dass unsere Organisation erfolgreich ist.					
■ Im Allgemeinen glaube ich, dass unsere Kunden/Klienten nicht zu einer anderen Organisation gehen würden, wenn dies möglich wäre.					
■ Die Mitarbeiter versuchen, durch gemeinsame Arbeit die zukünftigen Entwicklungen zu planen.					
■ Die Mitarbeiter sehen einen kontinuierlichen Verbesserungsprozess als wesentliches Element ihrer Arbeit.					
■ Die Mitarbeiter haben auch nach ihrer Pensionierung starkes Interesse an ihrer Organisation.					
■ Kreativität wird aktiv in unserer Organisation unterstützt.					
■ Die Qualität unserer Arbeit steht neben der Zielerreichung als zweitwichtigster Wert.					
■ Jeder Mitarbeiter sieht die Notwendigkeit eines Qualitätsmanagements.					

198

3. Checklisten und Fragebögen

noch: Organisationsklima

Meine Meinung	1 absolut falsch	2 falsch	3 weiß nicht	4 richtig	5 absolut richtig
■ Kontinuierliche Verbesserungsprozesse führen zu höherer Produktivität.					
■ Die Mitarbeiter unserer Organisation wissen, wie sie die Qualität ihrer Arbeit definieren.					
■ Jeder Mitarbeiter bemüht sich seinen Teil zur Qualitätsverbesserung beizutragen.					
■ Mitarbeiter unseres Hauses haben einen hohen ethischen Anspruch.					
■ Mitarbeiter unseres Hauses möchten gute Arbeit leisten.					
■ Mitarbeiter unseres Hauses möchten ihre Arbeit schon beim ersten Mal ohne Fehler verrichten.					
■ Die Geschäftsführung unseres Hauses ist stets bemüht um Spitzenqualität bei Dienstleistungen und Arbeitsprozessen.					
■ Die Geschäftsführung unseres Hauses fragt die Mitarbeiter, wie die Qualität unserer Arbeit verbessert werden kann.					
■ Die Geschäftsführung unseres Hauses nimmt Qualitätsverbesserungsvorschläge auf uns setzt sie um.					
■ Die Geschäftsführung und das Management unseres Hauses sind beispielhaft in ihrer eigenen Arbeit.					
■ Die Geschäftsführung und das Management unseres Hauses versuchen herauszufinden, warum bestimmte Ziele nicht erreicht werden.					
■ Die Mitarbeiter meiner Abteilung suchen den Kontakt zu ihren Vorgesetzten, um ihre Arbeit ständig zu verbessern.					
■ Die Mitarbeiter meiner Abteilung wissen, dass ihre Vorgesetzten bei Problemen gemeinsam an einer Lösung des Problems arbeiten.					

5. Praxisbeispiele für Qualitätsmanagement

noch: Organisationsklima

Meine Meinung	1 absolut falsch	2 falsch	3 weiß nicht	4 richtig	5 absolut richtig
■ Die Mitarbeiter meiner Abteilung werden durch ihre Vorgesetzten herausgefordert, ständig ihre Arbeit zu verbessern.					
■ Die Vorgesetzten in meiner Abteilung machen die kontinuierliche Verbesserung zu ihrer Top-Priorität.					
■ Die Vorgesetzten in meiner Abteilung befragen regelmäßig unsere Kunden/ Klienten über die Qualität der Dienstleistungen, die sie erhalten.					
■ Die Mitarbeiter meiner Abteilung glauben, dass qualitativ hochwertige Arbeit die Produktivität erhöht.					
■ Die Mitarbeiter meiner Abteilung können die Qualitäts- und Produktivitätspolitik der Organisation beschreiben.					
■ Die Mitarbeiter meiner Abteilung sind stolz auf ihre Arbeit.					
■ Die Mitarbeiter meiner Abteilung glauben, dass ihr Beitrag wichtig ist für den Erfolg der Organisation.					
■ Mitarbeiter in der Organisation arbeiten gut und vertrauensvoll zusammen.					
■ Es herrscht ein Geist von Teamwork und Kooperation in der Organisation.					
■ Wir haben eine gute und vertrauensvolle Zusammenarbeit mit anderen Organisationen.					
■ Mitarbeiter in meiner Abteilung wissen, wer ihr Kunde/Klient ist.					
■ Es gibt effektive Kommunikation zwischen den einzelnen Abteilungen.					
■ Mitarbeiter in meiner Abteilung sind nicht auf Gerüchte und Munkeleien angewiesen, um Informationen zu erhalten.					
■ Mitarbeiter in meiner Abteilung haben genug Gelegenheit, Informationen mit ihren Vorgesetzten auszutauschen.					

200

Mitarbeiterbefragung: Erfassung der Prozesse

Meine Meinung	1 absolut falsch	2 falsch	3 weiß nicht	4 richtig	5 absolut richtig
■ Die Organisation nutzt Daten und Informationen, um zu bestimmen, ob Qualitätsverbesserungen notwendig sind.					
■ Die Organisation nutzt Mitarbeiterbefragungen, um zu bestimmen, ob Qualitätsverbesserungen notwendig sind.					
■ Die Organisation befragt ihre Mitarbeiter über ihre Meinung, ob Verbesserungen notwendig sind.					
■ Die Organisation befragt das Management über seine Meinung, ob Verbesserungen notwendig sind.					
■ Die Organisation analysiert Daten bezüglich der Zielerreichung, um zu bestimmen, ob Qualitätsverbesserungen notwendig sind.					
■ Die Organisation nutzt Daten aus Arbeitsgruppen zur Qualitätsverbesserung.					
■ Die Organisation ist dem Ziel der Qualitätsverbesserung verpflichtet.					
■ Die Organisation ist dem Ziel der Qualitätsverbesserung verpflichtet, weil unsere Vorgesetzten es beschlossen haben.					
■ Die Organisation ist dem Ziel der Qualitätsverbesserung verpflichtet, weil das Management mit unserer Arbeitsleistung unzufrieden war.					
■ Die Organisation hat eine Qualitätsverbesserungspolitik, die von den Mitarbeitern ernst genommen wird.					
■ Die Organisation hat eine Qualitätsverbesserungspolitik, die die Mitarbeiter für Erfolg oder Misserfolg zur Verantwortung zieht.					
■ Die Verantwortung für das Qualitätsmanagement ist vom Management/ von der Geschäftsführung akzeptiert.					

5. Praxisbeispiele für Qualitätsmanagement

noch: Erfassung der Prozesse

Meine Meinung	1 absolut falsch	2 falsch	3 weiß nicht	4 richtig	5 absolut richtig
▪ Die Verantwortung für das Qualitätsmanagement ist von den unmittelbaren Vorgesetzten akzeptiert.					
▪ Die Verantwortung für das Qualitätsmanagement ist von (fast) allen Mitarbeitern akzeptiert.					
▪ Manager auf allen Ebenen haben klar definierte Rollen in unserem Qualitätsverbesserungsprojekt.					
▪ Manager auf allen Ebenen sind verantwortlich für Erfolg oder Misserfolg unserer Qualitätsverbesserungsprojekte.					
▪ Die Organisation verfügt über entsprechendes Datenmaterial und ein Prüfsystem für alle relevanten Qualitätsinformationen.					
▪ Die Arbeitsprozesse stimmen mit unseren Qualitätsstandards überein.					
▪ Die Mitarbeiter meiner Abteilung sind mitverantwortlich für den Erfolg oder Misserfolg unserer Dienstleistung.					
▪ Mitarbeiter in meiner Abteilung sind aktiv daran beteiligt, unsere Dienstleistungen/Arbeitsprozesse zu verbessern.					
▪ Die Aufbau- und Ablauforganisation machen es einfach, sich auf die Qualität unserer Arbeit zu konzentrieren.					
▪ Mitarbeiter in meiner Abteilung arbeiten gerne zusammen.					
▪ Die Aufgaben sind in unserer Abteilung gerecht verteilt.					
▪ In unserer Abteilung ist ausreichend Zeit, um professionelle Arbeit zu tun.					
▪ Meine Abteilung ist so aufgebaut, dass die Arbeit zufriedenstellend erledigt werden kann.					
▪ Mitarbeiter meiner Abteilung erhalten die Informationen, die sie für ihre Arbeit benötigen.					

Mitarbeiterbefragung: Management-Instrumente A

Meine Meinung	1 absolut falsch	2 falsch	3 weiß nicht	4 richtig	5 absolut richtig
■ Die Geschäftsführung unseres Hauses überprüft in regelmäßigen Abständen die Qualität unserer Arbeit.					
■ Wir haben das richtige Arbeitsmaterial/ Einrichtung/EDV/Kommunikationstechnik usw., um unsere Aufgabe zu erledigen.					
■ Es stehen alle Arbeitsmaterialien/Einrichtung/EDV/Kommunikationstechnik usw. stets zur Verfügung.					
■ Vorgesetzte in meiner Abteilung fragen nach Mitarbeitermeinungen zur Arbeitsqualität.					
■ Mitarbeiter in meiner Abteilung werden für ihre Arbeit gerecht bezahlt.					
■ In meiner Abteilung werden Mitarbeiter mit guten Arbeitsergebnissen gefördert.					
■ Mitarbeiter in meiner Abteilung werden gefördert, weil sie es verdient haben.					
■ Vorgesetzte in meiner Abteilung werden für besonders gute Leistung sofort gelobt.					
■ Es gibt negative Sanktionen in meiner Abteilung.					
■ Manager können für besondere Leistungen mit besonderer Anerkennung durch die Geschäftsleitung rechnen.					
■ Manager können für besondere Leistungen mit Beförderung rechnen.					
■ Manager können für besondere Leistungen mit anspruchsvolleren Aufgaben rechnen.					
■ MItarbeiter können für besondere Leistungen eine Prämie erhalten.					

5. Praxisbeispiele für Qualitätsmanagement

noch: Management-Instrumente A

Meine Meinung	1 absolut falsch	2 falsch	3 weiß nicht	4 richtig	5 absolut richtig
▪ Mitarbeiter können für besondere Leistungen mit besonderer Anerkennung durch die Geschäftsleitung rechnen.					
▪ Mitarbeiter können für besondere Leistungen mit Beförderung rechnen.					
▪ Mitarbeiter können für besondere Leistungen mit anspruchsvolleren Aufgaben rechnen.					
▪ Die Leistungsbeurteilung aller Manager beinhalten Maßstäbe hinsichtlich der Qualitätsverbesserung.					
▪ Die Leistungsbeurteilung aller Mitarbeiter beinhalten Maßstäbe hinsichtlich der Qualitätsverbesserung.					

Mitarbeiterbefragung: Management-Instrumente B

Meine Meinung	1 ja	2 nein	3 weiß nicht
▪ Die Organisation nutzt Informationen der Mitarbeiter bezüglich der Geschäftspolitik.			
▪ Die Organisation nutzt Befragungen, um Informationen zu erhalten, wo Verbesserungen notwendig sind.			
▪ Die Organisation nutzt Befragungen, um Arbeitsergebnisse zu beurteilen.			
▪ Die Organisation nutzt Befragungen, um die Qualität der Dienstleistung zu beurteilen.			
▪ Die Organisation nutzt Befragungen, um Mitarbeitermeinungen hinsichtlich der Ziele, an denen sie arbeiten, beurteilen zu können.			
▪ Die Organisation nutzt Befragungen bei ausgesuchten Gruppen oder einzelnen Mitarbeitern, um die Ziele der Organisation zu klären.			

204

noch: Management-Instrumente B

Meine Meinung	1 ja	2 nein	3 weiß nicht
■ Die Organisation nutzt Befragungen bei ausgesuchten Gruppen oder einzelnen Mitarbeitern, um kurzfristige Ziele der Organisation oder einzelner Abteilungen zu definieren.			
■ Die Organisation nutzt Befragungen bei ausgesuchten Gruppen oder einzelnen Mitarbeitern, um Widerstände und Probleme bei der Zielerreichung zu beseitigen.			
■ Die Organisation nutzt Befragungen bei ausgesuchten Gruppen oder einzelnen Mitarbeitern, um Kennzahlen hinsichtlich der Zielerreichung zu definieren.			
■ Die Organisation nutzt statistisches Material (Grafiken, Charts), um Daten visuell und Probleme bzw. herausragende Leistungen darzustellen.			
■ Die Organisation verfügt über eine auf aktuellem Stand befindliche Fachbibliothek bzw. Zugang zu einer solchen.			
■ Die Organisation hat Workshops zum Thema Qualitätsmanagement durchgeführt.			
■ Die Organisation veröffentlicht Qualitätsverbesserungen (Zeitung, schwarzes Brett, Rundbrief).			
■ Die Organisation führt Wettbewerbe im eigenen Haus zur Qualitätsverbesserung durch.			
■ Die Organisation bemüht sich, jeden Mitarbeiter in die Qualitätsverbesserung einzubinden.			
■ Die Organisation nutzt Techniken zur Teambildung, um die Teamfähigkeit zu verbessern.			
■ Die Organisation hat Gruppen zur Qualitätsverbesserung gegründet.			

5. Praxisbeispiele für Qualitätsmanagement

Mitarbeiterbefragung: Zielerreichung A

Meine Meinung	1 absolut falsch	2 falsch	3 weiß nicht	4 richtig	5 absolut richtig
■ Arbeitsverzögerungen sind in unserer Organisation selten.					
■ Projekte werden pünktlich und erfolgreich abgeschlossen.					
■ Alle notwendigen Arbeitsmaterialien sind in ausreichendem Umfang vorhanden und einsatzbereit.					
■ Die Organisation verfügt über ausreichendes Personal, um ihre Ziele zu erreichen.					
■ Die Arbeitsbedingungen sind sehr gut.					
■ Die Mitarbeiter sind sehr gut ausgebildet.					
■ Es gibt wenig Personalfluktuation.					
■ Mitarbeiter müssen ihre Arbeitsinhalte nicht dauernd ändern, um ihre Arbeit zu erledigen.					
■ Mitarbeiter müssen ihre Arbeit nicht erneut ausführen, weil sie fehlerhaft war.					
■ Die Kunden/Klienten sind mit der Qualität unserer Arbeit zufrieden.					
■ Die Kunden/Klienten sind mit der Termintreue/Pünktlichkeit unserer Arbeit zufrieden.					
■ Die Kunden/Klienten finden unsere Arbeit erfolgreich.					
■ Die Mitarbeiter in dieser Organisation kennen die übergeordneten Ziele unserer Aufgabe.					
■ Die Mitarbeiter versuchen Veränderungen, die sich auf unsere Ziele auswirken, im Voraus zu bedenken und zu planen.					

206

noch: Zielerreichung A

Meine Meinung	1 absolut falsch	2 falsch	3 weiß nicht	4 richtig	5 absolut richtig
■ Die Geschäftsführung und das Management unseres Hauses überprüft regelmäßig die Zielerreichung der Organisation.					
■ Der Vorgesetzte versteht es gut, angemessene Ziele zu setzen.					
■ Die Ziele und Standards in meiner Abteilung sind fair.					
■ Wir haben die richtigen Leute am richtigen Platz, um unsere Aufgabe angemessen zu erledigen.					
■ Die Organisation ist dem Ziel der Qualitätsverbesserung verpflichtet, weil das Management mit unserer Arbeitsleistung unzufrieden war.					
■ Die Organisation ist dem Ziel der Qualitätsverbesserung verpflichtet, weil wir einen bisher akzeptablen Qualitätsstandard verbessern wollen.					
■ Die Organisation ist dem Ziel der Qualitätsverbesserung verpflichtet, weil wir trotz Budgetkürzungen das bisherige Qualitätsniveau halten möchten.					
■ Die Organisation ist dem Ziel der Qualitätsverbesserung verpflichtet, weil unsere Kunden/Klienten die bestmögliche Dienstleistung verdienen.					

5. Praxisbeispiele für Qualitätsmanagement

Mitarbeiterbefragung: Zielerreichung B

Meine Meinung	1 ja	2 nein	3 weiß nicht
■ Wieviele Abteilungen der Organisation wissen, wie die Organisation Qualitätsverbesserungen definiert?			
■ Wieviele Abteilungen der Organisation haben strategische Ziele bei der Qualitätsverbesserung definiert?			
■ Wieviele Abteilungen der Organisation haben taktische/operative Ziele bei der Qualitäts- verbesserung definiert?			
■ Wieviele Abteilungen der Organisation verfügen über Messsysteme, um den Fortschritt in ihrer Zielerreichung zu steuern und zu überwachen?			

Speyerer Qualitätswettbewerb – Kriterienliste (Auszug)

Die konktrete Beschreibung des Qualitätswettbewerbs finden Sie in Kapitel 4 ab Seite 127; an dieser Stelle werden als Praxisbeispiel interessante Fragebögen angeführt.

Welche Ziele verfolgen Sie mit der Verwaltungsmodernisierung, und welche Bedeutung haben diese?

Beispielhafte Ziele	Sehr gering			Sehr hoch	
	1	2	3	4	5
Haushaltskonsolidierung/Verbesserung des finanziellen Handlungsspielraums					
Überprüfung des Aufgabenbestandes (Aufgabenkritik)					
Erweiterung der Entscheidungsbefugnisse für die Umsetzung/Dezentralisierung von Aufgaben- und Ressourcenverantwor- tung					

208

noch: Beispielhafte Ziele

Übernahme von zusätzlichen Aufgaben/ Erweiterung der Zuständigkeiten					
Verbesserung der Bürger-/Kundenorientierung					
Förderung des Bürgerengagements					
Verbesserung der Leistungsfähigkeit und -bereitschaft (Motivation) der Mitarbeiter					
Verbesserung/Veränderung des Verhältnisses zur Politik					
Erhöhung der Qualität der Verwaltungsleistung					
Wirtschaftlichere und wirksamere Verwaltungssteuerung					
Schaffung von Leistungs- und Kostentransparenz					
Sicherung des Fortbestandes der eigenen Verwaltungseinheit/Behörde					
Sonstige:					

Bitte beschreiben Sie in Stichworten:

- Inwieweit und in welcher Form wurden die Mitarbeiter, die Führungskräfte, die Politik, die Bürger/Kunden in die Formulierung von Zielen für die Modernisierung eingebunden?

- Kam es zu einem Aushandlungsprozess bei der Zielbildung?

- Inwieweit kam es zu einer Operationalisierung der Ziele?

- In welcher Form sind die Ziele dokumentiert?

- Wird die Zielerreichung systematisch gemessen?

5. Praxisbeispiele für Qualitätsmanagement

*Welche der folgenden möglichen Teilelemente
einer Modernisierung streben Sie an bzw. sind bereits umgesetzt?*

Lern- und Selbstentwicklungsfähigkeit

	Wird angestrebt	Im Anfangs- stadium	Im Rahmen von Pilot- projekten	Flächen- deckend abge- schlossene Umsetzung
Maßnahmen zur Bestandsaufnahme und Bewertung, Ist-Aufnahme, -Analyse/Stärken-/ Schwächenanalyse, Problemdiagnose				
Selbstbewertung (z. B. im Rahmen eines Selbstbewertungsworkshops o. Ä.)				
Mitarbeiterbefragung(en)				
Analyse und Bewertung der Aufgaben bzw. des Aufgabenspektrums (Auf- gabenkritik) und Identifikation von stellen- und bereichsübergreifenden Schnittstellen				
Organisationsanalysen/-unter- suchung(en)				
Bürger-/Kundenbefragung(en)				
Leistungs- und Kennzahlenvergleich(e) – organisationsintern – mit anderen Organisationen aus dem öffentlichen oder privaten Bereich				
Qualitätsbewertung durch Externe, z. B. im Rahmen der Zertifizierung nach DIN EN ISO 9000 ff				
Teilnahme an Wettbewerben				
Bildung von Qualitätszirkeln, Wertana- lyse-Gruppen zur Problemdiagnose				
Sonstige:				

210

Bitte erläutern Sie in Stichworten die aus Ihrer Sicht besonders wichtigen Aspekte.

Strategie und Ressourcenmanagement				
	Wird angestrebt	Im Anfangsstadium	Im Rahmen von Pilotprojekten	Flächendeckend abgeschlossene Umsetzung
Formulierung strategischer Politikziele (langfristige Planung)				
Definition politischer Indikatoren				
Formulierung operativer leistungsbezogener Ziele				
Ableitung von Leistungs- bzw. Qualitätszielen aus den strategisch-politischen Vorgaben/Leitbildern				
Definition von Finanzzielen				
Entwicklung von Kennzahlen-Indikatoren				
Leistung pro Mitarbeiter				
Kostenkennzahlen (z. B. Kosten pro ccm Abwasser, Kostendeckungsgrad)				
Mengenkennzahlen (z. B. Kindergartenplätze/Kinder drei bis sechs Jahre alt				
Zeitkennzahlen (z. B. Dauer einer Baugenehmigung)				
Wirkungskennzahlen (z. B. Zufriedenheit der Bürger/Kunden mit dem Produktangebot)				
Wirkungsindikatoren (z. B. Rückgang der Verkehrsunfälle, bessere Versorgung mit Wohnungen usw.)				
Sonstige:				

5. Praxisbeispiele für Qualitätsmanagement

Bitte erläutern Sie die aus Ihrer Sicht besonders wichtigen Aspekte.

Maßnahmen zur Verbesserung der Bürger-/Kundenorientierung	Wird angestrebt	Im Anfangs- stadium	Im Rahmen von Pilot- projekten	Flächen- deckend abge- schlossene Umsetzung
Leitbildentwicklung mit Bürgern/ Kunden				
Planung/Entscheidung				
Leistungs-/Produktdefinition				
Entwicklung von Leistungs-/Qualitäts- kennzahlen (z. B. im Rahmen von Bür- ger-/Publikumsbefragungen zu Zufrie- denheit, Erwartungen, Bedürfnissen usw.)				
Beschwerdemanagement				
Einbeziehung und Unterstützung von Bürgerprojekten im Rahmen der Stadt- entwicklung, im Umwelt- und Kultur- bereich oder Sozialwesen				
Sonstige:				

Bitte erläutern Sie die aus Ihrer Sicht besonders wichtigen Aspekte.

Verbesserung der Servicequalität				
	Wird angestrebt	Im Anfangs- stadium	Im Rahmen von Pilot- projekten	Flächen- deckend abge- schlossene Umsetzung
Möglichkeit der zentralen Erledigung von Anliegen z. B. One-Stop-Agencies, Bürgeramt, Dienstleistungszentrum, Kundenbetreuer usw.				
Erweiterung der Öffnungszeiten				
Verkürzung von Wartezeiten				
Verbesserung der Beratung, Betreu- ung, Information				
Besondere Serviceangebote, z. B. Bür- gerservicebrief, Schaffung dezentraler Anlaufstellen				
Steigerung der Kundenzufriedenheit durch Bewertung der Servicequalität durch die Bürger/Kunden				
Ermunterung zur Nutzung von Beschwerdemöglichkeiten				
Sonstige:				

5. Praxisbeispiele für Qualitätsmanagement

Bitte erläutern Sie die aus Ihrer Sicht besonders wichtigen Aspekte.

Maßnahmen zur Förderung des Wettbewerbs

	Wird angestrebt	Im Anfangsstadium	Im Rahmen von Pilotprojekten	Flächendeckend abgeschlossene Umsetzung
Kosten- und Leistungsvergleich zwischen eigenen Verwaltungseinheiten				
Kosten- und Leistungsvergleich mit anderen Kommunen bzw. interkommunale Vergleichsringe				
Kostenvergleich mit privaten Anbietern, z. B. durch „Markttest" (Fach- und Servicedienste dem Preisvergleich mit privaten Anbietern aussetzen)				
Verbindung der Kosten- und Leistungsvergleiche mit strategischen Vorgaben/Zielen				
Ableitung von Folgerungen aus den Kosten- und Leistungsvergleichen, z. B. Organisationsänderungen, Privatisierung, Angebot eigener Leistungen auf dem freien Markt				
Wettbewerbliche Vergabe bisheriger Verwaltungsleistungen an Dritte („Contracting Out")				
Sonstige:				

214

Bitte erläutern Sie die aus Ihrer Sicht besonders wichtigen Aspekte.

Messung von Ergebnissen				
Mögliche binnen- und außenorientierte Erfolgsmaßstäbe	Wird angestrebt	Im Anfangsstadium	Im Rahmen von Pilotprojekten	Flächendeckend abgeschlossene Umsetzung
Messung der definierten und vereinbarten Ziele im Hinblick auf den Zielerreichungsgrad				
Messung des realisierten Effizienzgewinns, z. B. durch Ergebnisverbesserung in Bezug auf Zeit und Geld				
Messung der realisierten Mitarbeiterzufriedenheit, z. B. im Hinblick auf Steigerung der Motivation, des Wissens- und Innovationspotentials, des Verantwortungsbewusstseins, realisierte Delegation von Entscheidungsbefugnissen ggf. in Verbindung mit Zielvereinbarungen				
Messung der realisierten Bürger-/Kundenzufriedenheit, z. B. im Hinblick auf die Verbesserung der Serviceleistungen, Öffnungs- und Wartezeiten				
Messung der realisierten Zufriedenheit der politischen Entscheidungsträger, z. B. im Hinblick auf das Berichtswesen als Entscheidungsgrundlage				
Messung der erreichten Lernfähigkeit, z. B. im Hinblick auf die Installierung eines kontinuierlichen Verbesserungsprozesses (Nutzen der Möglichkeit, am eigenen Erfolg/Misserfolg zu lernen; Nutzen des externen Bürger-/Kunden- und Mitarbeiter-Wissens beim Lernprozess				
Sonstige:				

5. Praxisbeispiele für Qualitätsmanagement

Bitte erläutern Sie die aus Ihrer Sicht besonders wichtigen Aspekte.

Messung der Wirkung				
Binnen- und außenorientierte Wirkungsfaktoren	Wird angestrebt	Im Anfangs- stadium	Im Rahmen von Pilot- projekten	Flächen- deckend abge- schlossene Umsetzung
Entwicklung von Wirkungsindikatoren im Rahmen der strategischen Planung/des strategischen Controllings, welche die Leistungen des politisch-administrativen Systems messbar machen, z. B.: Verkürzung der Verweildauer in der Arbeitslosigkeit, Verkürzung der Verweildauer in der Sozialhilfe, Minderung von Kriminalität und Steigerung der Aufklärungsquote, Steigerung des Sicherheitsgefühls bei den Bürgern, Steigerung der Lebensqualität in der Kommune, Entwicklung eines Gemeinschafts-geistes				

Bitte beschreiben Sie in Stichworten:

- Welche Wirkungsindikatoren wurden formuliert?
- Wer hat bei der Formulierung von Wirkungsindikatoren mitgewirkt?
- Wie erfolgt die Messung der Wirkungsindikatoren?
- Welche Verbesserungen wurden erzielt?

Zehn Tipps, wie Bürger, Nutzer oder Klienten befragt werden sollten

- Befragungen sollten in die regelmäßige Planung vorgenommen werden, Befragungen müssen frühzeitig durchgeführt werden, um planungsrelevant zu sein.

- Fragen Sie nicht nach Meinungen, mit denen Sie nichts anfangen wollen oder können; stellen Sie klar, was veränderbar ist und was nicht.

- Lernen Sie von anderen, nutzen sie externes Know-how, tun Sie nicht etwas, weil es „alle anderen auch tun", arbeiten Sie heraus, welche Informationsbedürfnisse Ihre Organisation hat.

- Nutzen sie mehr als nur eine Art der Befragung.

- Versuchen Sie, alle ihre (potentiellen) Nutzer zu erreichen.

- Befragen Sie auch Ihre Mitarbeiter.

- Unterstützen Sie ihre Nutzer, offen und frei ihre Meinung zu sagen, sichern Sie z. B. Vertraulichkeit zu.

- Veröffentlichen Sie ihre Befragungen, damit ein möglichst breiter Kreis seine Meinung kundtut und damit klar wird, dass die Meinung des Befragten eine wichtige Rolle spielt.

- Veröffentlichen Sie die Ergebnisse der Befragung und zeigen Sie, welche Konsequenzen Sie daraus ziehen.

- Evaluieren Sie die Befragung und ziehen Sie die nötigen Konsequenzen für die nächste Befragung.

Zehn Schritte zum richtigen Benchmarking-Prozess[1]

Schritt 1: Identifizierung der Leistung

- War das Thema der Benchmarking-Studie abgeleitet von der Mission der Funktion und ihrem Leistungsspektrum?

- War die ausgewählte Leistung kritisch für den Erfolg der Funktion?

---

1) Nach Camp 1994

- Bezog sich das Benchmarking auf Methoden und Verfahren genauso wie auf die wichtigsten Leistungsmetriken?

- Wurden Gegenstand und Zweck der Benchmarking-Studie mit dem Management und den Kunden/Klienten auf ihre Zustimmung hin untersucht?

Schritt 2: Identifizieren vergleichbarer Unternehmen

- Waren die ausgewählten vergleichbaren Organisationen die besten Wettbewerber, z. B. mit dem größten Marktanteil, oder in funktionaler Sicht führende Unternehmen, z. B. mit neuester technischer Ausstattung?

- Wurden alle Arten des Benchmarking bei der Identifikation der funktional besten Industrieführer in Betracht gezogen?

Schritt 3: Bestimmung der Methode der Datensammlung

- Wurde vor der Datensammlung ein Fragebogen vorbereitet?

- Wurden die Fragen einem Test unterzogen?

- Wurden interne Quellen ausgeschöpft?

- Wurden öffentlich zugängliche Quellen ausgeschöpft?

- Wurden eigene Untersuchungen und wissenschaftliche Quellen ausgeschöpft?

Schritt 4: Bestimmung der aktuellen Leistungslücke

- Wurden durch die Benchmarking-Erkenntnisse Unterschiede bei den Praktiken identifiziert?

- Zeigten die Praktiken, aus welchen Gründen die Unterschiede bestanden?

- Wurde eine Lücke identifiziert?

Schritt 5: Projektion des zukünftigen Leistungsniveaus

- Wurde bei der Projektion der Lücke das Fachwissen über entsprechende Trends der Branche berücksichtigt?

- Wurden aus der Lücke Konsequenzen in Form von taktischen und strategischen Aktionen gezogen?

Schritt 6: Festlegung der betrieblichen Ziele

- Wurden die Erkenntnisse der betroffenen Organisation kommuniziert?

- Wurden alle Methoden, Akzeptanz zu erreichen, berücksichtigt?

- Gab es Übereinstimmung und Verpflichtung zu den Erkenntnissen von der betroffenen Organisation oder dem Kunden?

Schritt 7: Entwicklung betrieblicher Aktionspläne

- Wurden betriebliche Ziele untersucht, um Benchmarking-Prozesse zu berücksichtigen?

- Wurden Benchmarking-Praktiken klar und deutlich herausgearbeitet, um darzustellen, wie die Industrieführer ihre Spitzenleistung erzielen?

Schritt 8: Ausführen bestimmter Aktionsschritte

- Zeigen die Aktionspläne klar, wie die Lücke geschlossen wird?

- Wurde der Aktionsplan durchgeführt?

Schritt 9: Kontrolle und Dokumentation des Fortschrittes

- Wurden die Benchmarks in den Management- und Finanzprozess einbezogen?

- Wurde ein Kontrollprozess eingeführt?

Schritt 10: Rekalibrierung[1] und Reife

- Gibt es einen Plan für die Rekalibrierung?
- Wurden Benchmarks institutionalisiert?
- Wurde eine Führungsposition erreicht?

---

1) Rekalibrierung bedeutet in diesem Zusammenhang, die Benchmarks in regelmäßigen Abständen auf den neuesten Stand zu bringen, um sicherzugehen, dass sie auf dem Stand der Methoden und Praktiken basieren.

Das Qualitäts-Management-informationssystem (Q-MIS)

6

1. Das Konzept des Q-MIS im Überblick

Abschließend soll noch ein komplexes und umfassendes Qualitätsmanagement-Verfahren – das von der Firma xit forschung.planung. beratung entwickelte Qualitäts-Managementinformationssystem (Q-MIS) – ausführlich dargestellt werden. Anhand dieses Beispiels soll exemplarisch gezeigt werden, wie ein Qualitätsmanagementsystem aufgebaut werden könnte, das einige der in Kapitel 4 besprochenen Verfahren aufgreift, kombiniert, in einen neuen Zusammenhang rückt und gleichzeitig auch zahlreiche Erfahrungen aus den praktischen Beispielen aufgegriffen hat. Dabei geht es zunächst um die Ziele, Funktionen und Bausteine dieses Qualitätsmanagement-Verfahrens. Im Mittelpunkt der daran anschließenden Abschnitte stehen folgende Fragen: Welche Instrumente werden genutzt, welche Phasen sind bei der Einführung des Q-MIS zu durchlaufen, welche Probleme können bei den einzelnen Etappen der Umsetzung auftauchen, mit welchen Widerständen ist zu rechnen, welche Voraussetzungen müssen gegeben sein, damit das vorgestellte Qualitätsmanagement-Verfahren seine volle Wirkung entfaltet, wie können im Rahmen des Q-MIS Qualitätsstandards und Qualitätssicherungssysteme entwickelt werden, wie kann sichergestellt werden, dass das Qualitätsmanagement zu einem Dauerprojekt der Organisation wird, ohne diese zu überfordern?

Ausgangspunkt für das hier vorgeschlagene Qualitätsmanagement-Verfahren ist ein Managementinformationssystem, das auf einem anonymisierten datenbankgestützten Betriebsvergleich basiert. Im Rahmen dieses Betriebsvergleichs werden Daten für umfangreiche Struktur-, Prozess- und Ergebnisanalysen über alle Teilbereiche der Organisation hinweg erhoben, die die Grundlage des Managementinformationssystems bilden. Liegen diese Informationen vor, müssen sie zunächst im Rahmen von Stärken- und Schwächen- sowie Prozessanalysen untersucht und anschießend im Sinne von Qualität interpretiert werden. Im Ergebnis dieser Interpretation können dann Aussagen und Vereinbarungen darüber getroffen werden, wie sie sich gegenüber anderen Einrichtungen positionieren möchte und welche Quali-

---

Verfasst von Professor Dr. Bernd Halfar und Diplom-Politologe Stefan Löwenhaupt

tätsstandards für die Organisation in Zukunft bindend sein sollen. Erst danach können dann Überlegungen dahingehend angestellt werden, wie die entwickelten Qualitätsstandards im Rahmen einer systematischen Qualitätssicherung überprüft und letztlich auch dokumentiert werden können. Wird dieser Prozess mehrfach durchlaufen oder gar automatisiert, wird Qualitätsmanagement als Daueraufgabe angelegt. Schematisch lässt sich das Modell wie folgt darstellen.

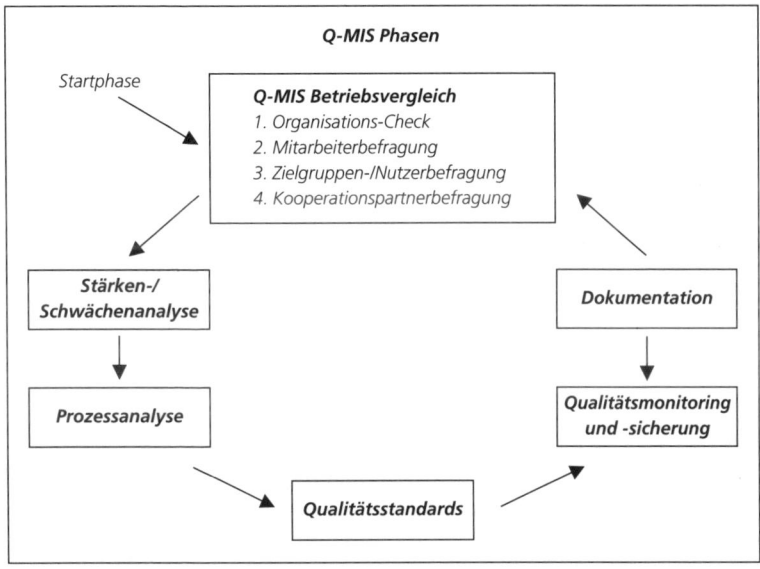

2. Was sind Managementinformationssysteme?

Als Ausgangspunkt für das hier vorgeschlagene Qualitätsmanagement-Verfahren wurde ein Managementinformationssystem gewählt, das auf einem anonymisierten datenbankgestützten Betriebsvergleich basiert. Bevor im Folgenden nun der Aufbau dieses Managementinformationssystems dargestellt wird, soll zunächst noch einmal geklärt werden, was überhaupt unter einem Managementinformationssystem zu verstehen ist und welche Funktion einem solchen Managementinformationssystem speziell im Rahmen eines Qualitätsmanagement-Verfahrens zukommen kann – nämlich die permanente unkomplizierte Verfügbarmachung von Informationen für das Management.

Mit dem Begriff „Managementinformationssystem" (MIS) bezeichnet man häufig eine Softwarelösung, die den Anspruch erhebt, den Entscheidern einer Organisation Zugriff auf alle benötigten Unternehmensdaten zu erlauben (vgl. z. B. Hannig 1999; Institut für MIS e. V. 1999). Das hier vorgeschlagene Konzept hat im Kern nun keine spezielle Software für den Non-Profit-Sektor zum Gegenstand (der Online-Zugang zur Datenbank des Betriebsvergleichs ist allerdings in Planung), knüpft aber an die Grundidee und zentrale Funktion eines Managementinformationssystems an, nämlich den relevanten Entscheidungsträgern einer Organisation, dem Management, die richtigen Informationen zum richtigen (d. h. gewünschten) Zeitpunkt zur Verfügung zu stellen, so dass Stärken und Schwächen im Leistungsprofil der Organisation erkannt und anstehende Entscheidungen rationaler gestaltet werden können. Kritische Faktoren für die Effektivität und Effizienz von MIS sind zum einen die Verlässlichkeit, Konsistenz und Dichte der verfügbaren Informationen sowie die Breite, in der relevante Dimensionen der Organisation in Daten abgebildet werden. Zum Zweiten sind die Intervalle, in denen Informationen erhoben werden, von Bedeutung; die Aktualisierungsfrequenz der Datenbasis hängt von der Art des Unternehmens ab und kann von tage-, wochen- bis monatsweisen Analyseintervallen reichen.

Im Mittelpunkt des Interesses steht bei diesem Verfahren weniger der Aspekt der laufenden Kontrolle von Prozessen, sondern vielmehr die systematische und routinierte Aufbereitung von Informationen über eine Organisation zur Entscheidungsvorbereitung. Der besondere Reiz von Managementinformationssystemen liegt u. a. darin begründet, dass

- Entscheidungsträgern Informationen zur Verfügung gestellt werden können, die sonst nicht ohne weiteres verfügbar wären (z. B. aus dezentralisierten Wohngruppen eines Jugendheimes oder räumlich getrennten Teilen einer Werkstatt für Behinderte),

- Informationen nicht nur einmalig im Rahmen eines größeren oder kleineren Projektes, sondern regelmäßig und in bestimmten Intervallen immer wieder erhoben werden und

- die im Rahmen eines MIS generierte Datengrundlage neben Standardabfragen auch einen kreativen Prozess des Data Mining bzw. Knowledge Discovery zulässt, in dem bisher isoliert erhobene und analysierte Daten auf Zusammenhänge und Muster hin (z. B. Faktoren für qualitätsbezogene Stärken und Schwächen) untersucht werden können.

Damit sich die Nutzer wie Goldgräber durch die vorhandenen Daten arbeiten können, sollten die eingesetzten Instrumente und Werkzeuge immer auch mehrdimensionale Analysen komplexer Zusammenhänge zulassen, um so Gewichtungen, Ursachen, Wirkungen und Trends identifizieren zu können. Das hier vorgestellte Verfahren eines Qualitäts-Managementinformationssystems für den Non-Profit-Sektor, das auf einem anonymisierten datenbankgestützten Betriebsvergleich basiert, soll genau dies ermöglichen.

Managementinformationssysteme und Qualitätsmanagement

Ein Managementinformationssystem zum Ausgangspunkt des Qualitätsmanagements zu machen, beruht zunächst auf folgenden Überlegungen:

- Qualitätsmanagement ist in wesentlichen Teilen ein Informationsverarbeitungsprozess, in dessen Rahmen permanent ein Abgleich der gewünschten mit der tatsächlichen Dienstleistungsqualität einer Organisation vorgenommen wird. D. h. es werden Daten und Informationen über den Ist-Zustand einer Einrichtung benötigt, die zu einem gewünschten Soll-Zustand in Beziehung gesetzt werden können. Dies geschieht mit der Absicht, erstens Maßnahmen zur Verringerung gemessener Soll-Ist-Diskrepanzen einleiten zu können und zweitens das Auftreten solcher Diskrepanzen in der Zukunft zu vermeiden. Voraussetzung für jedes Qualitätsmanagement sind also valide

Informationen über Strukturen, Prozesse und Ergebnisse einer Organisation. Indem organisationsbezogene Informationen im Rahmen eines Managementinformationssystems regelmäßig erhoben werden, wird der Prozess der qualitätsbezogenen Informationsverarbeitung systematisiert und der Zusammenfluss der Informationen an einer Stelle der Organisation – beim Management – institutionalisiert.

Damit wird auch einem Grundprinzip des TQM, „Speak with Data" (Oess 1991, Seite 93), Rechnung getragen, demzufolge schlüssige Analysen auf exakten Fakten und solidem Datenmaterial basieren sollten und nicht auf „Intuition und sechstem Sinn". Die strenge Grammatik von Daten fördert beim Qualitätsmanagement den nüchternen Blick, sie objektiviert Fakten und wirkt somit präventiv gegen Schuldzuweisungen, emotionale Analysen und ein negatives Organisationsklima.

- Qualität ist kein zusätzliches Merkmal zu typischen Strukturen und Prozessen in einer Organisation, sondern „versteckt" sich gewissermaßen in den alltäglichen Organisationsstrukturen und -prozessen. Mit Hilfe eines Qualitäts-Managementinformationssystems werden deshalb auch keine speziellen „Qualitätsinformationen" erhoben oder „die Qualität" sozialer Dienstleistungen und Einrichtungen selbst betrachtet. Präzise beobachtet werden vielmehr zunächst die alltäglichen und typischen Strukturen und Abläufe einer Organisation. Es werden Scheinwerfer installiert, die das Hell und Dunkel, das Gute und weniger Gute, Defizite und Stärken, Schwachstellen und Potentiale einer Organisation ausleuchten. Diese Informationen können dann anschließend im Sinne von Qualität interpretiert werden. Ein systematisches Q-MIS darf deshalb nicht mit Qualitätssicherung verwechselt werden, sondern stellt lediglich eine, wenngleich unverzichtbare, informationstechnische Voraussetzung für das Qualitätsmanagement dar. Erst wenn die aufbereiteten Daten vorliegen und im Sinne von Qualität interpretiert und Qualitätsstandards formuliert wurden, kann abschließend über Verfahren der Qualitätssicherung nachgedacht werden.

- Qualität ist im Bereich sozialer Dienstleistungen ein komplexes Phänomen, das nur multidimensional zu beschreiben ist. Faktoren wie die Qualifikation des Personals sind hier ebenso zu berücksichtigen wie etwa die Ausstattung einer Einrichtung, ihr Konzept, ihre Nutzerstrukturen, die Erwartungshaltungen der Mitarbeiter, die Finanzausstattung oder die Erwartungen und Vorgaben der Finanzierungsträger. Damit ergibt sich für den Prozess der qualitätsbezogenen Informationsverarbeitung die Notwendigkeit, eine breite Informationsbasis aufzubauen, die es ermöglicht, intendierte wie nicht-intendierte Effekte, gewollte und nicht gewollte Entwicklungen sowie Stärken und Schwächen einer Einrichtung regelmäßig und routiniert aufzuspüren. Ein breit angelegtes Managementinformationssystem kann hierfür die Datenbasis schaffen. Indem Informationen dabei nicht nur einmalig, sondern regelmäßig erhoben werden, ergibt sich zudem die Möglichkeit einer dauerhaften Selbstbeobachtung über Längsschnittanalysen, die Rückschlüsse darüber zulassen, wie sich zurückliegende Bemühungen um mehr Qualität ausgewirkt haben oder ob Verbesserungen erreicht wurden.

- Mehrdimensionale Merkmale und Eigenschaften wie „Qualität" und „Erfolg" lassen sich im Bereich sozialer Dienstleistungen selten als absoluter Wert ermitteln. So ist etwa die Zuordnung von Ursache und Wirkung beim Scheitern oder Gelingen einer Dienstleistung nicht immer einfach: Erstens tragen sowohl der Empfänger/Nutzer als auch der Erbringer einer Dienstleistung durch ihre Mitwirkung zum Ergebnis der Dienstleistung bei, zweitens können bestimmte Ergebnisse nicht problemlos einzelnen Maßnahmen und Interventionen zugeordnet werden, und drittens ist es häufig nicht möglich, bestimmten Konzepten, die in einzelnen Feldern sozialer Arbeit zum Einsatz kommen, a priori eine höhere/bessere Eignung für die Durchführung einzelner Maßnahmen einzuräumen als anderen. Ob die Anschaffung eines Reitpferdes oder die Einstellung einer weiteren sozialpädagogischen Fachkraft die Qualität eines Jugendheimes erhöhen, ist eben nur im Einzelfall und nicht prinzipiell zu klären. Damit bietet es sich an, bei der Messung und Bewertung sozialer Dienstleistungen auf relationale Verfahren zurückzugreifen, die Erfolg und Qualität im und durch den Vergleich mit anderen messen. Ein Managementinformationssystem wie das hier vorgeschlagene wird diesem Aspekt dadurch gerecht, dass die Aufbereitung und Verarbeitung von Informationen sich nicht nur auf die eigene Einrichtung beschränkt, sondern auch andere Organisationen über einen Betriebsvergleich als Vergleichs- und Referenzobjekte mit einbezieht.

■ Qualitätsmanagement ist – nomen est omen – eine Aufgabe des Managements, der Führung und Leitung einer Organisation. Managementinformationssysteme sollen den Entscheidungsträgern dabei helfen, Abläufe im Unternehmen zu ordnen und nach Prioritäten zu sortieren, und bilden insofern die Basis für das Management schlechthin. Dies bedeutet nicht, dass die Mitarbeiter vom Prozess der Qualitätsentwicklung ausgeschlossen werden – ganz im Gegenteil: Die Einbeziehung und Beteiligung von Mitarbeitern in den Prozess der Qualitätsentwicklung und Sicherung ist unerlässlich. Begreift man allerdings Qualität, wie dies hier geschieht, nicht als eine Spezialaufgabe, die in Arbeitskreise oder an Qualitätsbeauftragte delegiert werden kann, muss Qualitätsentwicklung auf der Basis eines Managementinformationssystems auch originäre Aufgabe der Organisationsleitung sein.

Ist ein Managementinformationssystem installiert, steuert das Management mit seiner Hilfe die Kernbereiche und Zentralfunktionen der Organisation: So kann es den Entscheidungsträgern u. a. dabei helfen, Abläufe im Unternehmen zu ordnen, nach Prioritäten zu sortieren, Strukturen und Prozesse zu reorganisieren, Ergebnisse zu optimieren. An diese zentralen Steuerungsfunktionen knüpfen die konkreten Funktionen von Managementinformationssystemen im Zusammenhang mit Qualitätsmanagement an. Allgemein kommen Managementinformationssystemen fünf wichtige Funktionen zu; siehe folgende Grafik.

2. Was sind Managementinformationssysteme?

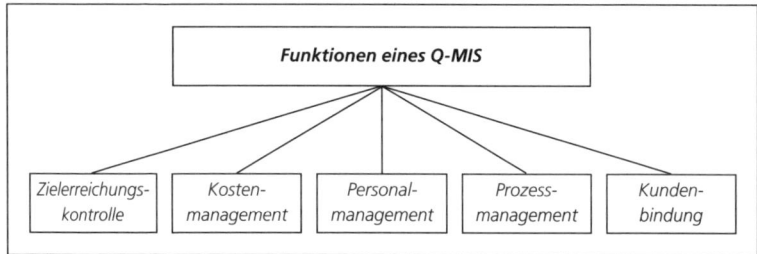

Übertragen auf den Non-Profit-Sektor, lassen sich die Funktionen eines Q-MIS wie folgt beschreiben:

Entwicklung wettbewerbsorientierter QM-Zielsysteme

Soziale Unternehmen verzichten in ihrer überwiegenden Mehrzahl auf operationale Zielsysteme. In den Leitbildern und Konzeptionen der freien und öffentlichen Träger sozialer Arbeit tauchen Ziele, wenn überhaupt, als abstrakte, normative Wunschvorstellungen auf, die fast ausschließlich auf den Klienten orientiert sind. Man wünscht sich teamfähige Jugendliche, integrierte Senioren, selbstbewusste Frauen, charakterstarke Kinder, leistungsorientierte Arbeitslose, sparsame Schuldner, gewaltfreie Fußballfans, selbstständige Behinderte und für alle die Fähigkeit zur Selbstreflexion, Mündigkeit und Autonomie. Über diesen normativen Festschriftjargon hinaus bleiben Zielsysteme in der Sozialarbeit deutlich unterbelichtet.

Entwickelt und im Rahmen des Qualitätsmanagements dokumentiert und kontrolliert werden müssen insbesondere zwei Ebenen eines Zielsystems: zum Einen die Überprüfbarkeit des Zielerreichungsgrades fallbezogener Hilfeleistungen und zum Anderen die Überprüfbarkeit von Marktzielen der Organisation. Im Managementinformationssystem sollten also fallbezogene, operationale und messbare Zieldefinitionen sowie die entsprechenden Zielerreichungsgrade dokumentiert sein. Welche Ziele hat sich die Sozialpädagogische Familienhilfe für die Familie B für die letzten vier Monate gesteckt und in welchem Umfang konnten diese realisiert werden? Welche (maximalen) Schulabsenzen waren für eine Jugendwohngruppe als akzeptables Ziel formuliert – und wie hoch lag die tatsächliche Quote? Hat der Bewohner X des Übergangswohnheimes für obdachlose Männer das Heim mittlerweile, wie geplant, verlassen und eine eigene Wohnung bezogen? Wurde das Ziel des Sozialdienstes für die alleinerziehende Mutter rechtzeitig erreicht, am 4. Geburtstag des Kindes eine Halbtagsstelle mit einem Nettoeinkommen von 1500 DM anzutreten? Ist der gut qualifizierte geistig Behinderte, wie geplant, von der Werkstatt für Behinderte in den ersten Arbeitsmarkt gewechselt? Wie viele der arbeitslosen Kursteilnehmerinnen haben binnen eines Vierteljahres eine feste Arbeitsstelle bekommen – und mit wie vielen wurde zum Kursbeginn gerechnet? Steht der psychisch Kranke neuerdings ohne Betreuung ein Wochenende zu Hause komplikationslos durch?

Auf der zweiten Ebene des Zielsystems muss sich das Management über die gewünschte und realisierte Marktstellung informieren können. Welche Marktanteile hält die Organisation in welchem Marktsegment? Welche absoluten und relativen Wachstumsraten hat die Organisation im Vergleich zur Konkurrenz? Wie wird sich der Markt voraussichtlich entwickeln und welche Rolle soll meine Einrichtung dabei spielen? Diese Informationen sind nur über einen Betriebsvergleich zu erhalten.

Neben diesen eher quantitativen Zieloperationalisierungen, die Auslastungsgrade, Wartezeiten und Marktanteile betreffen, könnten sich soziale Unternehmen natürlich auch finanzielle Ziele setzen, die durch den Gewinn bzw. Verlust, durch einen positiven bzw. negativen Deckungsbeitrag charakterisiert werden können. Der Aufbau eines Qualitäts-Managementinformationssystems nötigt dazu, ein ausformuliertes und präzises Zielsystem auf der Fall- und Organisationsebene zu entwickeln. Dies geschieht insbesondere dadurch, dass Überlegungen angestellt werden müssen, welche Daten zu welchem Zeitpunkt mit welchem Präzisions- und Aggregationsgrad dazu benötigt werden, die Realisierung normativ formulierter Leitbilder, sozialpädagogischer Konzepte und Qualitätsvorstellungen in der alltäglichen Dienstleistungsproduktion zu messen und zu überprüfen. Den Daten des Qualitäts-Managementinformationssystems kommt hier eine Scharnierfunktion zwischen den normativen Zielen der Einrichtung und der faktischen Dienstleistungsqualität zu.

Der Nutzen und die Nutzung von Daten hängen dabei wesentlich von der organisationskulturellen Qualitätsorientierung und der entsprechenden Qualitätspolitik ab. Qualitätsbezogene Einstellungen, Überzeugungen, Normen und Orientierungen nehmen dabei eine durchaus ambivalente Rolle ein: Einerseits bilden sie eine wichtige Energiequelle im Qualitätsmanagement. Andererseits sind solche Orientierungen relativ schwierig über längere Zeiträume auf einem hohen Niveau aufrechtzuerhalten – Qualitätsmanagement mündet dann häufig in den Dauerappell an die Moral der Mitarbeiter, selbst entwickelte Qualitätsstandards doch bitte jetzt auch zu erfüllen. Insofern reicht für den Einstieg ins Qualitätsmanagement eben nicht eine Übereinkunft darüber aus, welche Dienstleistungsstandards sich aus einem kundenorientierten Leitbild ableiten lassen. Leitbilder sind selbstproduzierte Glaubensprodukte, deren Schubkraft für die erste Stufe eines Organisationsprozesses ausreichen mag, aber bei konkreten Umsetzungen regelmäßig verpufft. Demgegenüber dürften qualitätsrelevante Einstellungen stabiler bleiben, wenn sie sich aus der Überzeugung speisen, dass Qualität ein entscheidender Parameter im Wettbewerb ist, und zwar in dreifacher Hinsicht:

- Wettbewerbsorientierung bedeutet erstens, besser sein zu wollen bei der Bedürfnisbefriedigung von Menschen mit sozialem Hilfebedarf als andere Anbieter.

- Zweitens beinhaltet Wettbewerbsorientierung die Erkenntnis, dass keine Einrichtung im Bereich sozialer Dienstleistungen gezwungen wird, zu überleben – aber für viele besteht inzwischen die realistische Chance zu scheitern.

- Drittens bedeutet Wettbewerbsorientierung, dass Qualität im Wettbewerb mit anderen Dienstleistern das einzige rationale Argument bildet, mehr Geld für eine bestimmte Leistung zu zahlen als für eine kostengünstigere Variante; u. a. deshalb, weil an Qualität eine bestimmte Nutzenerwartung geknüpft wird.

6. Das Qualitäts-Managementinformationssystem

Q-MIS als Basis des Kostenmanagements

Für das Management unerlässlich ist die ständige Beobachtung der Kosten. Konnte sich die Geschäftsführung eines sozialen Trägers noch in der jüngsten Vergangenheit darauf beschränken, die Einnahmen und Ausgaben sowie deren Bezug zu den jeweiligen Haushaltstiteln zu verfolgen, zwingen die neuen Finanzierungsregelungen im Sozial- und Gesundheitsbereich zu einer Dauerbeobachtung der Kostensituation und Kostenentwicklung. Das Rechnungswesen dient nicht mehr nur im Rahmen der gesetzlichen Buchführungspflichten der Steuerberechnung, der Anerkennung von Gemeinnützigkeit, der Erstellung von Verwendungsnachweisen, der öffentlichen Rechnungsprüfung und der Nachweisführung gegenüber Finanzierungsträgern, sondern zunehmend im Rahmen der (freiwilligen) Kostenrechnung dem Controlling, der Preisbildung, der Vorbereitung von Investitionsentscheidungen und der Unternehmensplanung. Ob zur Durchführung von Prozesskostenrechnungen im Rahmen von Gemeinkostenanalysen, zur Berechnung der Deckungsbeiträge im Kontext von Teilkostenrechnungen oder zur Ermittlung stufenfixer Kosten, wird die Qualität der Managemententscheidungen durch die Daten im Managementinformationssystem stark bestimmt. Auf der Basis der Kostenarten-, Kostenstellen-, Kostenträger- und Leistungsrechnung bildet das Managementinformationssystem überhaupt die Voraussetzung für ein Kostenmanagement und fundierte Leistungsverhandlungen mit den Finanzierungsträgern.

Q-MIS als Basis des Personalmanagements

Für das Qualitätsmanagement bildet das Personal einen weiteren zentralen Erfolgsparameter. Beschränkt sich das klassische Informationswesen im Non-Profit-Bereich auf die personalwirtschaftlichen Grunddaten und auf die formale Personalstruktur, abgebildet in Stellenplänen und Stellenbeschreibungen, so benötigt das moderne Sozialmanagement zusätzlich Informationen über die momentane und zukünftige Qualität und damit Wettbewerbsfähigkeit der Mitarbeiter. Wie ist die fachliche Qualität der einzelnen Mitarbeiter einzuschätzen? Welches Entwicklungspotential steckt in jedem einzelnen Mitarbeiter?

Welche beruflichen Entwicklungschancen innerhalb der Organisation sehen die Mitarbeiter? Wie zufrieden sind die Mitarbeiter – und worauf bezieht sich diese Zufriedenheit? Welche zusätzlichen Qualifizierungen benötigen einzelne Mitarbeiter, um auch zukünftig wettbewerbsfähige Dienstleistungsqualität produzieren zu können? Gibt es qualitätsresistente Mitarbeiter und wo gibt es diese? Was sind die Ursachen dieser Resistenz?

Q-MIS als Basis des Prozessmanagements

Organisationen produzieren sich in routinierten Operationen immer wieder neu und werden sich dadurch immer ähnlicher. Diese Operationen der Information, Kommunikation, Entscheidung, Ausführung und Rückkopplung verlaufen sowohl in den Kommunikationskanälen, die in den offiziellen Landkarten der Organisation eingezeichnet sind, als auch in wilden Kommunikationskanälen, die entstanden sind, weil sich Operationen dort schneller, widerstandsfreier oder raffinierter transportieren lassen. Klassische Organigramme und entsprechende Übersichten über die Ablauf- und Aufbauorganisation, über die Rechtsformen einzelner Trägerschaften und Einrichtungen oder über die Konstruktion eines EDV-Systems sind unverzichtbar, reichen jedoch nicht aus, um im Kontext des Qualitätsmanagements deren Funktionalität zu beurteilen. Benötigt werden zusätzliche Angaben, die im Managementinformationssystem verfügbar sein müssten. Wie funktioniert denn die Entscheidungsstruktur in einem gemeinnützigen Trägerverein wirklich, wenn der Vorstand nur einmal im Jahr für einige Stunden zusammenkommt und der Geschäftsführer lediglich Ausgaben bis 20 000 DM tätigen darf? Sind ehrenamtliche Vorstände hinsichtlich der Kontroll- und Steuerungsfunktion in sozialen Unternehmen mit zweistelligen Millionenumsätzen noch funktional? Welche Informationen erhalten diese Vorstände wann in welcher Form für ihre Entscheidungen? Wie ist das verbandseigene EDV-System implementiert – und was passiert dort wirklich? Wie wird das Intranet genützt? Über die Funktionalität einer Organisations- und Rechtsstruktur informieren besser etwaige Widersprüche. Wo lauern steuerschädliche Leistungsbeziehungen zwischen gemeinnützigen und gewerblichen Organisationssektoren? Wo stecken Regelungen, die es bei den Mitarbeitern rational erscheinen lassen, Ressourcen zu verschwenden?

Q-MIS als Basis einer Kunden- und Zielgruppenanalyse

Neben den organisationsinternen Qualitätsbereichen benötigt das Sozialmanagement ebenso aktualisierte und verdichtete Informationen über die relevanten Bezugspersonen der Organisationen. Welche Entwicklungen und Trends lassen sich im Klientel und in der potentiellen Zielgruppe beobachten? Treten neuartige Problemkonstellationen auf oder schmelzen andere weg? Gibt es Veränderungen im Anspruchsniveau für soziale Dienstleistungen? Veränderungen bei der Zahlungsfähigkeit und/oder Zahlungsbereitschaft der Klientel? Und wenn ja: handelt es sich hierbei um Kohorteneffekte? Wie schätzen Klienten bzw. potentielle Klienten bzw. Angehörige von Klienten bzw. Finanzierungsträger bzw. Leistungspartner die Leistungsfähigkeit der Organisation ein? Welches Image hat die Organisation? Wie steht es um die Zufriedenheit der Leistungsnutzer einer Organisation? Wie bekannt ist die Organisation in den einzelnen Zielgruppensegmenten und welche Assoziationen bestehen? Ein Q-MIS, das auf einem Betriebsvergleich basiert, liefert exakt diese Informationen.

3. Aufbau eines Q-Managementinformationssystems

Im Folgenden sollen nun die einzelnen Etappen und Phasen zum Aufbau eines Q-MIS dargestellt und beschrieben werden. Im Einzelnen geht es dabei um die Startphase, in der die Mitarbeiter über die Einführung des Q-MIS informiert werden müssen, um den Aufbau von Betriebsvergleichen einschließlich der hierbei verwendeten Instrumente und Verfahren, um die Analyse und Interpretation der Ergebnisse des Betriebsvergleichs im Sinne von Qualität (Stärken-/Schwächenanalyse; Prozessanalyse), um die Entwicklung von Qualitätsstandards sowie um die Entwicklung von Qualitätssicherungssystemen und einer Dokumentation.

Start- und Einführungsphase

In der Anfangsphase eines Qualitätsmanagement-Projekts, in der sich eine Organisation dazu entschließt, ein Qualitätsmanagement-Verfahren einzuführen oder selbst zu entwickeln, sind – dies hat die Praxis gezeigt – eine Reihe von Aspekten zu beachten, die rasch zu Stolpersteinen auf dem Weg ins Qualitätsmanagement werden können. Dies hat u. a. damit zu tun, dass die Einführung eines Qualitätsmanagement-Systems für die Organisation als Stressor wirkt. Ob als positiver oder negativer Stressor, hängt wesentlich von der „Qualität" dieser Einführungsphase ab. Hinweise auf einige wichtige Probleme dieser Einführungsphase finden sich bei Heine (1995): So kommt es in der Regel zu einer nachhaltigen Veränderung der Unternehmenskultur, für den Implementationsprozess müssen zusätzliche zeitliche und personelle Ressourcen bereitgestellt werden, häufig mangelt es an der notwendigen internen Unterstützung, am Anfang sind zumeist nur wenige messbare Veränderungen festzustellen, und dem Top-Management dauert der Einführungsprozess zu lange. Darüber hinaus gibt es eine Reihe von weiteren „Qualitätsstolpersteinen", die es bei der Einführung von Qualitätsmanagementverfahren speziell im Non-Profit-Bereich zu beachten gilt; siehe folgende Grafik.

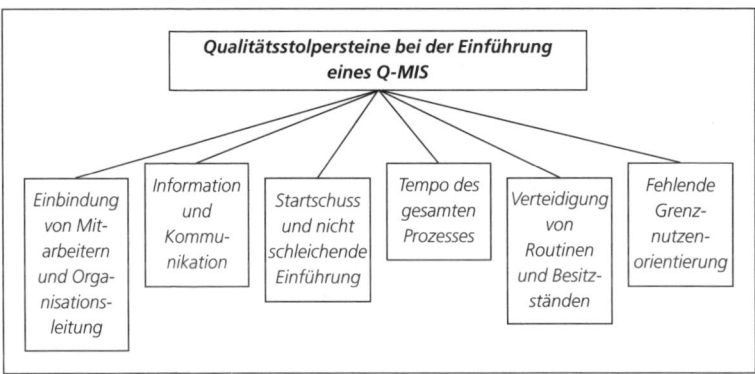

6. Das Qualitäts-Managementinformationssystem

Einbindung von Mitarbeitern und der Organisationsleitung

Zum gesicherten Erfahrungsschatz der gesamten Literatur zum Thema Qualitätsmanagement gehört die Erkenntnis, dass die Mitarbeiter einer Organisation in den Prozess der Entwicklung, der Einführung sowie bei der Integration von Qualitätsmanagement-Verfahren in die reguläre Aufbau- und Ablauforganisation einbezogen werden müssen. Die Zahl elaborierter Konzepte, die auf dem Wege der Implementation deshalb entgleisen, weil die zentrale Rolle der Mitarbeiter im Qualitätsmanagementsystem unterschätzt wurde, ist Legion. Die Gründe hierfür liegen auf der Hand: Letztlich sind es die Mitarbeiter, die das entwickelte und ausgetüftelte Qualitätsmanagement in der alltäglichen Praxis umsetzen und mit Leben füllen müssen. Zudem sind sie es, die zumeist am besten darüber Bescheid wissen, welche Schwachstellen es in der Organisation gibt und wo Verbesserungspotentiale schlummern. Entscheidend ist also, dass auch die Mitarbeiter den Schritt zum Qualitätsmanagement wollen und am Prozess beteiligt werden.

Ebenso wie die Implementation eines Qualitätsmanagementsystems ohne oder gar gegen die Mitarbeiter nicht möglich ist, so scheitern auch alle Versuche, Qualitätsmanagement-Verfahren einzuführen, die von der Führung und Leitung der Organisation nur halbherzig getragen werden. Führungskräfte, die nur bedingt hinter einem Qualitätsmanagement-Projekt stehen, haben am Ende nicht die Kraft, notwendige Korrekturen einzuleiten oder das Verfahren so in der Organisation zu verankern, dass es zu deren integralem Bestandteil wird.

Information und Kommunikation

Information, Kommunikation und Transparenz sind bei der Einführung von Qualitätsmanagement-Verfahren von erheblicher Bedeutung. Damit die zentrale Ressource „Mitarbeiter" in diesem Prozess auch wirklich zu einem Aktivposten werden kann, sollte die Einstiegskommunikation drei Grundsätze beachten:

236

- Die Kommunikation muss positiv sein, also an den Zielen und potentiellen Erfolgen anknüpfen, und nicht am Problem – und schon gar nicht an dem „Problem", dass „Gesetzgeber und Finanzierungsträger das verlangen, und wir müssen das jetzt durchführen".

- Die Kommunikation muss personalisiert sein. Es wird nicht auf einen anonymen Vorstandsbeschluss hingewiesen, sondern alle Vorstandsmitglieder und das gesamte Management der Organisation unterschreiben Mitarbeiterinformationen, in denen das Projekt angekündigt wird, persönlich. Neben ihrer Unterschrift unter einen „letter of intend" sollte die gesamte Führungsriege einer Organisation auch bei einer späteren Mitarbeiterversammlung persönlich anwesend sein, um damit die Wertschätzung zum Ausdruck zu bringen, die man dem Projekt entgegenbringt.

- Die Kommunikation muss dialogorientiert sein. Sie knüpft an den typischen Verunsicherungen in der Mitarbeiterschaft an, die bei Veränderungsprozessen unvermeidlich auftreten, und greift diese Vor-Urteile und Unsicherheiten gezielt auf. So sollte den Mitarbeitern explizit zugesichert werden, dass niemand überfordert werden wird, sondern Potentiale gefördert und entwickelt werden sollen.

Kann die Ankündigung des Qualitätsmanagements zusätzlich noch mit der Zusicherung eines sicheren Arbeitsplatzes und mit Bildern von der Marktstärke der Organisationen verknüpft werden, wachsen die Chancen auf eine positive Grundstimmung.

Startschuss und nicht schleichende Einführung

Der Start ins Qualitätsmanagement sollte nicht schleichend vollzogen werden, sondern an einem bestimmten Tag, der den Mitarbeitern als „magisches Datum" vorab angekündigt wird. Zu diesem Zeitpunkt gibt es eigentlich nur eine einzige Voraussetzung: einen einstimmigen

Beschluss des Vorstandes und der Geschäftsführung, ins Qualitätsmanagement „tabulos" einzusteigen. Dieser Beschluss wird zusammen mit den Zielformulierungen des Qualitätsmanagements sowie mit einem Ablauf- und Zeitplan des Qualitäts-Prozesses allen Mitarbeitern mitgeteilt. Burmeister und Lehnerer (1996, Seite 46 f.) sehen hier die Chance für die Mitarbeiter, das was intern schon länger bemängelt wird, jetzt zu thematisieren und konkret zu verbessern.

Tempo des gesamten Prozesses

Wird das Projektmanagement eng getaktet und eine hohe Schlagzahl vorgegeben, weil man den Anfangsschwung ausnutzen, rasch Ergebnisse und Erfolge erzielen will, tauchen regelmäßig Forderungen nach einer behutsamen, längerfristigen Vorgehensweise auf, die allen Mitarbeitern ausreichend Gelegenheit und Zeit geben soll, sich in das Qualitätsmanagement „einzubringen". Gerade im Sozialbereich ist eine gewisse Vorliebe für „positive Koordination" und entsprechende Abneigung gegen „negative Koordination" feststellbar. Positive Koordination bedeutet, dass alles mit allem vernetzt werden soll, dass die Meinungen aller zu allem wichtig erscheinen. Negative Koordination hingegen heißt, dass man sich nur zu Wort meldet, wenn man mit einem Vorschlag nicht einverstanden ist. Langfristig angelegte, langsamer getaktete Partizipationsprozesse wirken in vielen Fällen jedoch als Demotivatoren. Als optimaler Zeitrahmen für den Prozess zur Einführung eines Qualitätsmanagements- und Qualitätssicherungssystems erscheinen nach unseren Erfahrungen sechs bis zwölf Monate.

Verteidigung von Routinen und Besitzständen

Ehrgeizige Qualitätsziele können eine Organisation neurotisieren und/oder betäuben. Beide Organisationszustände führen jedoch konsequent zur geradezu zwanghaften Verteidigung von bestehenden Routinen und Strukturen. Die zehn am häufigsten genannten „unüberwindlichen" Hindernisse auf dem Weg zur Qualität kennt Sallwey (1994):

- „Das haben wir noch nicht so gemacht.
- Dafür bin ich nicht zuständig.
- Das nimmt der Computer nicht an.
- Dafür haben wir einfach keine Zeit.
- Das ist im Plan nicht vorgesehen.
- Dazu fehlen uns die Leute.
- So schnell lässt sich das nicht schaffen.
- Das bezahlt uns doch keiner.
- Mit so einer Sache sind wir schon mal eingebrochen.
- Das hört sich in der Theorie alles so leicht an, aber in der Praxis bekommt man das niemals hin."

Es wäre für die Einführung von Qualitätssystemen eine sinnvolle Vereinbarung, auf diese Phrasen aus dem Formenkreis des AGABU zu verzichten (AGABU: Alles ganz anders bei uns).

Besonders schwierig zu handhaben sind im Übrigen qualitätsresistente Mitarbeiter, die die Einführung eines Qualitätsmanagements deshalb skeptisch betrachten, weil sie Qualitätsdefizite im Sinne einer kognitiven Dissonanzreduktion „abgeschafft" haben: Aus ihrer Sicht sind alle Mitarbeiter optimal ausgelastet und gleichermaßen fachlich gut; Qualitätsprobleme haben in dieser Welt keinen Platz. Harte Daten aus dem Q-MIS, die erstens belegen, dass Zielgruppen/Nutzer und Kooperationspartner mit der Dienstleistung nur bedingt zufrieden sind und zweitens offenlegen, was bei anderen möglich ist, erleichtern hier die Argumentation seitens der Einrichtungsleitung.

Fehlende Grenznutzenorientierung

Ein weiterer Aspekt, der bei der Einführung von Qualitätsmanagementsystemen – insbesondere bei einem auf einem Betriebsvergleich basierenden Q-MIS – Probleme aufwirft, resultiert aus der Tatsache, dass professionelle Akteure in sozialen und medizinischen Dienstleistungen sich schwer tun, den relationalen Charakter von Qualität gegenüber Konzepten optimaler Qualität zu favorisieren. Relational gegenüber der Leistungsqualität anderer Wettbewerber, relational gegenüber anderen betrieblichen Parametern wie den Kosten und relational gegenüber dem anderen Klienten.

Die Organisation des Betriebsvergleichs

Wenn die ersten Gespräche und Diskussionen mit den Mitarbeitern einer Organisation geführt, erste Vorbehalte und Stolpersteine ausgeräumt sind und sich sowohl die Leitung als auch die Mitarbeiter auf die Einführung eines Q-MIS verständigt haben, kann der eigentliche Aufbau des Managementinformationssystems auf der Basis des Betriebsvergleichs beginnen. Wenn im Folgenden der Betriebsvergleich als primäre oder zentrale Datenbasis des Q-MIS vorgestellt wird, bedeutet dies nicht, dass andere Datenressourcen weniger wichtig oder von geringerem Nutzen wären, ganz im Gegenteil: Bestehende Systeme zur Kostenrechnung oder zur systematischen Auswertung von (sozial-)pädagogischen Hilfe- und Entwicklungsplänen sind wichtige und hilfreiche Analyseinstrumente, die – integriert in ein Managementinformationssystem – dessen Qualität und Aussagekraft erheblich steigern können. Wenn hier dennoch der Fokus auf den Betriebsvergleich gerichtet wird, so insbesondere deshalb, weil das vorgeschlagene Verfahren in der Lage ist, eine besonders breite, mehrdimensionale Datengrundlage für nahezu alle Organisationsbereiche zu generieren, die weitreichende Analysen zulässt. Dass weitere Analysewerkzeuge diese Datengrundlage verfeinern und komplettieren können, steht außer Frage.

Das Konzept des Betriebsvergleichs

Betriebsvergleiche sind ein verbreitetes und etabliertes Verfahren, um Strukturen, Prozesse und Ergebnisse unterschiedlicher Organisationen, zumeist einer bestimmten Branche, hinsichtlich bestimmter Dimensionen und Merkmale zu vergleichen. Historisch gesehen sind Betriebsvergleiche Vorläufer des Benchmarkings (vgl. Kapitel 4). Im Gegensatz zum Benchmarking beschränken sich Betriebsvergleiche in der Regel aber auf eine bestimmte Branche. Ziel des Betriebsvergleichs ist es zunächst einmal, einschlägiges (anonymisiertes) Datenmaterial (zumeist Kennzahlen) für eine Branche zu sammeln und zusammenzustellen. Dieses Datenmaterial gibt dann z. B. Auskunft darüber, was im Optimum möglich ist oder was durchschnittlich geleistet wird. Wie ein Spitzenwert im Einzelnen zustande kommt und welches Unternehmen sich hinter diesem Wert verbirgt, wird dabei jedoch nicht offen gelegt – genau diese beiden Aspekte sind beim Benchmarking jedoch von Interesse.

Der Vorteil von Betriebsvergleichen ist allerdings, dass Sie relativ unkompliziert zu organisieren sind – insbesondere deshalb, weil die Anonymität des „Klassenprimus" gewahrt und nicht offengelegt wird, was das Geheimnis seiner Spitzenwerte ist. Die Grenzen zwischen beiden Verfahren sind jedoch nicht starr: In dem Maße, in dem die Tiefe und Schärfe der Erhebungsinstrumente zunimmt und die Anonymität der Teilnehmer aufgehoben wird, nähert sich der Betriebsvergleich schrittweise dem Benchmarking an.

Im Rahmen des hier vorgeschlagenen Qualitätsmanagementsystems bildet der Betriebsvergleich zwischen Non-Profit-Organisationen die zentrale Datenressource. Dieser Vorgehensweise liegt, wie eingangs dargestellt, die Überlegung zugrunde, dass Qualität im Bereich sozialer Dienstleistungen ein komplexes Phänomen darstellt, das erstens nur mehrdimensional und zweitens nicht absolut, sondern nur relativ zu ermitteln ist. Die Vorteile des Verfahrens für den Bereich der sozialen Arbeit beruhen u. a. darauf,

- dass es prinzipiell zum konstruktiven Nachdenken über externe Alternativen anregt,

- systematische Stärken- und Schwächenanalysen ermöglicht,

- in Form von Kennzahlen gewissermaßen Surrogate für fehlende „objektive" Kriterien und Zielgrößen generiert,

- für Non-Profit-Organisationen eine gewisse Markttransparenz herstellt und

- eine Positionierung der eigenen gegenüber anderen Organisationen erlaubt.

6. Das Qualitäts-Managementinformationssystem

Handlungsleitende Fragen sind dabei jeweils: Unter welchen Rahmenbedingungen machen es andere besser? Welche Prozesse führen zu einem hohen Qualitätsstandard? Wie weit bin ich vom Qualitätsstandard der anderen weg? Wo liegen meine Stärken, wo meine Schwächen?

Grundprinzipien des Betriebsvergleichs

Betriebsvergleichen, wie sie im Rahmen des Q-MIS zum Einsatz kommen, liegen vier Grundprinzipien zugrunde; siehe folgende Grafik.

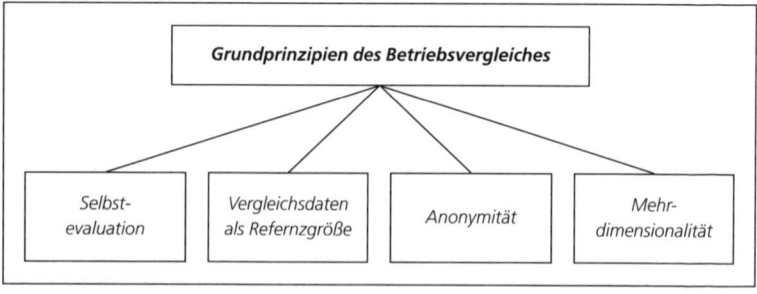

- **Selbstevaluation:** Zunächst knüpft das Verfahren an das Prinzip der Selbstevaluation an, d. h. die Teilnehmer erheben zuerst mit Hilfe eines breiten Sets an Erhebungsinstrumenten Informationen über die eigene Einrichtung. Damit erhalten Einrichtungen die Möglichkeit, aus einer umfassenden detaillierten Selbstwahrnehmung der Organisation zu lernen. Die Einrichtungen erfahren so, wo die Mitarbeiter der Schuh drückt, wie Kooperationspartner über die Einrichtung denken, wie eine Dienstleistung von der Zielgruppe bewertet wird und in welchem Verhältnis Personal-, Sach- und Verwaltungskosten je Belegungstag, je Beratungsgespräch, je Einrichtungsplatz usw. stehen. Diese Informationen bilden dann die Basis für eine bessere Orientierung an den Wünschen und Bedürfnissen der Zielgruppe, die Umsetzung von Mitarbeiteranregungen oder eine Reorganisation der Aufbau- und Ablauforganisation.

- **Vergleichsdaten als Referenzgrößen:** In einem zweiten Schritt wird diese Selbstwahrnehmung durch den Vergleich mit anderen Einrichtungen ergänzt – es werden externe Bezugsgrößen zur Analyse eigener Strukturen, Prozesse und Ergebnisse geschaffen. Um die Vergleichbarkeit der Information auf eine einfache Weise herzustellen, arbeiten alle Einrichtungen, die sich am Betriebsvergleich beteiligen, mit denselben Erhebungsinstrumenten. Über alle Einrichtungen kann so z.B. untersucht werden, ob ein Personalkostenanteil von 65% in Jugendheimen üblich ist, welche Rolle Förderpläne in Werkstätten für Behinderte spielen, welche Standards bei der Aufnahme älterer Menschen in ein Altersheim existieren, wie das Besprechungswesen in teilstationären Einrichtungen organisiert ist oder wie Entwicklungsprozesse von Klienten in Beratungseinrichtungen dokumentiert werden.

- **Anonymität:** Ein weiteres Grundprinzip des Betriebsvergleichs ist die Anonymität der Auswertungen, denn mit Ausnahme des eigenen Werts werden alle übrigen Ergebnisse des Betriebsvergleichs (Maxima, Minima usw.) vollständig anonymisiert ausgegeben, d.h. die Teilnehmer wissen zwar immer, wie gut sie selbst im Vergleich zu anderen sind, sie wissen aber nicht, wer der „Beste" oder der „Schlechteste" ist. Finanzierungsträger bleiben bei diesem Verfahren prinzipiell außen vor – es sei denn, sie vergleichen sich selbst untereinander. Kontakte zwischen einzelnen Teilnehmern werden ausschließlich über den Datenbankbetreiber hergestellt. Nur der jeweilige Betroffene erhält also Kenntnis über seine Schwachstellen und natürlich auch über seine Stärkepotentiale. Der Teilnehmer weiß nun, wie es im Vergleich zu anderen um seine Qualität bestellt ist, und kann sich nun gezielt, und eben nicht blamiert, auf den Weg der Qualitätsverbesserung machen.

- **Mehrdimensionalität:** Speziell für den Betriebsvergleich wird auf der Basis von Erhebungsinstrumenten eine relationale Datenbank entwickelt, in der betriebswirtschaftliche, personalwirtschaftliche, unternehmenskulturelle, fachlich-konzeptionelle, räumlich-sachliche Informationen gesammelt, aufbereitet und ausgewertet werden. Entscheidend ist dabei, dass die Daten sich sowohl auf verschiedene Qualitätsdimensionen (Struktur-, Prozess- und Ergebnisqualität) als auch auf verschiedene Teilaspekte der Organisation beziehen, um so eindimensionale – z. B. ausschließlich an Kosten orientierte – Betrachtungen zu vermeiden. Vielmehr soll ein Datenpaket entstehen, das Informationen über Kosten, Leistungsmengen, Leistungsgeschwindigkeit, Leistungspräzision, Mitarbeiter-, Lieferanten- und Kundenzufriedenheit enthält. Günstige Kostenstrukturen sind ja z. B. nur dann sinnvoll zu interpretieren, wenn deutlich wird, unter welchen Rahmenbedingungen und konzeptionellen Vorgaben dieses Ergebnis erzielt wurde: Gibt es z. B. eine bewußte Entscheidung für einen höheren Personalschlüssel oder eine Spezialisierung auf eine bestimmte Klientel?

Die Teilnehmer des Betriebsvergleichs

Im Folgenden geht es um die Frage, wie Vergleichsringe zustande kommen, welche Probleme hierbei regelmäßig auftauchen und wer Träger eines Vergleichsringes sein könnte:

- **Zusammensetzung von Vergleichsringen:** Der Aufbau eines Betriebsvergleichs setzt voraus, dass sich in einem ersten Schritt eine Reihe von Einrichtungen zusammenfinden, die sich gemeinsam auf die Reise einer Qualitätsverbesserung begeben wollen. Dabei kann es sich z. B.

  - um Jugendheime, Werkstätten für Behinderte oder Altenheime eines bestimmten Trägers,

  - um Einrichtungen unterschiedlicher Träger einer bestimmten Region oder aber

  - um einen losen überverbandlichen und überregionalen Zusammenschluss von Einrichtungen handeln.

  Beispiele lassen sich für alle drei Varianten finden: So sind in den Vergleichsringen der Qualidata GmbH vorwiegend Kolping-Bildungseinrichtungen vertreten, während sich in der Qualitätsdatenbank „Heimerziehung und sonstige betreute Wohnformen

244

nach § 34" (XIT Data GmbH) Jugendheime unterschiedlicher Träger aus unterschiedlichen Regionen finden. Die Vorteile und Nachteile der jeweiligen Vorgehensweise liegen auf der Hand: So stehen verbandsinterne Vergleichsringe z. B. immer in der Gefahr, „im eigenen Saft" des Verbandshorizonts „zu schmoren", und überregionale sowie überverbandliche Vergleichsringe kämpfen mit dem Problem heterogener rechtlicher, struktureller und finanzieller Randbedingungen. Auf der Haben-Seite können verbandsinterne Lösungen die vergleichsweise stabilen Rahmenbedingungen verbuchen, und breiter angelegte Vergleichsringe können hier den speziellen Wettbewerbscharakter des gewählten Arrangements vorweisen.

- **Repräsentativität:** Von Bedeutung ist für Einrichtungen, die sich für die Teilnahme an Betriebsvergleichen interessieren, häufig die Frage nach der „Repräsentativität der teilnehmenden Einrichtungen"; d. h. sie möchten gerne wissen, ob die Verteilung der teilnehmenden Einrichtungen in der Stichprobe, bezogen auf ein bestimmtes Merkmal, der Verteilung in der Grundgesamtheit entspricht. Die Gewährleistung einer vollständigen Repräsentativität ist jedoch kaum möglich: Erstens ist in der Regel nur die Verteilung einiger weniger Merkmale, wie z. B. Größe, Träger oder inhaltliche Ausrichtung von Einrichtungen, in der Grundgesamtheit bekannt. Welche von diesen Einrichtungen jedoch als gut oder schlecht zu qualifizieren sind, ist ja gerade nicht bekannt – nicht zuletzt deshalb, weil Kriterien fehlen, nach denen dies zu bewerten wäre. Diese Information soll vielmehr im Rahmen des Betriebsvergleichs erst ermittelt werden.

Die Erfahrung spricht jedoch dafür, dass keine Einrichtung auf allen Dimensionen besonders gute oder schlechte Werte aufweist. Vielmehr zeigt der Vergleich in der Regel, dass jede Einrichtung ihre speziellen Stärken und Schwächen hat, so dass eine hinreichend große Streuung von Merkmalsausprägungen angenommen werden kann, wie sie in etwa auch der Verteilung in der Grundgesamtheit entspricht. Allerdings: selbst wenn alle Informationen bekannt wären, um eine repräsentative Stichprobe zu ziehen – letztendlich kann niemand dazu gezwungen werden, an einem Betriebsvergleich teilzunehmen.

- **Notwendige Anzahl von Teilnehmern:** Insgesamt steigt zwar die Aussagekraft eines Vergleichs mit der Zahl der teilnehmenden Einrichtungen, allerdings reichen erfahrungsgemäß bereits acht bis zehn Einrichtungen aus, um Vergleichsergebnisse zu erhalten, die für alle Beteiligten interessante Hinweise und Anknüpfungspunkte enthalten.

- **Träger der Datenbank:** Die Suche nach Partnern zum Betriebsvergleich ist der erste entscheidende Schritt auf dem Weg zur Einführung eines Q-MIS. Dabei muss zunächst eine prinzipielle Entscheidung hinsichtlich der Trägerschaft der Datenbank getroffen werden: Sollen Erhebungsinstrumente, Datenbank und Auswertungen a) von den teilnehmenden Einrichtungen selbst, b) von einem Verband oder c) einer externen neutralen Instanz entwickelt, getragen und erstellt werden?

Während an der Entwicklung der Instrumente unbedingt die einzelnen teilnehmenden Einrichtungen beteiligt werden sollten, kommt für die Trägerschaft der Datenbank, einschließlich der Datenauswertung, eigentlich nur eine externe neutrale Institution in Frage. Insbesondere deshalb, weil die Anonymität der Teilnehmer sowie ein blamagefreies Lernen bei einer solchen Lösung am besten gewährt werden kann. In diesem Falle besteht für die Teilnehmer zudem keine Notwendigkeit, Daten zu ihren Gunsten zu fälschen oder zu manipulieren, da kein Verbandsfunktionär und kein anderer Teilnehmer Zugang zu den Daten hat.

Eine andere – z. B. verbandliche – Lösung ist zwar prinzipiell denkbar, erfordert aber von den Beteiligten ein Höchstmaß an Vertrauen sowie Selbstdisziplin. Um jeden Verdacht des Datenmissbrauchs auszuräumen, sollten Einrichtungsvergleiche auf dem Grundsatz basieren, dass die teilnehmenden Einrichtungen zwar an der Instrumentenentwicklung in vollem Umfang beteiligt werden, die Datenbank selbst aber immer extern organisiert wird.

Instrumente des Betriebsvergleichs

Alle Teilnehmer, die sich an Betriebsvergleichen beteiligen, erhalten ein Set von Erhebungsinstrumenten sowie entsprechendes Informationsmaterial. Für die folgenden Arbeitsfelder liegen Erhebungsinstrumente vor, die von „xit forschung.planung.beratung" entweder alleine oder zusammen mit Kooperationspartnern und Praktikern aus den jeweiligen Arbeitsfeldern entwickelt wurden:

- Jugendheime
- Einrichtungen der Beruflichen Bildung
- Werkstätten für Behinderte
- Kindertagesstätten
- Gemeindepsychiatrie
- Altenpflegeheime
- Gesundheitsämter

Die jeweiligen Datenbanken für diese Arbeitsfelder werden entweder von „xit forschung.planung.beratung" alleine oder zusammen mit Kooperationspartnern (XIT Data GmbH und Qualidata GmbH) organisiert.

Die Zahl der Erhebungsinstrumente schwankt dabei je nach Arbeitsfeld von vier bei den Kindertagesstätten bis hin zu zehn Instrumenten bei den Jugendheimen. Neben Fragen des Handlings waren für diese Streuung vor allem inhaltliche Kriterien von Bedeutung.

Unabhängig von der Anzahl der Erhebungsinstrumente im Einzelfall können die abgefragten Merkmale immer jeweils den vier zentralen Dimensionen/Modulen Organisations-Check, Mitarbeiterbefragung, Zielgruppen-/Nutzerbefragung und Kooperationspartnerbefragung zugeordnet werden. Der Organisations-Check ist dabei zumeist noch einmal in Teildimensionen differenziert. Einen Überblick über die einzelnen Dimensionen und Module des Betriebsvergleichs gibt das folgende Schaubild:

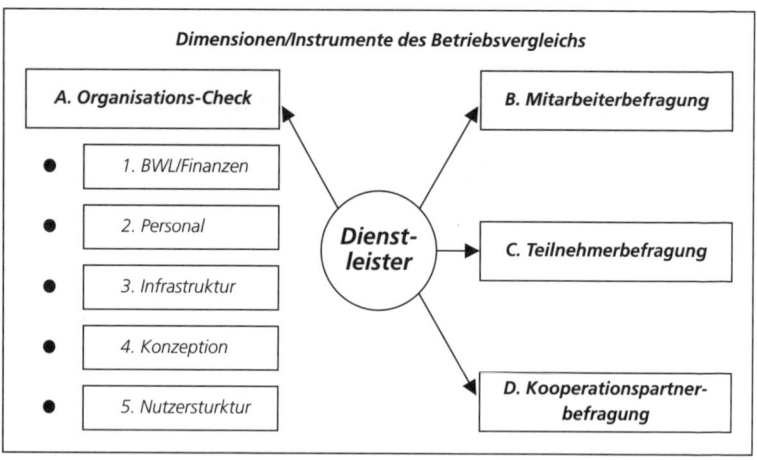

Je nach Einsatzfeld wird dieses Set an Erhebungsinstrumenten entweder durch weitere Fragebögen ergänzt, oder aber es werden einige Fragebögen zusammengefasst: Für die Werkstätten für Behinderte liegt z. B. noch ein Fragebogen „Ökologie" vor, und bei den Jugendheimen wurde ein zusätzlicher „Elternfragebogen" geschaffen, während für die Kindertagesstätten der Organisations-Check auf einen einzigen Fragebogen reduziert wurde.

Jeder Fragebogen umfasst dabei etwa acht bis zwölf Seiten und eine breite Palette von Fragen (bis zu 100 Fragen), die jeweils sowohl auf die Struktur- und die Prozess- als auch auf die Ergebnisebene zielen. Da Strukturen, Prozesse und Ergebnisse nicht nur im Rahmen des Organisations-Checks abgefragt werden, sondern ebenfalls noch einmal von den Nutzern, Mitarbeitern und Kooperationspartnern bewertet werden, lassen sich systematisch Brüche in der Wahrnehmung der jeweiligen Merkmale durch verschiedene Gruppen beschreiben und auf ihre Relevanz für die Qualität hin untersuchen. So wird im Rahmen des Fragebogens „Personalwirtschaft" für Werkstätten für Behinderte nach der Qualifikation der Mitarbeiter gefragt; gleichzeitig werden aber auch die Mitarbeiter selbst sowie die Kooperationspartner um eine Einschätzung hierzu befragt. Damit können die „harten" Daten des Organisations-Checks systematisch mit den (vermeintlich) „weicheren" Daten der Mitarbeiter-, Nutzer- und Kooperationspartnerbefragung verknüpft und aufeinander bezogen werden. Einzelne Aspekte der Struktur-, Prozess oder Ergebnisqualität lassen sich somit „quer" – d. h. über mehrere Fragebögen hinweg – analysieren.

Während Merkmale der Strukturebene noch relativ einfach zu erfassen sind, zielen die Fragen bezüglich der Prozess- und Ergebnisebene darauf, inwieweit welche Verfahrensstandards und Methoden der Erfolgskontrolle entwickelt wurden, in welcher Form diese dokumentiert sind und inwiefern sichergestellt ist, dass sie auch tatsächlich zur Anwendung gelangen.

Einen ersten Überblick über die im Rahmen der jeweiligen Module abgefragten Merkmale geben nachfolgende Übersichten:

Themen des Organisations-Checks

1. **BWL/Finanzen**
   Finanzierung, Kostenstruktur, Kennzahlen

2. **Personal**
   Personalstruktur, -bedarf, -auswahl, -entwicklung

3. **Infrastruktur**
   Lage, Ausstattung, EDV, Einbettung und Einbindung der Einrichtung in das Umfeld

4. **Konzeption**
   Konzepte, Besprechungsformen, Angebote, Zielsetzungen und Manahmen, Dokumentation, Standards, Erfolgskontrolle

5. **Nutzerstruktur**
   Alter, Geschlecht, Bildung, Anlass und Dauer der Inanspruchnahme einer Dienstleistung

---

Themen der Mitarbeiterbefragung

Mitarbeiterzufriedenheit

⇨ Betriebliche Leistungen

⇨ Arbeitsklima

⇨ Freiheitsgrade

⇨ Information/Kommunikation

⇨ Vorgesetzenverhalten/Führungsstil

⇨ Kollegenbeziehungen

⇨ Entwicklungsmöglichkeiten

⇨ Arbeitsbedingungen

Problembereiche

Selbsteinschätzung

Themen der Teilnehmerbefragung

Servequal Dimensionen:

⇨ Zuverlässigkeit

⇨ Reaktionsfähigkeit

⇨ Leistungskompetenz

⇨ Einfühlungsvermögen

⇨ Annehmlichkeit des Umfelds

Teilnehmerzufriedenheit

Themen zur Kooperationspartnerbefragung

a) Zielgruppen

⇨ Finanzierungsträger

⇨ Verbandsgliederungen

⇨ Unternehmen

⇨ Sonstiges

b) Inhalte
- ⇨ Image des Dienstleisters
- ⇨ Zusammenarbeit
- ⇨ Erfahrungen mit Praktikanten/Absolventen
- ⇨ Marktbezogenheit der Maßnahmen
- ⇨ Veränderungswünsche

Prinzipiell stellt die Rückmeldung der Mitarbeiter/-innen, der Kooperationspartner sowie der Nutzer darüber, ob die Erwartungen an die Leistungserbringung oder die Arbeit in der Einrichtung erfüllt werden, eine zentrale Information dar. Gefragt wird deshalb z. B. auch danach, wie die Einrichtung bzgl. der sogenannten Servequal(Servicequality)-Dimensionen: Zuverlässigkeit, Reaktionsfähigkeit, Leistungskompetenz, Einfühlungsvermögen und Annehmlichkeit abschneidet, wie einzelne Phasen der Zusammenarbeit beurteilt werden (sequentielle Ereignismessung), welche positiven oder negativen Schlüsselerlebnisse in Erinnerung (Critical-Incident-Technik) geblieben sind und welches das am dringlichsten zu lösende Problem (Problem-Detecting-Methode) scheint?

Ergänzende Qualitätserhebungsinstrumente:

Sequentielle Ereignismessung:
Phasen der Dienstleistungserstellung aus Klientensicht

Critical-Incident-Technique:
Kritische Ereignisse aus der Erfahrung der Klienten

Problem-Detecting-Methode:
Identifikation der dringlichsten Probleme

Auszufüllen sind die Fragebögen einerseits von der Leitung des Dienstleisters, dies betrifft den Organisations-Check. Daneben gibt es Fragebögen, die von den Mitarbeitern der Einrichtung, von Kooperationspartnern (z. B. Jugendämter, Sozialämter) und von den Nutzern selbst ausgefüllt werden. Wer welche Fragebögen z. B. im Rahmen der „Qualitätsdatenbank Heimerziehung" auszufüllen hat, zeigt die folgende Übersicht:

6. Das Qualitäts-Managementinformationssystem

Hinweise zum Ausfüllen der XIT Data-Fragebögen

Für die Qualitätsdatenbank „Heimerziehung"

Beim Ausfüllen der Fragebögen sollten Sie Folgendes beachten:

1. Name der Einrichtung!!
Bitte vermerken Sie zunächst auf allen Fragebögen (1. Seite links oben) den Namen Ihrer Einrichtung, damit die erhobenen Daten später wieder Ihrer Einrichtung zugeordnet werden können. Um Zeit und Energie zu sparen, nutzen Sie hierfür einfach den Stempel Ihrer Einrichtung.

2. Wer füllt welche Fragebögen wie aus?

Fragebogen	Auszufüllen ist ...	Wer?
I. Organisations-Check 1. Betriebswirtschaft/ Finanzen	1 Fragebogen für das Heim insgesamt	Leitung/ Geschäftsführung/ Sachbearbeiter
2. Personalwirtschaft	1 Fragebogen für das Heim insgesamt (Leitung, Geschäftsführung)	Leitung/ Geschäftsführung/ Sachbearbeiter
3. Konzeption	je Wohngruppe 1 Fragebogen[1]	Leitung/ Geschäftsführung/ päd. Leitung
4. Infrastruktur	je Wohngruppe 1 Fragebogen[1]	Leitung/ Geschäftsführung/ päd. Leitung
5. Nutzerstruktur	je Wohngruppe 1 Fragebogen[1]	Leitung/ Geschäftsführung/ päd. Leitung
II. Mitarbeiterbefragung	1 Fragebogen je Mitarbeiter ohne Differenzierung nach Wohngruppen	Alle Mitglieder
III. Nutzerbefragung	1 Fragebogen je Kind/Jugendlichem differenziert nach Wohngruppen[2]	Kinder/Jugendliche
IV. Kooperationspartner- befragung	1 Fragebogen vom Jugendamt, auf Wunsch auch von anderen Finanzierungsämtern	Jugendamt/ Sozialamt usw.

[1] Bitte vermerken Sie auf der ersten Seite des Fragebogens, um was für eine Wohngruppe es sich handelt: Innen-, Außenwohngruppe, Kleinstgruppe usw.

[2] Bitte vermerken Sie vor der Ausgabe der Fragebögen an die Kinder/Jugendlichen, in was für einer Wohngruppe die Kinder leben: Innen-, Außenwohngruppe, Kleinstgruppe usw.

Verfahren des Betriebsvergleichs

Bevor es mit dem Betriebsvergleich losgeht, erhalten alle Teilnehmer sowohl einen vollständigen Satz Erhebungsinstrumente als auch verschiedene zusätzliche Informationsmaterialien. Da, wie erwähnt, insbesondere die Mitarbeiter eines Dienstleisters zur aktiven Teilnahme an einem Qualitätsmanagement-Verfahren motiviert werden müssen, werden den Teilnehmern für die Startphase vorbereitete Informationsmaterialien übergeben, die diese dann den Mitarbeitern zur Verfügung stellen können. In den Materialien zur Mitarbeiterinformation werden die zentralen Grundprinzipien des Verfahrens dargestellt:

- Freiwilligkeit der Teilnahme

- Anonymität der Aussagen und Bewertungen (die Einrichtungsleitung bekommt die ausgefüllten Fragebögen nicht zu Gesicht; es gibt nur wenige Fragen zur Person, und deren Beantwortung ist freiwillig)

- die Aussagen und Bewertungen haben für die einzelnen Mitarbeiter keine (direkten, persönlichen) Konsequenzen

6. Das Qualitäts-Managementinformationssystem

Informationen zur Mitarbeiterbefragung
XIT Data-Einrichtungsvergleich Kindertagesstätten

Ziel des Fragebogens?

*Diese Mitarbeiterbefragung ist Teil einer umfassenden Erhebung zur Qualitäts-messung in Ihrer Einrichtung, dem **XIT data**-Einrichtungsvergleich. Wichtigstes Ziel ist dabei herauszufinden, ob und in welchem Umfang die Mitarbeiter mit den Arbeitsbedingungen, den betrieblichen Leistungen, der Kommunikation, den Kollegenbeziehungen usw. in der Einrichtung zufrieden sind oder nicht. Die Zufriedenheit der Mitarbeiter ist für uns ein wichtiges Qualitätskriterium. Auf der Basis dieser Befragung sollen dann auch Maßnahmen eingeleitet werden, um festgestellte Probleme auszuräumen. Die Fragen beziehen sich auf die gesamte Tagesstätte, in der Sie tätig sind.*

Was wird mit dem Fragebogen gemacht?

*Die erhobenen Daten werden **strikt anonym** behandelt, so dass hinterher niemand mehr sagen kann, wer den Fragebogen ausgefüllt hat. Die Fragebögen werden dann anschließend von der **XIT data** GmbH für uns ausgewertet. Unsere Tagesstätte erhält dann zusammengefasste Ergebnisse (z. B. Mittelwerte, Prozentwerte), die etwas über die Zufriedenheit der Mitarbeiter unserer Tagesstätte aussagen. Diese Ergebnisse sollen dann neben anderen Informationen (Elternbefragung) die Grundlage für Verbesserungen unserer Leistungen bilden. Die Fragebögen werden nach der Auswertung auch wieder vernichtet.*

Muss man den Fragebogen ausfüllen?

***Nein!!!** Die Teilnahme an der Befragung ist **absolut freiwillig**. Allerdings wäre es sehr hilfreich, wenn möglichst viele Mitarbeiter sich beteiligen würden, da sich dann auch die Aussagekraft der Ergebnisse erhöht. Nehmen nur wenige Mitarbeiter teil, erhöht sich die Chance, dass Minderheitenmeinungen an Bedeutung gewinnen. Machen Sie deshalb bitte von der Möglichkeit Gebrauch, Ihre Meinung über die Einrichtung einmal ganz anonym sagen zu können!*

Wie soll ich den Fragebogen aufüllen?

*Der Fragebogen ist in zwei Teile gegliedert: **Im ersten Teil** werden verschiedene Aussagen über die Einrichtung gemacht auf einer Bewertungsskala mit fünf Punkten, die von „stimmt voll und ganz" bis „stimmt überhaupt nicht" reicht. Zwischen diesen beiden Extrempositionen können Sie Ihr Urteil darüber, inwieweit die Aussage für Ihre Einrichtung aus Ihrer Sicht zutrifft, abstufen. Sie machen Ihre Wahl dadurch kenntlich, dass Sie eines der fünf Kästchen ankreuzen. Sind Sie z. B. der Meinung, die Aussage „Der Informationsfluss von Seiten der Einrichtungsleitung ist gut" „stimmt überhaupt nicht", kreuzen Sie einfach das entsprechende Kästchen im Fragebogen an.*

*Dieses Verfahren gilt auch für den **zweiten Teil** des Fragebogens. Im zweiten Teil des Fragebogens finden sich jedoch zusätzlich noch offene Fragen, wo nach denjenigen Bereichen der Einrichtung gefragt wird, in denen momentan nach Ihrer Ansicht die größten Probleme bestehen und für die Sie eine Kurskorrektur als dringend notwendig erachten. Zudem wird gefragt, wie Sie die Leistung der Einrichtung gegenüber den Teilnehmern einschätzen, und schließlich, wie die Teilnehmer selbst – Ihrer Meinung nach – die Qualität der Einrichtung einschätzen.*

Sollten Sie eine Frage überhaupt nicht beantworten können oder wollen, lassen Sie diese einfach aus – dies gilt insbesondere auch für die wenigen Fragen nach Ihrer Person am Ende des Fragebogens.

Vielen Dank für Ihre Mithilfe!

254

Um die Anonymität der Befragung tatsächlich sicherzustellen, können die Fragebögen zwar persönlich an die Mitarbeiter ausgehändigt werden, sie sollten jedoch nicht persönlich einzeln eingesammelt werden, sondern in Paketen (z. B. pro Abteilung) zurücklaufen oder in geschlossenen Umschlägen abgegeben werden. Bewährt hat sich die Aufstellung einer „Urne" zur Sammlung der Fragebögen, die zentral in der Einrichtung aufgestellt werden kann.

Nicht nur die Mitarbeiter, auch die Nutzer und Kooperationspartner müssen über das Verfahren informiert und um ihre Teilnahme geworben werden. Speziell die Nutzer machen hierbei häufig zum ersten Mal die Erfahrung, dass ein umfassendes „Qualitäts-Urteil" Ihrerseits gewünscht ist. Sowohl für die Zielgruppen-/Nutzerbefragung als auch für die Kooperationspartnerbefragung werden den Teilnehmern des Einrichtungsvergleichs deshalb ebenfalls vorbereitete Informationsmaterialien zur Verfügung gestellt.

6. Das Qualitäts-Managementinformationssystem

Informationen zur Nutzerbefragung
Beratungsstellen

Ziel des Fragebogens
Unsere Einrichtung will nicht nur weiterhin gute Arbeit anbieten, sondern diese auch stetig verbessern. Deshalb soll die „Qualität" unserer Beratungsstelle auch dadurch gemessen werden, dass Sie, die Nutzer, darüber befragt werden, ob Sie mit der Arbeit der Beratungsstelle zufrieden sind. Bei dieser Befragung geht es um die Qualität der Beratungsstelle ganz allgemein, das heißt darum, wie Sie die Beratungsstelle insgesamt beurteilen.

Was wird mit dem Fragebogen gemacht?

*Die erhobenen Daten werden strikt anonym behandelt, so dass hinterher niemand mehr sagen kann, wer den Fragebogen ausgefüllt hat. Die Fragebögen werden dann anschließend von der **XIT data** GmbH für uns ausgewertet. Unsere Beratungsstelle erhält dann zusammengefasste Ergebnisse, die etwas über die Zufriedenheit der Nutzer unserer Beratungsstelle aussagen. Diese Ergebnisse wollen wir dann als Grundlage dafür nehmen, unsere Leistungen noch zu verbessern.*

Muss ich den Fragebogen ausfüllen?
Die Teilnahme an der Befragung ist absolut freiwillig. Wir wünschen uns aber trotzdem, dass möglichst viele Teilnehmer mitmachen, denn nur dann können die Ergebnisse wirklich etwas aussagen. Also nutzen Sie doch die Möglichkeit, einmal ganz anonym Ihre Meinung sagen zu können!

Wie soll ich den Fragebogen ausfüllen?
Es werden Fragen zu unterschiedlichen Bereichen, die Besucher unserer Beratungsstelle betreffen können, gestellt. Sie antworten dadurch, dass Sie eines der vorgegebenen Kästchen ankreuzen. Rechts und links von den Kästchen stehen Beschreibungen, die extremste Meinungen darstellen. Die Kästchen dazwischen stellen Abstufungen dieser Beschreibungen dar. Kreuzen Sie einfach die Vorgabe an, der Sie auf Anhieb am ehesten zustimmen.

Hier ein Beispiel dafür, wie's gemacht wird:

Bei der Frage: „Erreichen Sie die Beratungsstelle ..."

einfach ☐ ☐ ☐ ☐ ☐ *umständlich?*

kreuzen Sie z. B. das zweite Kästchen an, wenn Sie finden, dass Sie nicht ganz bequem, aber doch recht angenehm zur Beratungsstelle kommen können (egal wie):

einfach ☐ ☒ ☐ ☐ ☐ *umständlich?*

Vielen Dank für Ihre Mithilfe!

256

3. Aufbau eines Q-Managementinformationssystems

Informationen zur Kooperationspartnerbefragung
Heimerziehung

Informationen für die befragen Kooperationspartner

Kooperationspartner der Einrichtung interessieren sich in der Regel für das Gesamtkonzept des Qualitätsmanagements in der Einrichtung. Insbesondere bei Finanzierungsträgern sollte die Befragung durch zusätzliche Information begleitet werden.

Um darzustellen, daß der **XIT data**-Vergleich mehr beinhaltet als den kurzen Fragebogen für Kooperationspartner, kann das beiliegende Informationsblatt für Kooperationspartner, ein Prospekt der **XIT data** oder weiteres selbsterstelltes Informationsmaterial verwendet werden.

Briefvorlage Kooperationspartnerbefragung

Sehr geehrte(r)

wir, ..., wollen verstärkt an der Qualität unserer Dienstleistung arbeiten. Dazu beteiligen wir uns an einem Qualitätsmessungsinstrument, das aus der Praxis erarbeitet wurde: dem **XIT-data**-Einrichtungsvergleich. Hier wurde im Gegensatz zur ISO-9000 ff. der Ansatz der Selbstevaluation in den Mittelpunkt gestellt. Durch den Vergleich von objektiven und subjektiven Daten mit anderen Einrichtungen soll die Grundlage für ein erfolgreiches Qualitätsmanagement in unserer Einrichtung geschaffen werden.

Qualitativ gute Heimerziehung muss immer auch die Interessen und Erwartungen der „Kunden" im Auge haben. Neben unseren Bewohnern, die genauso wie die Mitarbeiter befragt werden, sind Sie für uns ein wichtiger Partner unserer Arbeit.

Deshalb möchten wir Sie gezielt nach Ihrer Meinung zu unserer Einrichtung fragen. Dazu wurde der beiliegende Fragebogen ausgearbeitet, der sowohl Fragestellungen zur Struktur- und Prozessqualität als auch zur Ergebnisqualität der Einrichtung enthält. Die Ergebnisse werden zusammengefasst und mit denen anderer Einrichtungen verglichen. So wollen wir von anderen lernen und uns kontinuierlich verbessern.

Es dauert nur wenige Minuten, den Fragebogen auszufüllen. Bitte nehmen Sie sich die Zeit, sie helfen uns damit weiter. Die Befragung wird anonym durchgeführt, bitte senden Sie den Fragebogen in dem beigelegten Rückumschlag direkt an folgende Adresse zurück:

Sollten Sie uns persönlich Ihre Meinung sagen wollen, können Sie entweder auf dem Fragebogen die Anonymität aufheben oder einfach mit uns Kontakt aufnehmen.

Vielen Dank für Ihre Mitarbeit

Mit freundlichen Grüßen

Name der Einrichtung

6. Das Qualitäts-Managementinformationssystem

Falls es bei der Zielgruppe zu große Bedenken bezüglich der Anonymität gibt, sollten diese die Fragebögen selbst in einen verschlossenen Umschlag stecken und an den Datenbankbetreiber senden. Die Kommunikation mit den Kooperationspartnern läuft zumeist ebenfalls über den Datenbankbetreiber. Dieser informiert die Kooperationspartner über das Vorhaben und verschickt die Fragebögen, die ausgefüllt direkt an ihn zurückgehen.

Daneben erhalten alle Teilnehmer ein Handbuch mit Hinweisen darüber, welche Fragebögen wie und von wem auszufüllen sind. Auf der Basis der Instrumente führen die Teilnehmer eines Betriebsvergleichs dann zunächst eine Untersuchung in der eigenen Einrichtung durch. Bereits in dieser Phase treten typische „Aha-Effekte" auf: Probleme, deren Existenz bekannt war, die aber bislang niemand offen anprangerte, manifestieren sich „Schwarz-auf-Weiß", und Daten, deren Relevanz klar scheint, müssen dennoch mühsam zusammengesucht werden (Warum haben wir eigentlich nie die Ausfalltage der Mitarbeiter durch Krankheit erfasst und analysiert; warum wissen wir nicht, bei wie viel Prozent unserer Jugendlichen vor der Aufnahme ins Heim das Hilfeplanverfahren noch nicht abgeschlossen war).

Anschließend schicken die Teilnehmer das von ihnen und Dritten ausgefüllte Material an den Datenbankbetreiber zurück. Hier werden die Daten der Einrichtungen anonymisiert, in die Datenbank eingegeben und anschließend ausgewertet. In einem ersten Schritt erhält der Teilnehmer einen Tabellenband mit den Ergebnissen aller abgefragten Variablen und Dimensionen.

Nicht unbedingt notwendig, aber sehr hilfreich ist es, wenn jede Einrichtung neben dem Tabellenband zusätzlich einen Stärken- und Schwächenreport erhält, der auf der Basis eines Vergleichs der Einrichtung bezüglich der verschiedensten Dimensionen mit anderen auf vier bis fünf Seiten die wichtigsten relativen Stärken und Schwächen zusammenfasst und vergleicht.

258

Nachdem der Einrichtung die Daten vorliegen, beginnt die Auswertungs- und Interpretationsphase. Dem Datenbankbetreiber kommt in diesem Zusammenhang lediglich eine Service-Funktion zu, die sich

- auf die Instrumentenpflege,

- auf den Aufbau und die Wartung der Datenbank,

- auf die Dateneingabe, -verarbeitung und -ausgabe sowie

- auf die Erstellung von Tabellenbänden und Kurzporträts beschränkt.

Die eigentliche Interpretation der Daten bleibt Aufgabe der Teilnehmer des Betriebsvergleichs, die somit immer Herr des Verfahrens bleiben.

Auswertung und Interpretation der Ergebnisse des Betriebsvergleichs

Die Auswertung des Betriebsvergleichs beginnt üblicherweise damit, dass das Management die zur Verfügung stehenden Daten und Informationen sichtet. Mit dem Betriebsvergleichs-Informationssystem verfügt das Management jetzt zwar einerseits über einen Datenpool, der fast jeden Bereich der Organisation ausleuchtet. Andererseits stellt sich für das Management nun aber auch die Aufgabe, aus der Vielzahl der Daten diejenigen Einzeldaten herauszufiltern, die als besonders wichtig eingeschätzt werden.

Anhaltspunkte für diese selektive Filterung sind zum einen extreme Abweichungen eigener Daten vom Durchschnitt des Betriebsvergleichs und/oder vom „Klassenbesten". Typische Fragestellungen sind hier: Was ist im Optimum möglich? Wie weit bin ich davon weg? Hat sich mein Abstand im Vergleich zum letzten Einrichtungsvergleich vergrößert oder verkleinert? Bin ich zwar besser geworden, aber die meisten anderen noch besser?

Zum anderen gibt es theoretische und praktische Voreinstellungen des selektiven Blicks, die das Material „automatisch" sortieren helfen. Einzeldaten sprechen manchmal für sich, in vielen Fällen gewinnen sie aber erst an Informationskraft, wenn sie mit anderen Daten in Beziehung gesetzt werden. Solche plausiblen Verknüpfungen zwischen Einzelergebnissen herzustellen und deren Erklärungsgehalt zu überprüfen, gehört immer noch zur Aufgabe des Managements.

Entscheidend ist bei der Auswertung der Daten jedoch, dass die Daten nicht direkt über „die Qualität" der Organisation Auskunft geben, sondern immer erst im Sinne von Qualität interpretiert werden müssen. Der Befund, dass eine Einrichtung besonders zufriedene Mitarbeiter hat, sagt ja für sich alleine genommen noch nichts aus: Speist sich die Zufriedenheit der Mitarbeiter vielleicht aus einem extrem geringen Anspruchsniveau, aus einer vergleichsweise fürstlichen Entlohnung oder aber aus der Tatsache, dass die Auslastung der Einrichtung sehr gering ist? Die Ergebnisse müssen also jeweils neu im Sinne von Qualität interpretiert werden, wobei die Daten des Betriebsvergleichs dazu dienen können, verschiedene Interpretationen auf ihre Stichhaltigkeit hin zu überprüfen.

Die Sicherheit in der Interpretation der Daten wird zunehmen, wenn der Betriebsvergleich tatsächlich im Sinne eines Managementinformationssystems genutzt wird, also regelmäßig in bestimmten Intervallen wiederholt wird. Durch die regelmäßige Teilnahme von Einrichtungen, die bereits an den eigenen Schwachstellen gefeilt haben, aktualisiert und modernisiert sich die Datenbank des Betriebsvergleichs zudem permanent selbst, die Standards erhöhen sich und das Qualitätsmanagement wird beschleunigt. Liegen für mehrere Erhebungszeitpunkte Daten vor, kann der einzelne Teilnehmer sich im Laufe der Zeit zusätzlich mit sich selbst im Längsschnitt vergleichen, über Fortschritte, Rückschritte oder Seitwärtsbewegungen bei verschiedenen Dimensionen nachdenken. Der Betriebsvergleich wird auf diese Weise zu einer selbstverständlichen Veranstaltung: ähnlich selbstverständlich, wie Mitarbeiter Supervisionen nutzen, um über ihre arbeitsbezogenen Probleme zu sprechen, können über den Betriebsvergleich die „Probleme der Organisation" insgesamt thematisiert werden – der Betriebsvergleich ist gewissermaßen der Weg zur „Supervision der Organisation".

Bilden sich bei der Interpretation der Daten Routinen und Erfahrungen heraus, lässt sich mit Hilfe dieses Instruments rasch herausfinden, ob bezüglich der eigenen Standards, Zielfestlegungen, Leistungsangebote, Dokumentationsverfahren usw. Handlungsbedarf gegeben ist, in welche Richtung dieser gehen könnte und welcher Ressourcenaufwand hierfür notwendig ist.

Darüber hinaus kann es im Einzelfall erforderlich sein, im Rahmen der Dateninterpretation zusätzlich Daten zu erheben. So könnte es sich z. B. als hilfreich erweisen, zusätzlich zum Fragebogen „Betriebswirtschaft" eigene Kostenarten-, Kostenstellen- und Kostenträgerrechnungen durchzuführen, um Hypothesen über das Abschneiden der Organisation im Betriebsvergleich untermauern zu können. Zudem könnte es notwendig sein, eine Dokumentenanalyse durchzuführen, wenn sich herausstellt, dass der Umgang mit Hilfe-, Entwicklungs- oder Förderplänen in der Einrichtung nicht optimal gestaltet ist.

Geht man die Analyse der Daten systematisch an, was sinnvoll erscheint, wenn man die Daten des Betriebsvergleichs im Sinne eines Q-MIS nutzen möchte, bietet es sich an, zunächst gezielt nach Stärken und Schwächen zu suchen, anschließend die Schnittstellen zu analysieren und darauf aufbauend Qualitätsstandards sowie Qualitätssicherungssysteme zu entwickeln.

Stärken- und Schwächenanalyse

Im Rahmen der Stärkenanalyse geht es zunächst darum, Organisationsstrukturen, -prozesse und -ergebnisse zu identifizieren, in denen der Dienstleister über Kompetenzen und Fähigkeiten verfügt, die heute und morgen für die Zielgruppe von Bedeutung sind. Darüber hinaus wird gleichzeitig gefragt, in welchen Bereichen in Zukunft Stärken aufgebaut werden können und müssen, die dazu beitragen, der Einrichtung ein klares Profil zu geben, sie für die Zielgruppe leicht erkennbar und gleichzeitig attraktiv zu machen.

Zentrale Fragestellungen der Schwachstellenanalyse sind demgegenüber, a) was die Mitarbeiter daran hindert, den Bedarf der Zielgruppe besser zu befriedigen als bisher, und b) durch welche Maßnahmen und Interventionen diese Probleme gelöst werden könnten.

Beispiele dafür, wie in den Daten des Q-MIS systematisch nach Schwachstellen gefahndet und einzelne Faktoren im Hinblick da-

6. Das Qualitäts-Managementinformationssystem

rauf untersucht werden können, ob Sie eher Stärken oder Schwächen der Organisation darstellen, geben die beiden folgenden Schaubilder:

Bewertungsraster zur Schwachstellenanalyse

Stärken/Schwächen des Faktors Organisation	Bewertung*									
	1	2	3	4	5	6	7	8	9	10
■ Die formelle Struktur stimmt mit der informellen weitgehend überein:										
■ Unsere Struktur ist schlank, flexibel, schlagkräftig und prozessorientiert:										
■ Wir sind fähig, unsere Struktur schnell veränderten Rahmenbedingungen anzupassen:										
■ Unsere Geschäftsverteilungspläne und Stellenbeschreibungen sind flexibel:										
■ Für jede Stelle sind Aufgabenstellung, Kompetenz und Verantwortung klar geregelt:										
■ Für die wichtigsten Abläufe bestehen klare organisatorische Regelungen										
■ Wir haben noch genügend Freiräume für Improvisation und Innovation:										
■ Die Schlüsselpositionen sind mit kompetenten Personen besetzt:										
■ Wir sind bei der Festlegung von Struktur und Abläufen unabhängig:										

* Bewertung der eigenen Situation im Vergleich zum denkbaren Optimum (1= trifft überhaupt nicht zu; 10 = trifft voll und ganz zu)

Besondere Stärken:	Gründe:	Wie in Zukunft wirksam?
Besondere Schwächen:	Gründe:	Wie in Zukunft wirksam?
Sofortmaßnahmen:	Verantwortlich:	Termine:

Quelle: Christel Niedereichholz, Unternehmensberatung, Bd. 2, München, Wien 1997, S. 97 (Oldenbourg Verlag)

Analyseraster zur Schwachstellenanalyse

	Ist	Ist nicht	Abweichung	Ursache
Was? **Identifiziere!**	Was ist das Problem?	Was ist nicht das Problem?	Was ist der Unterschied zwischen Ist/Ist nicht?	Was ist die mögliche Ursache?
Wo? **Lokalisiere!**	Wo ist das Problem aufgetreten?	Wo ist das Problem nicht aufgetreten?	Was ist der Unterschied zwischen den Orten?	Was ist die mögliche Ursache?
Wann? **Zeitpunkt!** **Zeitraum!**	Wann tritt das Problem auf?	Wann tritt das Problem nicht auf?	Was ist der Unterschied zwischen den Zeitpunkten?	Was ist die mögliche Ursache?
	Wann wurde das Problem zuerst festgestellt?	Wann wurde das Problem zuletzt festgestellt?	Was ist der Unterschied zwischen den Feststellungen?	Was ist die mögliche Ursache?
Wie? **Umfang!** **Größe!** **Bedeutung!**	Wie umfangreich ist das Problem?	Wie lokalisiert ist das Problem?	Was ist der Unterschied?	Was ist die mögliche Ursache?
	Wie viele Einheiten sind betroffen?	Wie viele Einheiten sind nicht betroffen?	Was ist der Unterschied?	Was ist die mögliche Ursache?
	Wieviel von einer Einheit ist betroffen?	Wieviel von einer Einheit ist nicht betroffen?	Was ist der Unterschied?	Was ist die mögliche Ursache?

Quelle: Christel Niedereichholz, Unternehmensberatung, Bd. 2, München, Wien 1997, S. 84 (Oldenbourg Verlag)

Um ein vollständiges Bild zu erhalten, müssen im Rahmen der Stärken- und Schwächenanalyse sowohl die Binnen- als auch die Außenperspektive zur Bewertung herangezogen werden, also die Ergebnisse des Organisations-Checks sowie der Mitarbeiter-, Nutzer- und Kooperationspartnerbefragung gegeneinander abgeglichen werden. Im Rahmen des Betriebsvergleichs für die Jugendheime wurden z. B. die Mitarbeiter danach gefragt, wie sie denn die Qualität der Einrichtung und speziell der Mitarbeiter einschätzten: Das Ergebnis fiel eher schlecht aus.

6. Das Qualitäts-Managementinformationssystem

XIT Data Betriebsvergleich Jugendheime: Mitarbeiterbefragung

Einrichtung: **Musterheim**

1. Wie würden Sie die Qualität der Einrichtung und der Mitarbeiter insgesamt einschätzen?
(Bewertungsskala von 1–5; 1 = sehr gut, 5 = sehr schlecht)

Bezüglich	Mittelwert eigene Einrichtung	Mittelwert insgesamt	Differenz	Datenbasis eigene Einrichtung	Max. eigene Einrichtung	Standardabweichung eigene Einrichtung	Rang
a) Qualität der Einrichtung	2,0	1,92	0,08	17	3	0,58	9
b) Qualität der Mitarbeiter	3,4	2,3	1,1	17	5	0,78	19

Teilnehmende Einrichtungen: 19

Demgegenüber zeigten sich aber die Jugendlichen der Einrichtung höchst zufrieden mit den Mitarbeitern, was ihr generelles Urteil über die Betreuer (Kommst Du mit den Betreuern klar?) belegt. Selbst auf gezielte Nachfragen zu einzelnen Aspekten der Beziehungen zu den Betreuern (kann man Betreuern offen seine Meinung sagen, sich auf sie verlassen, haben die Betreuer Zeit für Kinder, können sie bei Problemen helfen; wie gefallen das Zimmer, die Gemeinschaftsräume, die Regelungen beim Kochen usw.) fallen die Äußerungen überdurchschnittlich positiv aus. Ähnliches gilt auch für die Kooperationspartner, die sowohl die Qualifikation wie auch das Engagement der Mitarbeiter positiv bewerteten. Die Mitarbeiter werden sogar explizit als Stärke der Einrichtung benannt (siehe nachstehende Schaubilder).

3. Aufbau eines Q-Managementinformationssystems

XIT Data Betriebsvergleich „Qualitätsdatenbank Heimerziehung": Bewohnerbefragung (Jugendliche)

Einrichtung: **Musterheim** **Befragte insgesamt:** **178**

1. Und kommst Du mit den Betreuern klar?

	Mittelwert eigene Einrichtung	Mittelwert insgesamt	Differenz	Max. eigene Einrichtung	Datenbasis eigene Einrichtung	Standard- abweichung eigene Einrichtung	Rang
Skala von 1–3; 1 = Ja, mit den meisten komme ich klar, 2 = teils/ teils, 3 = Nein, mit den meisten komme ich nicht klar	1,1	1,6	0,5	2	12	0,3	2

1. Kann man den Betreuern offen seine Meinung sagen?

	Mittelwert eigene Einrichtung	Mittelwert insgesamt	Differenz	Max. eigene Einrichtung	Datenbasis eigene Einrichtung	Standard- abweichung eigene Einrichtung	Rang
Skala von 1–3; 1 = Ja, 2 = teils/ teils, 3 = Nein	1,0	1,6	0,6	1	12	0,0	1

1. Haben die Betreuer Zeit für dich, wenn du ein Problem hast?

	Mittelwert eigene Einrichtung	Mittelwert insgesamt	Differenz	Max. eigene Einrichtung	Datenbasis eigene Einrichtung	Standard- abweichung eigene Einrichtung	Rang
Skala von 1–3; 1 = Ja, 2 = teils/ teils, 3 = Nein	1,2	1,4	0,2	2	12	0,42	5

1. Können dir die Betreuer bei deinem Problem helfen?

	Mittelwert eigene Einrichtung	Mittelwert insgesamt	Differenz	Max. eigene Einrichtung	Datenbasis eigene Einrichtung	Standard- abweichung eigene Einrichtung	Rang
Skala von 1–3; 1 = Ja, 2 = teils/ teils, 3 = Nein	1,1	1,8	0,7	2	12	0,37	1

6. Das Qualitäts-Managementinformationssystem

XIT Data Betriebsvergleich „Qualitätsdatenbank Heimerziehung": Kooperationspartnerbefragung

Einrichtung: Musterheim   **Befragte Kooperationspartner:** 6

II. Strukturqualität

1. Qualifikation des sozialpäd. Personals
(Bewertungsskala von 1–5)

	Mittelwert eigene Einrichtung	Mittelwert insgesamt	Differenz	Maximum	Minimum	Standard-abweichung	Rang
sehr gut qualifiziert = 1, schlecht qualifiziert = 5	1,5	2,0	0,5	3	1	0,53	4

2. Engagement der Betreuer
(Bewertungsskala von 1–5)

	Mittelwert eigene Einrichtung	Mittelwert insgesamt	Differenz	Maximum	Minimum	Standard-abweichung	Rang
Betreuer sind insgesamt sehr stark engagiert = 1, kaum engagiert = 5	1,5	2,0	0,5	3	1	0,53	4

V. Ergänzende Beurteilung

1. In welchen Bereichen sehen Sie die wesentlichen Stärken der Einrichtung?

	Prozent Nennungen eigene Einrichtung	Prozent Nennungen für alle Einrichtungen
Mitarbeiter	75%	66,2%
Konzeptionelles Angebot	83,3%	47,5%
Zusatzangebote		48,4%
Schulischer bzw. Ausbildungsbereich	20,5%	22,5%
Räumlichkeiten und Ausstattung		45,8%
...	...	...

266

In diesem Falle ist also sehr genau zu unterscheiden, ob denn nun die Qualität der Mitarbeiter die eigentliche Schwäche der Einrichtung darstellt oder nicht vielmehr deren Selbstwahrnehmung und Selbstbild. Ob nicht vielmehr die Mitarbeiter eine Stärke der Einrichtung bilden, die es auszubauen gilt, indem man mit den Mitarbeitern über deren Aspirationsniveau hinsichtlich Ihrer Arbeit diskutiert.

Um solche Diskussionsprozesse zu organisieren, sollten generell für alle Organisationsabteilungen, ebenfalls basierend auf Auswertungen des MIS, empirisch gestützte Analysen der wichtigsten abteilungsspezifischen Schwachstellen in den jeweiligen Teambesprechungen dargelegt und diskutiert werden. Hier wird dann analysiert, welche Variablen die festgestellten Defizite erklären können, ob personelle und/oder sachliche Schwachstellen auffindbar sind und/oder ob in den Prozessen der Dienstleistungserstellung möglicherweise Sollbruchstellen bestehen, die es zu stabilisieren gilt. Auf Abteilungsebene werden zu den fünf zentralen Schwachstellen Qualitätsziele formuliert, die in einem klar abgegrenzten Zeitraum erreicht und in der Folge auch garantiert werden sollen. Von besonderem Interesse sind hier Kennzahlen sowie kundenorientierte Garantien.

Prozessanalyse

Ein weiteres zentrales Analysemodul ist die Prozessanalyse, die die Grundlage des Prozessqualitätsmanagements bildet. Funktion des Prozessmanagements ist die Bewertung und Veränderung von sogenannten Support- und Kernprozessen eines Unternehmens (Kaplan/ Murdock 1991), wobei die internen und externen Schnittstellen im Mittelpunkt des Interesses stehen.

Im Rahmen der Prozessanalyse geht es erstens um die Frage, wie interne Schnittstellen zwischen Abteilungen, Bereichen, Diensten und einzelnen Mitarbeitern funktionieren, da manche Schwachstellen und Defizite sich durch den organisations- bzw. abteilungseigenen Blick auf Strukturen und Abläufe nicht ausreichend erklären lassen. Leistungs- und Informationsprozesse laufen kreuz und quer, zumindest aber horizontal und vertikal durch die gesamte Organisation. Solche

6. Das Qualitäts-Managementinformationssystem

Leistungs- und Informationsprozesse müssen demnach an ihren Schnittstellen auf Passgenauigkeit untersucht werden.

Zweitens rücken aber auch die externen Schnittstellen zwischen der Einrichtung und verschiedenen Kooperationspartnern, den Nutzern und Finanzierungsträgern in den Mittelpunkt der Analyse. Zudem werden hier vollständige Prozessabläufe erfasst: In die analytischen Scheinwerfer geraten nicht mehr nur die Aktivitätsfolgen innerhalb der Abteilungen, sondern „es wird die ganze Aktivitätsfolge des Wertschöpfungsprozesses vom Ressourcenlieferanten und Auftragsersteller bis hin zum Leistungsadressaten durchgängig unter die Lupe genommen." (Bumbacher/Kaufmann, 1998, Seite 14). Dabei steht jeweils die Frage im Vordergrund, wo Handlungsketten in der Organisation abreißen, wo sich Prozessabläufe verlangsamen, wer zu verschiedenen Ergebnissen beiträgt. Auch hier werden wieder alle Teilbereiche der Organisation auf diese Fragestellungen hin untersucht. Im Mittelpunkt der Prozessanalyse stehen somit auch die zeitlichen, organisatorischen, kommunikativen, finanziellen und qualitativen Ressourcen und Strukturen bei der Leistungserstellung (Burmeister/Lehnerer 1996, Seite 49)

Von Bedeutung sind im Rahmen der Prozessanalyse adäquate Messpunkte. Die Messung der Prozessqualität muss an Schnittstellen ansetzen, wo ein Leistungsaustausch zwischen einzelnen Prozessen stattfindet. Dort wird der Output des einen Prozesses zum Input des folgenden Prozesses. Ein wichtiger Gradmesser für die Prozessqualität ist die Zufriedenheit des „Prozesskunden" mit dem „Prozesslieferanten". Diese Zufriedenheit können Prozesslieferanten über feste Zielgrößen – operationalisiert in messbaren Indikatoren und Kennzahlen – messen. Zu unterscheiden sind hier:

- Kundenorientierte Messgrößen
- Zeit- und quantitätsorientierte Messgrößen
- Mitarbeiterorientierte Messgrößen

Die Festlegungen zwischen Prozesslieferant und Prozesskunden beinhalten:

- Formulierung der Teilprozessinputs und -outputs
- Festlegung der Anfangs- und Endereignisse

268

- Bildung einer kostenstellenübergreifenden, zeitlichen Reihenfolge der Teilprozesse
- Dokumentation des/der Prozesskunden
- Klassifikation der Teilprozesse in Kern- und Supportprozesse
- Formulierung der Prozessanforderungen und Definition der Prozessqualitätsziele
- Festlegung geeigneter Indikatoren

Über die Instrumente des Betriebsvergleichs lassen sich eine Vielzahl von Hinweisen auf die dargestellten prozessbezogenen Fragestellungen finden. So wird z.B. erfragt, wer an der Erstellung von Konzepten beteiligt ist, ob und wie diese mit Finanzierungsträgern abgesprochen werden, wer Konzepte fortschreibt und wann diese fortgeschrieben werden. Darüber hinaus werden Dokumentations- und Kommunikationsprozesse, Aufnahme- und Entlassungsverfahren sowie Planungsprozesse analysiert. Gleichzeitig werden die Nutzer, Kooperationspartner und Mitarbeiter eines Dienstleisters danach gefragt, wie sie die Qualität einzelner Phasen von Prozessen bewerten. Ein Beispiel hierfür ist das Aufnahmeverfahren in Werkstätten für Behinderte, das die Kostenträger in folgender Form bewerten können.

6. Das Qualitäts-Managementinformationssystem

XIT Data Betriebsvergleich Werkstätten für Behinderte: Kooperationspartnerbefragung

VI. Prozessqualität: Fachausschusssitzungen

1. Wie häufig tagt der Fachausschuss?
Der Fachausschuss tagt in der Regel alle _____ Wochen

2. Werden die angekündigten Termine für die Sitzungen des Fachausschusses eingehalten oder kommt es häufig zu kurzfristigen Absagen und Verlegungen?
☐ Die Termine werden fast immer eingehalten.
☐ Manchmal kommt es schon vor, dass Termine abgesagt oder verlegt werden.
☐ Die Termine werden häufig abgesagt oder verlegt.

3. Erhalten Sie für die einzelnen Sitzungen auch immer rechtzeitig die jeweiligen Sitzungsunterlagen, wie z. B. die Einschätzungen von Maßnahmeteilnehmern?
Die Sitzungsunterlagen
sind immer rechtzeitig verfügbar ☐ ☐ ☐ ☐ ☐ kommen immer erst in letzter Minute

4. Durch wen werden die Sitzungen des Fachausschusses vorbereitet?
Von Vertretern der/des
☐ WfB   ☐ das wechselt ab
☐ Arbeitsamt   ☐ die Sitzungen werden nicht vorbereitet
☐ sonstige

5. Haben Sie das Gefühl, daß Vertreter der WfB gut vorbereitet zu den Sitzungen des Fachausschusses erscheinen?
☐ Ja   ☐ z. T.   ☐ Nein

6. Nehmen Sitzungsteilnehmer, die nicht zu den Kostenträgern gehören, Einfluss auf Entscheidungen?
☐ Ja, denn die anderen Mitglieder erwarten dies
☐ Ja, bei entsprechender Sachkompetenz kommt es manchmal zu einer
   solchen Einflussnahme
☐ Nein, das ist bei uns eher unerwünscht

7. Wie schätzen Sie die Arbeit der WfB-Mitarbeiter im Fachausschuss ein?

	Stimme voll zu	Stimme nicht zu
Vertreter der WfB können zu jedem Fall eine präzise und zutreffende erste Einschätzung abgeben.	☐ ☐ ☐ ☐ ☐	
Vertreter der WfB können zu jedem Fall gezielte Fördervorschläge machen.	☐ ☐ ☐ ☐ ☐	
Die Vertreter der WfB versuche immer, den Höchstförderzeitraum durchzusetzen.	☐ ☐ ☐ ☐ ☐	
Bedenken hinsichtlich der WfB-Eignung eines Teilnehmers werden von den WfB-Vertretern häufig zu spät vorgetragen.	☐ ☐ ☐ ☐ ☐	

8. Wie gut fühlen Sie sich von der Einrichtung im Rahmen der Fachausschusssitzungen über wichtige Vorgänge und Entwicklungen in der WfB informiert?
Die Informationen erfolgen
zeitnah und umfassend ☐ ☐ ☐ ☐ ☐ zu spärlich

270

Allerdings kann die Qualität fein verästelter Prozesse innerhalb einer Organisation nicht vollständig über das Verfahren des Betriebsvergleichs ermittelt werden. Soll die Bearbeitbarkeit und Vergleichbarkeit der Instrumente gewahrt werden, können nur zentrale Prozessparameter abgebildet werden, die Hinweise auf Schwächen, Defizite oder Stärken liefern. Ergänzend zum Betriebsvergleich müssen dann eventuell zusätzliche Datenerhebungen durchgeführt werden, um die Ergebnisse des Betriebsvergleichs erstens zu komplettieren und zu validieren, zweitens aber auch die Prozessketten neu zu gestalten.

Unverzichtbare, aber leider auch meist zeitintensive Voraussetzung für die Neugestaltung der Steuerung solcher Qualitätsprozesse ist häufig die Durchführung von präzisen Tätigkeitsanalysen. Bumbacher und Kaufmann (1998, Seite 14) schlagen vor, dass hierzu für jede Abteilung die wichtigsten, regelmäßig wiederkehrenden operativen und dispositiven Abläufe inklusive aller Schnittstellen zu anderen Abteilungen analysiert werden.

Fünf Fragen sollten hier beantwortet werden:

- Was tun wir? (Erhebung der Aktivitäten)

- Warum tun wir es? (Ziele/Zweckerhebung)

- Wie tun wir es? (Erhebung der Prozesse)

- Wie gut tun wir es? (Messung, Auswertung, Controlling)

- Wie wissen wir, dass wir es gut tun? (Betriebsvergleich, Befragungen)

In dieser Prozessanalyse lässt sich nun erkennen, welche Teilprozesse wo, wie, in welcher Geschwindigkeit, in welcher Präzision und Zuverlässigkeit – und zu welchen Kosten – ablaufen bzw. nicht ablaufen. Bei dieser IST-Prozessanalyse lassen sich zwar Schwachstellen gut herausfiltern, aber man bleibt auch bei den Überlegungen zur Prozessoptimierung in der Logik der beobachteten Gegenwart und somit „strukturkonservativ". Eine denkbare Alternative bietet der „sollzustandsorientierte Ansatz" (Heine, 1995, Seite 106), in dem man zuerst eine quasi-optimale Prozessarchitektur entwickelt und diese dann mit dem IST-Prozessverlauf vergleicht. An dieses Modell knüpfen z. T. auch die

6. Das Qualitäts-Managementinformationssystem

prozessbezogenen Fragestellungen des Betriebsvergleichs an: Die Fragen bilden einen Prozessverlauf ab, und die Teilnehmer beschreiben dann, ob und in welchem Umfang diese Prozesse in der eigenen Einrichtung mit dem dargestellten Prozessverlauf übereinstimmen – allerdings wird nicht davon ausgegangen, dass es sich bei den Vorgaben um ideale Prozessverläufe handelt. Recht gut lässt sich dies am Fragebogen „Konzeption" für die Jugendheime nachvollziehen, der den Prozess der Konzepterstellung und -weiterentwicklung zum Gegenstand hat.

XIT Data Betriebsvergleich Jugendheime:
A. Organisations-Check: 4. Konzeption

III. Prozessqualität: Erstellung und Weiterentwicklung der Konzeption

1. Arbeitet die Wohngruppe mit einem schriftlich dokumentierten Konzept?
- ☐ Ja, es gibt ein solches Konzept.
- ☐ Nein, aber der Träger hat ein pädagogisches Gesamtkonzept, das schriftlich vorliegt.
- ☐ Nein, aber wir sind momentan damit beschäftigt, ein Konzept zu entwickeln.

2. Falls Sie ein schriftliches Konzept für Ihre Wohngruppe haben: Wurde dies mit dem Jugendamt abgesprochen?
- ☐ Ja, das Konzept wurde mit dem Jugendamt abgesprochen und es liegt dem Jugendamt auch vor.
- ☐ Nein, das Konzept haben wir eigenhändig entwickelt, es liegt dem Jugendamt aber vor.
- ☐ Nein, das Konzept wurde eigenhändig entwickelt und liegt dem Jugendamt auch nicht vor.
- ☐ Ist nicht bekannt.

3. Wird das Konzept regelmäßig überprüft und fortgeschrieben?
- ☐ Ja, das Konzept wird nach einem festen Zeitplan regelmäßig überprüft und wenn nötig angepasst.
- ☐ Das Konzept wird dann überprüft, wenn man merkt, dass es nicht mehr passt.
- ☐ Das Konzept soll in der momentanen Fassung in jedem Fall solange wie möglich beibehalten werden.

4. Falls es zu einer Fortschreibung des Konzepts kommt, wer nimmt diese vor?
- ☐ Das macht ausschließlich die Erziehungsleitung bzw. Leitung.
- ☐ Das machen ausschließlich die davon betroffenen Mitarbeiter.
- ☐ Das wird von Erziehungsleitung bzw. Leitung und betroffenen Mitarbeitern gemeinsam gemacht.
- ☐ Konzept und Fortschreibung macht der Träger.

5. ...

---

4. Qualitätsstandards

Liegen alle Daten auf dem Tisch, und hat man sich zusätzlich darüber verständigt,

- welche Veränderungen vorgenommen werden sollen und müssen,

- in welcher Reihenfolge, mit welchem Tempo und mit welcher Intensität die Veränderungen erfolgen sollen sowie

- wer für die Umsetzung verantwortlich sein soll,

stellt sich im nächsten Schritt die Frage, wie die Erbringung der Dienstleistung(en) und die internen Prozessabläufe so zu gestalten sind, dass sie den an sie gestellten Erwartungen und Anforderungen gerecht werden. Dabei lassen sich drei Referenzgrößen unterscheiden:

- Eine erste Quelle, an der man sich dabei orientieren kann, sind die Wünsche und Erwartungen der Zielgruppe/der Nutzer. Dies reicht jedoch nicht aus.

- Von zentraler Bedeutung sind vielmehr auch fachliche und inhaltliche Standards. Solche Standards lassen sich als Konsens von Expertenmeinungen beschreiben. Stellungnahmen des Deutschen Vereins für öffentliche und private Fürsorge zur Erstellung und Fortschreibung von Hilfeplänen nach § 34 KJHG etwa stellen solche Standards dar, die im Einzelfall durchaus auch den Erwartungen der Zielgruppe widersprechen können. Darüber hinaus finden sich aber auch in der Fachliteratur zu einem bestimmten Thema aus dem Non-Profit-Bereich Hinweise, welche Anforderungen und Kriterien an die Erbringung einer Dienstleistung zu stellen sind.

- Neben fachlichen Standards und den Wünschen der Zielgruppe gibt es als drittes Referenzsystem gesetzliche Vorgaben, Verwaltungsvorschriften und formale Richtlinien. Gerade in Bezug auf solche Regelungen können Merkmale wie Reaktionsfähigkeit und Zuverlässigkeit entscheidend sein. Im Rahmen des Betriebsvergleichs für Werkstätten für Behinderte werden die Kooperationspartner deshalb z. B. auch nach der Arbeitsweise des sog. Fachausschusses gefragt – ein gesetzlich verbindlich vorgeschriebenes Gremium. Hier erhält die Einrichtung wichtige Rückmeldungen darüber, ob und in welchem Umfang ihre Standards nachjustiert oder überarbeitet werden müssen.

Ansatzpunkte für die Entwicklung von Qualitätsstandards auf der Struktur-, Prozess- und Ergebnisebene könnten sein:

- **Strukturebene**

  - Ausstattung verbessern (z. B. moderne EDV, besseres Spielmaterial usw.)

  - Personalentwicklung intensivieren (z. B. regelmäßige Gespräche mit verbindlichen Absprachen über Fort- und Weiterbildungsmaßnahmen, um die Qualifikation des Personals zu verbessern usw.)

  - Hierarchien, Über- und Unterstellungsverhältnisse sowie die Rolle von Stäben in der Organisation neu überdenken

- **Prozessebene**

  - Interne Schnittstellen über die präzisen Regelungen von Informations- und Kommunikationsströmen optimieren (z. B. zwischen Wohngruppen und Heimleitung eines Jugendheimes, zwischen Gruppen und Werkstattleitung einer Behindertenwerkstatt oder zwischen Abteilungen eines Amtes usw.).

  - Externe Schnittstellen über präzise Regelungen der Kommunikationspolitik bei Anfragen unterschiedlicher Kooperationspartner optimieren (zwischen gemeindepsychiatrischen Einrichtungen und deren Zielgruppen, zwischen einer Beratungsstelle und deren Finanzierungsträger/Verband oder zwischen verschiedenen Ämtern).

- **Ergebnisebene**

  - Fachliche Ziele der Dienstleistung messbar festlegen (z. B. Festlegung, welche sozialen, kognitiven und beruflichen Ziele der behinderte Mitarbeiter einer Behindertenwerkstatt erreichen soll – etwa selbstständige Bedienung einer CNC-Maschine usw.)

274

– Zeitliche Präzisierung einer Dienstleistung (z. B. Festlegung, dass der behinderte Mitarbeiter einer Behindertenwerkstatt die fachlichen Ziele innerhalb eines bestimmten Zeitraums erreichen soll, oder die Zusicherung, dass Anfragen innerhalb einer bestimmten Frist abschließend und zur Zufriedenheit des Anfragenden erledigt werden usw.)

– Kostenmäßige Präzisierung einer Dienstleistung (z. B. Festlegung von Budgets, die zur Erfüllung einer Dienstleistung zur Verfügung stehen, oder Zusicherung fester Preise)

In allgemeiner Form zeigt die nun folgende Übersicht, wie sich aus Erwartungen verschiedener Zielgruppen an eine Dienstleistung Qualitätsstandards entwickeln lassen.

Mögliche Erwartungen von Zielgruppen an eine Dienstleistung	Mögliche Standards
■ Zielgruppenspezifisch	■ Alter, Geschlecht, Bildung usw. festlegen
■ Bedarfsgerecht	■ regelmäßige Zielgruppenbefragung
■ konzeptionell durchdacht	■ schriftliches Konzept mit Zielgruppe, Ziel, Methode
■ technisch ansprechend	■ konkreter Stand der Technik
■ kompetent durchgeführt	■ Mitarbeiterqualifikation festlegen
■ Planmäßig durchführbar	■ Verfahrensstandards für einzelne Projektphasen: z. B. Gestaltung des Einstiegs
■ Erfolgreich, z. B. Vermittlung kritischer Medienkompetenz	■ über Indikatoren definieren, was darunter zu verstehen ist, und dann alle (größeren) Angebote evaluieren

6. Das Qualitäts-Managementinformationssystem

Beispiele für konkrete Qualitätsstandards sind dem nachstehenden Schaubild zu entnehmen, das Service-Standards der Zentralstelle des Jugendhauses Düsseldorf e. V. zeigt (Burmeister/Lehnerer 1998, Seite 50).

Servicestandards der Zentralstelle des Jugendhauses Düsseldorf e. V.

Erwartung: Dokumentieren, wovon Zuschussnehmer und Zuschussgeber bei der Zentralstelle des Jugendhauses Düsseldorf e. V. in jedem Fall ausgehen können

Qualitätsstandards: Service-Standards

Service-Standards der Zentralstelle

➪ Inhaltlich und formal richtige, d. h. den Richtlinien entsprechende und fristgerechte Anträge werden in jedem Fall gefördert.

➪ Mitteilungen und Informationen der Zuschussgeber werden umgehend, d. h. so wie sie eingehen, an die Träger weitergeleitet.

➪ Wenn es gewünscht bzw. für notwendig erachtet wird, wird jeder Antragsteller individuell beraten.

➪ Im internationalen Bereich werden inhaltlich und formal korrekte Voranträge innerhalb einer Woche bestätigt.

➪ Für die Durchführung förderfähiger Maßnahmen, für die ein inhaltlich und formal korrekter Antrag vorliegt, erfolgen Abschlagzahlungen, soweit Mittel vom Zuschussgeber eingegangen sind.

➪ Jede Maßnahme wird während des gesamten Verlaufs individuell betreut, begleitet und bearbeitet.

➪ Jede einzelne Anfrage von Trägern wird schnellstmöglich sachgerecht und kompetent beantwortet.

➪ Bei nationalen Maßnahmen werden Zuschussnehmer an der Mittelvergabe beteiligt.

➪ Die Erwartungen und Interessen der Träger und Zuschussgeber an die Zentralstelle werden – ebenso wie die Zufriedenheit mit der Zentralstelle – regelmäßig abgefragt. (➔ Befragungsinstrumente finden sich im Anhang E)

Quelle: Burmeister, J./Lehnerer, C./Kessmann, H.-J./Hoffstadt, P.: „Ergebnisse des Qualitätssicherungsprozesses im Jugendhaus Düsseldorf e. V.", in: QS 16, Bundesministerium für FSFJ (Hg.), 1998, S. 50.

Qualitätsmonitoring und -sicherung

Ein wesentliches Merkmal von Qualitätsstandards im Rahmen eines Q-MIS ist, dass diese keinen endgültigen Status genießen, sondern die nächste Auswertungsrunde des Betriebsvergleichs immer auch eine Neuausrichtung der Organisation im Hinblick auf ihre Qualitätsstandards erforderlich machen kann; entweder, weil sich

- rechtliche Rahmenbedingungen verändert haben,

- fachliche Standards neu interpretiert werden,

- die Wünsche der Zielgruppe sich verändert haben oder aber

- sich die Standards im Wettbewerb mit anderen Einrichtungen als nicht mehr wettbewerbsfähig erweisen.

Im Rahmen des Betriebsvergleichs könnte sogar das kuriose Resultat auftreten, dass die Qualität der Organisation im Vergleich zur letzten Erhebungsrunde als deutlich verbessert wahrgenommen wird und die Qualität, gemessen am Wettbewerb, trotzdem schlechter geworden ist.

Notwendig ist in jedem Fall, Qualitätsstandards und -kriterien nicht nur festzulegen, sondern auch deren Einhaltung zu überwachen und gegebenenfalls durch korrigierende Maßnahmen zu sichern. Im Mittelpunkt stehen dabei folgende Fragen: Wer wendet welche Standards an, was wird genau überprüft, wie wird es überprüft, wer prüft bis wann, wie werden Prüfergebnisse dokumentiert und diskutiert und wer ist für Korrekturen zuständig?

Ein nicht unerheblicher Teil der Qualitätssicherung – nämlich das Qualitätsmonitoring – kann dabei direkt über das Q-MIS, genauer den Betriebsvergleich, organisiert werden. Indem Einrichtungen jährlich oder in kürzeren Intervallen Rückmeldungen von Zielgruppen/Nutzern, Kooperationspartnern und Mitarbeitern erhalten, ergeben sich z. B. Hinweise auf die wahrgenommene Qualität der erbrachten Dienstleistungen durch diese Gruppen. Ein positives oder negatives Feedback muss nicht zwangsläufig bedeuten, dass sich der Output des Dienstleisters tatsächlich verbessert oder verschlechtert hat; möglicherweise haben sich auch nur die Erwartungshaltungen von Zielgruppen/Nutzern, Kooperationspartnern und Mitarbeitern verändert. Hier wird man vor Allem überprüfen müssen, inwieweit sich Konsistenzen in den Rückmeldungen finden, die sich zu einem Trend verdichten.

Aber auch über das Modul 1, den Organisations-Check, lässt sich die Einhaltung von Standards beobachten, da z. B.

- die Qualifikationsprofile und die Altersstruktur der Mitarbeiter,

- Standards der Dienstplangestaltung, der Einarbeitung neuer Mitarbeiter, der Personalbeurteilung, der Fort- und Weiterbildung sowie

- Ausstattungsstandards (EDV, Spielgeräte, Maschinen usw.) und

- fachliche Standards (Aufnahmeverfahren, Besprechungswesen, Falldokumentationen, Personalschlüssel, konzeptionelle Weiterentwicklungen usw.)

im Rahmen des Betriebsvergleichs abgefragt werden.

Je enger dabei die Erhebungsintervalle getaktet sind, desto feinmaschiger wird das Monitoring, was dazu führt, dass die Reaktionszeiten bei auftretenden Störungen und Problemen durch den Dienstleister verkürzt werden können. Hierbei wird man möglicherweise unterscheiden müssen, in welchen Intervallen einzelne Instrumente zum Einsatz kommen müssen: So finden Veränderungen auf der Strukturebene (Organisationsstruktur, Ausstattung) normalerweise seltener statt als auf der Prozessebene – hier besteht notorisch die Gefahr, dass Standards unterlaufen werden. Insofern könnte es in einigen Non-Profit-Sektoren sinnvoll sein, die strukturbezogenen Fragen (z. B. Fragebogen Infrastruktur) seltener zu erheben als andere. Demgegenüber sollten Fragen, die Hinweise auf Defizite bei den internen und externen Schnittstellen liefern, unbedingt in kürzeren Intervallen erhoben werden (Mitarbeiter-, Kooperationspartner-, Nutzerbefragung).

Dieses Monitoring ist integraler Bestandteil des Q-MIS und fällt in den Aufgabenbereich des Managements. Das Qualitätsmonitoring ist jedoch nur der erste Schritt hin zur Qualitätssicherung. In einem zweiten Schritt müssen nun Regelungen für den Fall getroffen werden, dass Qualitätsstandards nicht erfüllt werden oder an veränderte Umweltbedingungen angepasst werden müssen. Bei der Festlegung dieser Regeln ist Schriftlichkeit, Präzision und eine klare Verteilung von Verantwortlichkeiten Pflicht, da sonst die Gefahr besteht, dass Qualitätsstandards dauerhaft nicht erfüllt werden, ohne dass dies Konsequenzen hätte.

In diesem Zusammenhang ist insbesondere darauf hinzuweisen, dass Qualitätssicherung nicht nebenbei zu erledigen ist, sondern personelle und zeitliche Ressourcen benötigt. In personeller Hinsicht ist vor allem festzulegen, wer dafür verantwortlich ist, dass Standards umgesetzt werden, in zeitlicher Hinsicht muss klar definiert werden, wann und in welcher Form überprüft wird, dass Standards zur Anwendung gelangen. Zu klären sind also folgende Punkte:

- Um welchen Qualitätsstandard geht es?

- Mit welchem Verfahren soll dieser Standard sichergestellt werden?

- In welchen Intervallen sollen Prüfungen stattfinden?

- Was soll im Einzelnen geprüft werden?

- Was sind die Kriterien der Überprüfung (wann gilt der Standard als nicht erfüllt)?

- Wer ist verantwortlich für diese Überprüfung?

- Wer muss im Anschluss über Abweichungen informiert werden?

- Wer ist für Korrekturen zuständig?

Ein Beispiel dafür, wie man eine Sicherung von Qualitätsstandards anhand einer Checkliste erarbeiten kann, zeigt das folgende Beispiel; hierbei handelt es sich um den Auszug aus einer Checkliste, die von uns für Beratungsstellen entwickelt wurde:

6. Das Qualitäts-Managementinformationssystem

Checkliste: Beratungsstellen

Fortbildung

- Wie häufig sollen Mitarbeiter/-innen an Fortbildungen teilnehmen?

- Wie lange sollen Fortbildungsmaßnahmen dauern?

- Wie und nach welchen Kriterien sollen die Inhalte seitens der Berater/ -innen ausgewählt werden?

- Welche Kurse von welchen Anbietern sollen wahrgenommen werden?

- Wer beurteilt die Qualität der Fortbildungsangebote?

- Soll es ein festes Budget für Fortbildungsmaßnahmen geben (pro Kopf, pro Jahr)?

Fachzeitschriften/Fachliteratur

- Soll den Mitarbeitern/-innen Fachliteratur zur Verfügung gestellt werden?

- Wie soll garantiert werden, dass die Mitarbeiter/-innen die Literatur auch lesen, und wie hoch soll das Zeitbudget dafür sein?

- Wer soll garantieren, dass die Berater/-innen gesetzliche Änderungen, die ihre Beratungsarbeit betreffen, unverzüglich mitgeteilt bekommen?

Telefonische Erreichbarkeit

- Soll die Verwaltungskraft den Telefondienst übernehmen?

- Soll für die Besetzung des Sekretariats eine Mindestdauer vereinbart werden?

- Welche Informationen soll der Anrufbeantworter liefern?

- Benötigen die Einrichtungen Mobiltelefone?

- Wer ist für die Erreichbarkeit verantwortlich?

- Was geschieht, wenn der Standard nicht eingehalten wird?

Externe Supervision

- Wie oft soll Supervision stattfinden?

- Welche Form der Supervision soll durchgeführt werden (Einzel-, Gruppen-, Teamsupervision)?

noch: Checkliste: Beratungsstellen

- Wieviele Berater/-innen sollen höchstens bei Gruppen- oder Team-supersivionen teilnehmen?

- Welche Inhalte sollen behandelt werden?

- Wer beurteilt und garantiert die Qualität des Supervisors?

- Sollen Supervisionen evaluiert werden; wenn ja, in welcher Form?

- Soll es ein festes Budget für Supervision geben?

Dokumentation

- Welche Bereiche sollen dokumentiert werden?

- Wie soll die Dokumentation aussehen?

- Soll die Auswertung der Ergebnisse nur für den internen Gebrauch oder als Vergleichdaten usw. genutzt werden?

- Welche Konsequenzen sollen aus der Dokumentation gezogen werden (Änderung der Arbeitsabläufe oder „nur" statistisches Interesse)?

- Wer ist verantwortlich für die Dokumentation?

- Wer prüft nach welchen Kriterien die Dokumentation?

- Was geschieht, wenn die Dokumentationspflichten nicht eingehalten werden?

Dokumentation

Die hier beschriebene Vorgehensweise im Qualitätsmanagement ist nicht auf einen großen Wurf gerichtet, sondern vollzieht sich step by step. Nach jeder Betriebsvergleichsrunde werden die dringlichsten und wichtigsten Schwachstellen auf den Ebenen der Gesamtorganisation und der Subsysteme ausgewählt, gecheckt, analysiert, mit Qualitätszielen versehen und: dokumentiert.

Diese Dokumentation wirkt als Führungsinstrument nach innen, als Marketinginstrument nach außen sowie als Vertragsgrundlage in den Finanzierungsverhandlungen. Insofern ist klar, dass die Organisationsspitze Ausgangspunkt und Endpunkt im Qualitätsmanagement bleibt. Qualitätsmanagement kann nicht delegiert werden, sondern wirkt als Klammer zwischen einzelnen Organisationssektoren und Organisationsprozessen. Die Organisationsspitze ist der Ort, wo das Qualitätsmanagement mit der Organisation des Betriebsvergleichs startet und mit der Dateninterpretation, Schwachstellenselektion, Schwachstellenanalyse, Präsentation, Moderation des Zielfindungsprozesses sowie der nachfolgenden Qualitätsdokumentation weitergeführt wird.

Diese Dokumentation(en) wächst (wachsen) im Laufe der Zeit zu einem Qualitätshandbuch, das in der entsprechenden Ordnung durchaus auch Grundlage für eine etwaig angestrebte ISO-Zertifizierung bilden kann. Allerdings: die Dokumentation ist wichtig, aber nicht das Wichtigste im Qualitätsmanagement. In der Q-Dokumentation sollten folgende Aspekte festgehalten werden:

- Instrumente
- Thematisierte Schwachstellen und Stärken
- Erklärungen/Hypothesen für Schwachstellen
- Strukturen und Prozessverläufe, die zukünftig eine bessere Qualität garantieren sollen
- Verantwortlichkeiten für die zukünftige Leistungsqualität

So sinnvoll und notwendig die schriftliche Dokumentation auch ist, so unsinnig erscheint es, die Hauptanstrengung darauf zu verwenden, ein umfangreiches Qualitätshandbuch zu erstellen. Zum Einen sind solche „Qualitätsschwarten" für das organisationelle Lernen nicht sehr geeignet, und zum Zweiten bietet ein auf einen Betriebsvergleich gestütztes Qualitätsmanagement keine dauerhafte Garantie für vereinbarte Qualitätsstandards. Die Überprüfung erfolgt im Rahmen des nächsten Betriebsvergleichs. Qualitätshandbücher sind deshalb immer Loseblattsammlungen.

Ausreichend und sinnvoll erscheint es, die aus der Schwachstellen- und Prozessanalyse entwickelten neuen Prozesse zu dokumentieren. Ein Beispiel dafür, wie die Vorbereitung, Abwicklung und Nachbetreuung für Fort-/Weiterbildungsangebote als Prozess abgebildet werden könnte, zeigt das folgende Schaubild:

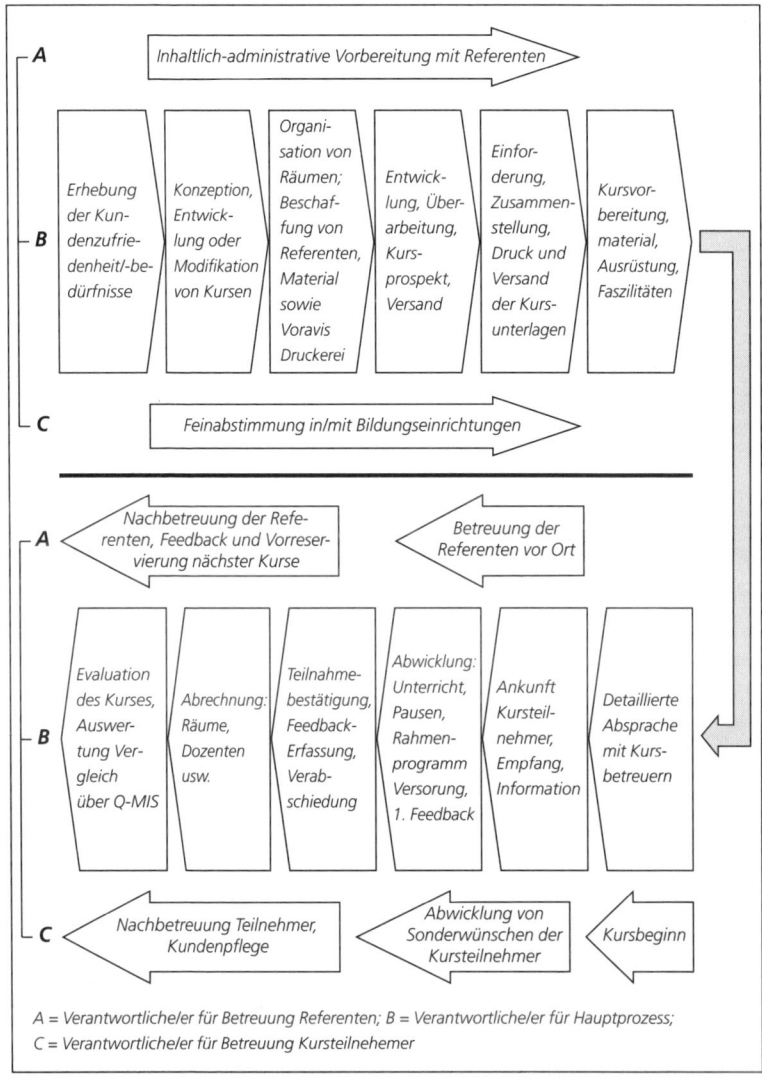

Quelle: vgl. Bumbacher 1998, Seite 14

Unabhängig davon, ob es sich um Leistungserbringungsprozesse, um Management- oder Personalprozesse handelt, sollten alle Prozesse nicht nur durch einen Flow chart, aus dem die einzelnen Tätigkeiten ersichtlich sind, visualisiert werden, sondern es sollte immer auch klar sein, wer für diesen Qualitätsprozess verantwortlich ist: die Organisationsspitze, das Management, das mittlere Management oder eine Gruppenleitung.

5. Das Q-MIS im Überblick

Das vorgeschlagene Q-MIS ist ein komplexes, umfassendes modernes Verfahren des Qualitätsmanagements für Organisationen im Non-Profit-Bereich, das auf einem anonymisierten datenbankgestützten Betriebsvergleich basiert, über die Stärken-/Schwächenanalyse sowie die Prozessanalyse zu Qualitätsstandards und Qualitätssicherungsmaßnahmen kommt und letztlich zu einer Dokumentation des gesamten Prozesses führt. Das Verfahren zeichnet sich jedoch dadurch aus, dass der Prozess des Qualitätsmanagements an diesem Punkt nicht stehen bleibt, sondern im Gegenteil speziell darauf ausgerichtet ist, den durchlaufenen Prozess regelmäßig in festgelegten Intervallen zu wiederholen und somit zum integralen Bestandteil der Ablauforganisation zu werden: Ebenso regelmäßig und selbstverständlich, wie Urlaubsvertretungen oder Fort- und Weiterbildungen geplant und durchgeführt werden, sollen auch die Erhebungen zu den Betriebsvergleichen durchgeführt werden. Damit mündet das Q-MIS in ein regelmäßiges Qualitätsmonitoring, das die Organisation aufschrecken lässt, wenn sich qualitätsrelevante Probleme ergeben und sich gleichzeitig die Möglichkeit eröffnet, auf der Basis zuverlässiger Informationen strategische und operative Unternehmensentscheidungen fällen zu können, u. a. um Lücken, Diskrepanzen – sog. Gaps – in der Dienstleistungsqualität entdecken und schließen zu können. Solche Diskrepanzen in der Dienstleistungsqualität können z. B. entstehen,

- zwischen den tatsächlichen Nutzererwartungen an eine Dienstleistung und deren Wahrnehmung durch die Leitung einer Einrichtung/eines Verbands,

- zwischen den von der Leitung einer Einrichtung/eines Verbands wahrgenommenen Nutzererwartungen und deren Umsetzung in Spezifikationen der Dienstleistungsqualität,

- zwischen den Spezifikationen der Dienstleistungsqualität und der tatsächlich erstellen Leistung sowie

- zwischen tatsächlich erstellter Leistung und der an den Nutzer oder an Kooperationspartner (Finanzierungsträger, Unternehmen, Kommunen usw.) gerichteten Kommunikation über diese Dienstleistung (Meffert/Brun 1995, Seite 227).

Darüber hinaus ist das Q-MIS auch anschlussfähig gegenüber anderen Verfahren des Qualitätsmanagements, die sich in den letzten Jahren herausgebildet haben und im Bereich sozialer Arbeit intensiver diskutiert und in der Praxis erprobt wurden: die Normenreihe DIN ISO 9001 ff., das EFQM-Modell, die Selbstevaluation. Dominierte dabei bisher eine starre Abgrenzung der Verfahren, was insofern sinnvoll war, als die Verfahren tatsächlich unterschiedliche Schwerpunkte, Stärken und Schwächen haben, zeigt sich inzwischen immer deutlicher, dass es durchaus auch sinnvolle Anknüpfungspunkte zwischen den einzelnen Verfahren gibt. Im Rahmen des EFQM-Modells wird ja z. B. explizit ein Einrichtungsvergleich zum Bestandteil des Verfahrens erhoben.

Darüber hinaus kann im Anschluss an ein Benchmarking auch ein Qualitätssicherungssystem entlang der 20 Punkte der Normen-Reihe ISO 9001 ff. aufgebaut werden, wenn der Betriebsvergleich im Rahmen des Q-MIS besondere Schwächen im Prozessmanagement offenbart hat; ob man sich dann tatsächlich auch zertifizieren lässt, ist erst in einem zweiten Schritt zu entscheiden. Umgekehrt können aber auch bereits zertifizierte Organisationen das Bedürfnis verspüren, sich mit anderen im Rahmen eines Einrichtungsvergleichs zu messen und neue Ideen für die eigene Arbeit zu finden.

Abgesehen von diesen wechselseitigen Anschlussmöglichkeiten lassen sich im Q-MIS zusätzliche Anknüpfungspunkte zum Konzept der Lernenden Organisation finden (Senge, 1997). Für das im Rahmen des Konzepts geforderte „Denken in Systemen" kann es höchst sinnvoll sein, die eigene Einrichtung umfassend im Rahmen eines Einrichtungsvergleichs zu untersuchen – einmal, weil dadurch Bezüge und Interdependenzen zwischen einzelnen Organisationsteilen offengelegt werden, und zum Zweiten, weil der Binnenperspektive eine externe hinzugefügt wird, die die Wahrnehmung der eigenen Organisation als System unterstützt.

Besondere Eleganz und zusätzlichen Nutzen wird das hier vorgeschlagene Verfahren dadurch gewinnen, dass die Instrumente und Ergebnisse des Betriebsvergleichs in Zukunft auch „online" mit direktem Zugriff auf die Datenbank von den Teilnehmern genutzt werden können. Neben raschen Zugriffszeiten und der Möglichkeit, das Instrumentarium jederzeit einsetzen zu können, wird sich dadurch z. B. auch die Möglichkeit eröffnen, Daten zur Mitarbeiterzufriedenheit nicht nur innerhalb der eigenen Branche, sondern auch quer über mehrere Branchen hinweg zu analysieren. Die Datenbank des Betriebsvergleichs könnte dann tatsächlich zu einem „Qualitäts-Data-Warehouse" für den Non-Profit-Sektor werden.

Zu den Autoren

Jürgen Burmeister, Prof. Dr. rer. pol., bis 1999 wissenschaftlicher Mitarbeiter des Planungs- und Beratungsbüros „xit forschung.planung.beratung", Dr. Halfar & Coll., in Nürnberg, seit 1999 Professor an der Berufsakademie Heidenheim, Fachbereich Sozialwesen.

Harald Christa, Prof. Dr. rer. pol., bis 1997 Assistent am Lehrstuhl für Sozial- und Wirtschaftspolitik der Universität Bamberg, seit 1998 Professor für Sozialmanagement an der Ev. Hochschule für Soziale Arbeit in Dresden.

Bernd Halfar, Prof. Dr. rer. pol.; Inhaber der Planungs- und Beratungsbüros „xit forschung.planung.beratung" in Nürnberg und Neubrandenburg; Professor für Sozialpolitik und Ökonomie sozialer Einrichtungen an der FH Neubrandenburg.

Friedhelm Knorr, Prof. Dr. phil., selbstständiger Unternehmensberater im Bereich öffentlicher Dienst und soziale Einrichtungen, verfügt über langjährige Erfahrungen in der kommunalen Verwaltungspraxis.

Stefan Löwenhaupt, Dipl.-Politologe; wissenschaftlicher Mitarbeiter des Planungs- und Beratungsbüros „xit forschung.planung.beratung, Dr. Halfar & Coll.", in Neubrandenburg.

Literaturhinweise

Adams, H. W. (Hg.): „Qualitätsmanagement. Strategie, Struktur, Systeme", Frankfurt 1994.

Armbruster, J.: „Praxisreflexion und Selbstevaluation in der Sozialpsychiatrie", Freiburg 1998.

Bläsing, J. P.: „Das qualitätsbewußte Unternehmen, Total Quality Management", Stuttgart 1991.

Bruhn, M. (Hg.): „Dienstleistungsqualität: Konzepte, Methoden, Erfahrungen", Wiesbaden 1991.

Bruhn, M.: „Qualitätsmanagement für Dienstleistungen", Berlin 1996.

Bruhn, M.: „Wirtschaftlichkeit des Qualitätsmanagements", Berlin 1997.

Brunner, E., J. u. a.: „Soziale Einrichtungen bewerten. Theorie und Praxis der Qualitätssicherung", Freiburg 1998.

Bumbacher, U./Kaufmann, G.: „Qualität und Qualitätsmanagement", in: Verbands-Management, Heft 1/98, S. 8–17.

Bumbacher, U.: „Qualitätsorientiertes Prozessmanagement für Nonprofit-Organisationen", in: Verbands-Management, Heft 3/98, S. 12–27.

Burmeister, J./Lehnerer, C.: „Qualitätsmanagement in der Jugendverbandsarbeit – Qualitätsmanagement am Beispiel der Zentralstelle Jugendhaus Düsseldorf e. V. in Abgrenzung zu ISO 9000ff.", Bundesministerium für Familie, Senioren, Frauen und Jugend (Hg.), Bonn QS 4, 1996.

Burmeister, J.: „Vom ‚Bayerischen Weg' zur Pflegeversicherung", Aachen 1997, S. 33ff.

Deming, W. E.: „Quality, Productivity and Competitive Position", Cambridge, Mass. 1982.

Deutsches Institut für Normung (Hrg.): „DIN ISO 9000 (EN 29 000) Qualitätsmanagement- und Qualitätssicherungsnormen", Leitfaden zur Auswahl und Anwendung, Frankfurt 1987.

Donabedian, A.: „An Exploration of Structure, Process and Outcome as Approaches to Quality Assessment", in: Selbmann, H.-K./Überla, K. H. (Hg.): Quality Assessment of medical Care, Gerlingen 1982, S. 69–82.

Drabner, C., Pawelleck, T.: „Qualitätsmanagement in sozialen Einrichtungen am Beispiel der Jugendhilfe", Freiburg 1997.

288

Dunkhorst, P.: „Handbuch Qualitätsmanagement in der öffentlichen Verwaltung", Baden-Baden 1999.

Empfehlungen der Spitzenverbände der Pflegekassen vom 25. April 1995 zum Verhältnis Eingliederungshilfe/Leistungen der Pflegeversicherung, in: NDV, Heft 6/1995, S. 256.

Eversheim, W.: „Qualitätsmanagement für Dienstleister", Berlin 1997

Fink, F.: „Aufgaben der Qualitätssicherung und -förderung in Einrichtungen der Behindertenhilfe – Qualitätsmanagement mit einem Blick über die Institution hinaus", in: Schubert, H.-J./Zink, F. (Hg.): Qualitätsmanagement in sozialen Dienstleistungsunternehmen, Neuwied; Kriftel 1997, S. 32–43.

Fisch, R., Boos, M. (Hg.): „Vom Umgang mit Komplexität in Organisationen", Konstanzer Beiträge zur sozialwissenschaftlichen Forschung. Bd. 5, Konstanz 1990.

Franke, H. J., Pfeifer, T.: „Qualitätsinformationssysteme. Aufbau und Einsatz im betrieblichen Umfeld", München, 1998.

Freier, D.: „Die freie Wohlfahrtspflege auf dem Prüfstand (I) öffentlich, gemeinnützig, gewerblich – über die richtige Trägerschaft", in: Theorie und Praxis der Sozialen Arbeit I, Nr. 12/98, S. 454–460.

Friedrich, U.: „Die neuen Inhalte der Pflegesatzvereinbarungen nach § 93 (2) BSHG auf der Grundlage der gesetzgeberischen Intention", in: Ristok, B.: Leistungsgerechte Entgelte, Freiburg 1995, S. 175–181.

Gehrmann, G./Müller, K. D.: Management in sozialen Organisationen, Regensburg, 1999.

Giercke, K.-I.: „Qualitätsmanagement in der Sozialen Arbeit (II) Qualität und Soziale Arbeit – eine Herausforderung für das Management der freien Wohlfahrtspflege", in: Theorie und Praxis der Sozialen Arbeit I, Nr. 12/98, S. 448–453.

Halfar, B./Lehnerer, C.: „Benchmarking statt Zertifikate", in: GdWZ 3/1997, S. 134–136.

Halfar, B.: „Qualitätssicherung durch datenbankgestützte Betriebsvergleiche", in: Maelicke, B. (Hg.): Qualitätsmanagement in sozialen Betrieben und Einrichtungen, Baden-Baden 1996, S. 111–124.

Harms, Th./Clifford, R. M.: „Early Childhood Environment Rating Scale", New York 1980.

Hartmann, W., Stoll, M.: „Mehr Qualität für Kinder", Wien 1996.

Literaturhinweise

Heine, J.: „Prozessorientierte Methodik zur Einführung eines Qualitätsmanagementsystems", Berichte aus der Produktionstechnik, Bd. 5/95, Aachen 1995.

Heiner, M.: „Qualitätsentwicklung durch Evaluation", Freiburg 1996.

Hill, H. (Hg.): „Qualitäts- und erfolgsorientiertes Verwaltungsmanagement. Aktuelle Tendenzen und Entwürfe", Berlin 1993.

Hill, H. (Hg.): „Spitzenverwaltung im Wettbewerb. Eine Dokumentation des 1. Speyerer Qualitätsmanagements", Baden-Baden 1992.

Hill, H., Klages, H. (Hg.): „Motor Qualität. Verwaltungsmodernisierung in der Landeshauptstadt Saarbrücken", Düsseldorf 1996.

Hofmann, W., Schmitz, M.: „Qualitätsmanagement für Senioreneinrichtungen", Hannover 1999.

Hunt, D. V.: „Quality Management for Government. Milwaukee", Wisc. 1993.

Imai, M.: „Kaizen. The Key to Japan's Competitive Success", New York 1986.

Ishikawa, K.: „Guide to Quality Control", New York 1982.

Ishikawa, K.: „What is total Quality Control? The Japanese Way", Princeton, N. J. 1985.

Jacobi, J. M.: „Qualität im Wandel", Stuttgart 1993.

Jaschinski, C., Reddemann, A.: „Qualitätsmanagement für Nonprofit Dienstleister", Berlin 1997.

Juran, J., M.: „Der neue Juran", Landsberg a. Lech 1993.

Juran, J., M.: „Planning for Quality", New York 1988.

Kamiske, G. F./Brauer, J. P.: „ABC des Qualitätsmanagements", München 1996.

Kamiske, G. F.: „Bausteine des innovativen Qualitätsmanagements", München 1997.

Kamiske, G. F.: „Qualitätsmanagement von A bis Z", München 1993.

Knorr, F.: „Sozialmanagement an deutschen Fachhochschulen – Thesen zum aktuellen Stand der Entwicklung", in: Theorie und Praxis der Sozialen Arbeit I, Nr. 12/98, S. 468–470.

Knorr, F./Scheppach, M.: Kontraktmanagement, Regensburg 1999.

Kommunale Gemeinschaftsstelle für Verwaltungsvereinfachung – KGST (Hg.): „Qualitätsmanagement", Köln 1995.

Kröger, R.: „Umsetzung der §§ 78a-g SGB VIII in den einzelnen Bundesländern", in: ders. (Hg.), a. a. O., S. 37–57.

Kromrey, H.: Empirische Sozialforschung, Opladen 1991.

Kulbach, R.: „Qualitätsmanagement in der Sozialen Arbeit (I) Strategien für eine adressatenbezogene Qualitätspolitik – zum Stand der fachtheoretischen Diskussion", in: Theorie und Praxis der Sozialen Arbeit I, Nr. 12/98, S. 443–447.

Kürzel, A: „Qualität und Qualitätsmanagement", Berlin 1989.

Little, A. D. (Hrg.): „Management von Spitzenqualität", Wiesbaden 1992.

Maelicke, B. (Hg.): „Beratung und Entwicklung sozialer Organisationen", Edition Sozialmanagement, Baden-Baden 1994.

Maelicke, B. (Hg.): „Qualitätsmanagement in sozialen Betrieben und Unternehmen", Edition Sozialmanagement, Baden-Baden 1996.

Maelicke, B.: „Qualität und Kosten sozialer Dienstleistungen", Baden-Baden 1997.

Malorny, C., Kassebohm, K.: „Brennpunkt TQM", Stuttgart 1994.

Meffert, H./Bruhn, M.: „Dienstleistungsmarketing/Grundlagen – Konzepte – Methoden", Meffert Marketing Edition, Wiesbaden 1995.

Meinhold, M.: „Qualitätssicherung und Qualitätsmanagement in der sozialen Arbeit", Freiburg i. Br. 1998.

Merchel, J.: „Leistungsvereinbarung, Entgeltvereinbarung und Qualitätsentwicklungsvereinbarung", in: Kröger, R. (Hg.): Leistung, Entgelt und Qualitätsentwicklung in der Jugendhilfe, Neuwied 1999, S. 75.

Merchel, J.: „Qualitätsentwicklung als gesetzlicher Auftrag: Überlegungen zu Bedeutung und Umsetzung des neuen § 78b SGB VIII", in: NDV, Heft 12/1998, S. 382–387.

Naschold, F.: „Ergebnissteuerung, Wettbewerb, Qualitätspolitik. Entwicklungspfade des öffentlichen Sektors in Europa", Edition Sigma, Berlin 1995.

Nawrath, V.: „Die Bundesempfehlung als Hürdenlauf", in: Blätter der Wohlfahrtspflege, Heft 1+2/99, S. 12–14.

Niederreichholz, Ch.: „Unternehmensberatung", Bd. 2, München/Wien 1997.

O. V. Gabler „Wirtschaftslexikon", Wiesbaden 1988.

Oess, A.: „Total quality management – Das ganzheitliche Qualitätsstrategiemanagement – Die ganzheitliche Qualitätsstrategie", 2. Auflage, Wiesbaden 1991.

Literaturhinweise

Oppen, M.: „Qualitätsmanagement. Grundverständnisse, Umsetzungsstrategien und ein Erfolgsbericht: die Krankenkassen", Edition Sigma, Berlin 1995.

Ortlieb, P.: „Qualitätsmanagement und betriebliche Anreizsysteme", Pfaffenweiler 1993.

Pfeifer, T.: „Qualitätsmanagement. Strategie, Methoden, Techniken", München 1993.

Rehn, B.: „Interne Qualitätsprüfung. Audits und Selbstevaluation", Freiburg 1999.

Rehn, B.: „Qualitätsmanagement beziehungsorientierter Dienstleistungen", Heidelberg 1998.

Sallwey, D.: „Mehr Erfolg durch Qualität", Offenbach 1994.

Schmidt, U.: „Balanced Scorecard", in: Organisationsentwicklung, Nr. 2, Zürich 1998.

Schreiben des Bundesministeriums für Familie und Senioren vom 19. Januar 1994 zur Einführung des prospektiven Pflegesatzes im BSHG, abgedruckt in: Ristok, B.: Leistungsgerechte Entgelte, Freiburg 1995, S. 168–174.

Schröder, J.: „Neue Steuerungssysteme in der Jugendhilfe – Der regionalisierte partnerschaftliche Ansatz im Bundesmodellprojekt", in: Theorie und Praxis der Sozialen Arbeit I, Nr. 12/98, S. 461–463.

Seghezzi, H. D.: „Integriertes Qualitätsmanagement", München 1996.

Seghezzi, H. D.: „Qualitätsmanagement", Stuttgart 1994.

Seifert, K.: „Prozessmanagement für die öffentliche Verwaltung", Gabler Edition Wissenschaft, Wiesbaden 1998.

Seufert, G.: „Verbandscontrolling", Gabler Edition Wissenschaft, Wiesbaden 1999.

Stauss, B.: „Der Einsatz der ‚Critical Incident Technique' im Dienstleistungsmarketing", in: Tomczak, T./Belz, C. (Hg.): Kundennähe realisieren, St. Gallen 1994, S. 233 ff.

Stauss, B.: „Dienstleistungsqualität", Wiesbaden 1999.

Stauss, B.: „Qualitätsmanagement und Zertifizierung", Wiesbaden 1994.

Steinbeck, H. H.: „Qualitätsmanagement zur Verbesserung von Geschäftsprozessen und Dienstleistungen", in: Maelicke, B. (Hg.): Qualitätsmanagement in sozialen Betrieben und Einrichtungen, Baden-Baden 1996, S. 25–36.

Stern, C., J.: „Unternehmensziel Total Quality Company", in: ZfO, Heft 4/1995.

Tietze, W./Schuster, K.-M./Roßbach, H.-G.: „Kindergarten-Einschätz-Skala" Neuwied, Kriftel, Berlin 1997.

Uehlinger, K./v. Allmen, W.: „Das Handbuch der Erfolgskompetenz – TQM live", Schweiz 1999.

Vigener, G.: „Auswirkungen des Gesetzes zur Reform des Sozialhilferechts auf das Pflegesatzwesen", in: Deutscher Verein (Hg.), Reform des Sozialhilferechts, Frankfurt 1997, S. 139–147.

Zink, K., J. u. a.: „Train the Trainer-Konzepte. Arbeitsmaterialien zur Vermittlung von Qualitätswissen", Berlin 1997.

Zink, K. J.: „Qualität als Managementaufgabe", Landsberg/Lech 1992.

Zink, K. J.: „TQM als integratives Managementkonzept", Wien 1995.

Stichwortverzeichnis

Stichwortverzeichnis